Amsterdam

W0073352

Zeit für das Beste!

Dr. Silke Heller-Jung
Hans Zaglitsch

BRUCKMANN

INHALT

Das Kulturspektakel Uitmarkt

Das sollten Sie sich
nicht entgehen lassen 8

Willkommen in Amsterdam 12

DAS ALTE ZENTRUM

1 Stationsplein, Damrak
und Dam 28

2 Altes Hafenviertel 32

3 Oude Kerk
im Rotlichtviertel 34

4 Ons' Lieve Heer op Solder 38

5 Chinatown 40

6 Kalverstraat, Rokin und Spui 44

7 Begijnhof 48

8 Amsterdam Museum 50

9 Kloveniersburgwal
und Universitätsviertel 54

ENTLANG DES GRACHTENGÜRTELS

10 Brouwers
bis Leidsegracht 62

11 Rund um die Westerkerk 70

12 Besuch im
Anne-Frank-Haus 76

13 Negen Straatjes 80

14 Goldener Bogen 82

15 Spazieren an der Amstel 90

16 Hermitage Amsterdam 96

JORDAAN UND HAFENINSELN

17 Kreuz und quer
durch den Jordaan 102

18 Rund um die Noorderkerk 112

19 Hofjes im Jordaan 114

Zum Anbeißen: die Auslage eines Käsegeschäfts

20	Bruine Cafés	118
21	Entlang der Haarlemmerstraat	120
22	Westerpark und Westergasfabriek	124
23	Westliche Hafeninseln	130

OUD-ZUID UND DE PIJP

24	Ausgehmeile Leidseplein	138
25	Museumplein und Spiegelkwartier	144
26	Rijksmuseum	148
27	Van Gogh Museum	154
28	Stedelijk Museum	158
29	Vondelpark und Umgebung	162
30	De Pijp	170

MEHR WISSEN

→ Giebel und
   Grachtenhäuser   **68**

→ Tulpenwahn   **74**

→ Die Kraker
   kommen   **110**

→ Die Ostindien-
   Compagnie   **224**

Im Frühling blühen
überall die Tulpen.

Amsterdam ist reich an netten Lokalen.

MEHR ERLEBEN

→ Amsterdam
   neu entdeckt   42

→ Günstig durch
   Amsterdam   128

→ Amsterdam
   für Kinder
   und Familien   280

JÜDISCHES VIERTEL

31 Vom Nieuwmarkt
      bis zur Oudeschans   180

32 Rembrandt-Haus   184

33 Rund um den
      Waterlooplein   186

34 Mr. Visserplein und
      Jonas Daniël Meijerplein   192

35 Jüdisches Museum   196

36 De Plantage   198

37 Hortus Botanicus
      Amsterdam   208

38 Natura Artis Magistra   210

S. 2/3: Abends erstrahlen die historischen
Gebäude am Rande des Hafens in hellem Licht.
Links: Das ehemalige Mädchen-Waisenhaus
am Spui
Rechts: Der Vondelpark

ALTER UND NEUER OSTEN

39 Rund um den alten Hafen   218

40 Museum NEMO   226

41 Kadijken und Entrepotdok   230

42 Oostelijke Eilanden   232

43 Oostelijk Havengebied   236

AUSFLÜGE UND UMGEBUNG

44 Jenseits des IJ   246

45 NDSM-Werft   252

46 IJburg   254

47 Amsterdamse Bos   258

48 Stelling van Amsterdam   264

49 Freilichtmuseum Zaanse Schans   266

50 Polder de Beemster   268

Am Koningsdag trägt ganz Amsterdam Orange.

REISEINFOS

Amsterdam von A–Z   272

Kleiner Sprachführer   284

Register   286

Impressum   288

❶ Von der Wand in den Mund (S. 39)
Die »Febo«-Automatenrestaurants gehören zum Amsterdamer Stadtbild wie Fahrräder und Grachten. Ob die hier verkauften Snacks tatsächlich »de lekkerste« sind, muss jeder selbst beurteilen. Faszinierend ist das Prinzip: Man wirft etwas Kleingeld ein, öffnet ein Kläppchen in der Wand und nimmt die warme *frikandel* oder den Burger heraus. Zur Feier des 75-jährigen Bestehens dieser Ur-Amsterdamer Institution gab es im September 2016 sogar für kurze Zeit eine schwimmende Filiale auf der hochvornehmen Prinsengracht.

❷ Im Begijnhof innehalten (S. 48)
Man geht durch einen Torbogen und ist in einer völlig anderen Welt: Der Beginenhof ist eine unerwartete Oase der Stille in der quirligen Innenstadt. Weiß gestrichene Häuser scharen sich um einen baumbestandenen Innenhof mit einer schlichten Kirche. Die Beginen lebten hier einst in einer spirituellen Gemeinschaft, aber selbstbestimmter und freier als im Kloster.

Im Begijnhof führten unverheiratete Frauen ein religiöses Leben in einer nicht durch ein Gelübde gebundenen Gemeinschaft.

**3 Vom hässlichen Entlein
zum strahlenden Schwan (S. 124)**
Die gelungene Umwandlung der
Westergasfabriek vom aufgegebenen
Industrieareal zum Kulturzentrum plus
Naherholungsgebiet begeistert nicht
nur Fachleute aus aller Welt, sondern
in erster Linie die Amsterdamer, für die
das ehemalige Gaswerk rasch zum allseits beliebten Ausflugsziel avancierte.

**4 Rijksmuseum in neuer
alter Pracht (S. 148)**
Die Kosten explodierten, aus der geplanten
Renovierung wurde eine Dauerbaustelle:
Gut zehn Jahre lang war das Rijksmuseum, die »Schatzkiste der Nation«, wegen
Umbaus geschlossen. Doch das Warten
hat sich definitiv gelohnt: Die versam-
melten Meisterwerke von Rembrandt
bis Vermeer erstrahlen in der original-
getreu wiederhergestellten historischen
Pracht jetzt noch einmal so schön!

Rembrands *Nachtwache* im Rijksmuseum

**5 Sommerfrische
in der Stadt (S. 162)**
An einem schönen Sommertag sollte
man sich als Besucher ein Beispiel an
den Amsterdamern selbst nehmen:
ein Picknick einpacken, sich auf's Rad
schwingen und es sich in einem der
vielen Parks gemütlich machen. Sehr
beliebt und lohnend ist der Vondelpark
mit seinen weiten Rasenflächen und
dem tollen Spielplatz. Hier nistet regelmäßig ein Storchenpaar, und einen echten Picasso gibt es auch – eine riesige
Skulptur, die der Künstler der Stadt
geschenkt hat.

**6 Wissenschaft
zum Anfassen (S. 226)**
Wer mit Kindern nach Amsterdam fährt,
hat Glück: Er kommt um einen Besuch
im NEMO, dem interaktiven Wissenschaftsmuseum, nicht herum. Ausprobieren
ist hier ausdrücklich erlaubt – und das
macht kleinen und großen Kindern großen Spaß. Von der Riesenseifenblasen-
station bis zum Test, ob man ein guter
Augenzeuge wäre, gibt es hier jede
Menge Wissenswertes zu entdecken.

7 Willkommen an Bord (S. 66)
Alles schaukelt sacht. Das Wasser plät-
schert, und irgendwo ganz in der Nähe
quakt eine Ente. Gut 2500 Hausboote
gibt es in Amsterdam, und einige davon
kann man mieten. Manche liegen irgendwo im Grünen, andere nur einen Steinwurf von der City entfernt im Oosterdok.
Doch ganz egal wo: Das Wohnen auf
dem Wasser hat seinen eigenen, ganz
besonderen Reiz.

Hausboote in der Brouwersgracht

❽ Schiff ahoi! (S. 246)

An der Rückseite des schick renovierten und zum IJ-Ufer hin um eine großartige Glaskonstruktion erweiterten Hauptbahnhofs legen die kostenlosen Pendelfähren nach Amsterdam Noord ab. Die Bootsfahrt quer über Het IJ eröffnet einen tollen Panoramablick auf die vorbeiziehenden Schiffe und die ehemaligen Hafengebiete, die seit den 1990er-Jahren vom Niemandsland zum In-Viertel mutiert sind und heute Architekturfans aus aller Welt anziehen.

❾ Schaukeln über dem Abgrund (S. 250)

Als ob der Ausblick von der Plattform Lookout, hoch oben auf dem Turm A'DAM in Amsterdam Noord, nicht schon spektakulär genug wäre, wartet der markante Turm zusätzlich mit einem Drehrestaurant auf. Für ganz Wagemutige steht auf der obersten Terrasse eine Schaukel, mit der man weit über die Gebäudekante hinausschwingt. Ob dann die phänomenale Aussicht auf Amsterdam oder doch eher die gähnende Tiefe unter den eigenen Füßen den Blick fesselt, muss wohl jeder selbst ausprobieren.

Im NEMO gibt's Wissenschaft zum Anfassen für Klein und Groß.

WILLKOMMEN
in Amsterdam

In Amsterdam gibt es mehr Brücken als in Venedig und mehr Fahrräder als Einwohner. Die gemütliche Metropole ist zwar Hauptstadt, aber nicht Regierungssitz und darum sehr entspannt – ebenso wie ihre Bewohner, denen das Prinzip »leben und leben lassen« in Fleisch und Blut übergegangen ist. Die einzigartige Mischung aus Tradition und Moderne entdeckt man am besten auf ausgedehnten Spaziergängen durch die Stadt.

Den Brückenschlag zwischen Vergangenheit und Zukunft beherrscht Amsterdam perfekt. Das gesamte, einzigartige Stadtzentrum steht unter Denkmalschutz, insgesamt gibt es weit über 7000 Baudenkmäler. Trotzdem fühlt man sich nicht wie in einem Museum, wenn man am Grachtengürtel entlangspaziert. Das liegt zum einen am ungezwungenen Umgang der Amsterdamer selbst mit ihrem historischen Erbe: Direkt vor dem königlichen

Palast dreht sich während einer Kirmes das Riesenrad, unbekümmert werden nicht mehr ausgelastete Kirchen in Büroräume umgewandelt. Die Stadt ist nicht in historischer, altehrwürdiger Schönheit erstarrt, sondern verändert ihr Gesicht ständig durch immer neue Bauprojekte. Vor allem lebt die Stadt durch ihre Menschen. Amsterdam ist jung und multikulturell. Knapp die Hälfte der Bewohner ist jünger als 35 Jahre, jeder Zweite hat

Das Papeneiland ist ein beliebtes Fotomotiv.

ausländische Wurzeln. Rund 180 Nationalitäten sind hier vertreten. Das sorgt einerseits für eine sehr lebendige Atmosphäre, andererseits führt das Zusammenleben so vieler unterschiedlicher Kulturen auch zu Spannungen – und neuen Herausforderungen.

Liberal aus Überzeugung

Weltoffen, unternehmungslustig, gastfreundlich, pragmatisch, geschäftstüchtig und gesellig – all das sind Attribute, die man den Amsterdamern gemeinhin zuspricht. Geradezu sprichwörtlich ist auch die Toleranz der Amsterdamer, Neues vorurteilsfrei zu betrachten und auszuprobieren. 1976 machten die Niederlande Schlagzeilen mit der Ankündigung, den Besitz und Konsum kleiner Mengen weicher Drogen nicht mehr strafrechtlich zu verfolgen, ohne das grundsätzliche Verbot aufzuheben. Amsterdam lebt seitdem mit seinen Coffeeshops. Seit 2000 ist die Prostitution im Rotlichtviertel um die Oude Kerk legal, 2001 wurden die ersten gleichgeschlechtlichen Paare getraut.

Leben mit Zuwanderern

Bekannt für ihre Liberalität war die Stadt Amsterdam schon im 16. und 17. Jahrhundert. Jüdische Glaubensflüchtlinge gaben ihr den Beinamen *mokum aleph*, was sich sinngemäß mit »sicherer Hafen«

Amsterdam ist jung und multikulturell.

übersetzen lässt. Auch Protestanten und Hugenotten flohen hierher. In Amsterdam herrschte seit 1597 Glaubensfreiheit, 1632 wurde die Pressefreiheit eingeführt. Der französische Philosoph René Descartes (1596–1650) schätzte die Gedankenfreiheit in Amsterdam, Baruch de Spinoza (1632–1677), einer der Vordenker der Aufklärung, wuchs hier auf. Ab 1933 wurden die Niederlande zur Zuflucht für deutsche Juden, darunter auch die Familie von Anne Frank. Während der deutschen Besatzung war die Stadt Zentrum des niederländischen Widerstands; viele Niederländer versteckten Juden oder verhalfen ihnen zur Flucht. Nach dem Ende der Kolonialzeit fanden zahlreiche Zuwanderer aus ehemaligen Kolonien eine neue Heimat in Amsterdam.

Im Oosterpark erinnert ein Denkmal an das Ende der Sklaverei.

Toleranz auf dem Prüfstand

Der bekannte niederländische Autor Geert Mak prägte für die Stadt den Titel »Welthauptstadt der Toleranz«. Tatsächlich galten die Niederlande, speziell Amsterdam, lange als Musterbeispiel für eine funktionierende multikulturelle Gesellschaft. Dieses Bild fing in den 1990er-Jahren an zu bröckeln. Weil deutlich mehr Einwanderer als Einheimische arbeitslos waren oder von Sozialhilfe lebten, legte die Stadtverwaltung eine Reihe von Integrationsprogrammen auf. Am 2. November 2004 erschütterte ein brutaler Mord die Stadt. Auf offener Straße ermordete ein radikalisierter junger Niederländer marokkanischer Abstammung den islam-

kritischen Filmemacher Theo van Gogh. Der Mord wurde als allgemeiner Angriff auf die in den Niederlanden traditionell hoch geschätzte Meinungsfreiheit gewertet. Die mangelnde Integration einer großen Gruppe muslimischer Jugendlicher, die immer wieder durch Übergriffe in Erscheinung traten, geriet in den Fokus der Aufmerksamkeit. Seit dem 1. Januar 2007 gilt in den Niederlanden das Gesetz zur zivilen Integration. Zuwanderungswillige müssen nun zunächst in ihrem Heimatland in einem Test Sprach- und Landeskenntnisse der Niederlande unter Beweis stellen, um eine befristete Aufenthaltsgenehmigung zu erhalten. Nur wer innerhalb von drei Jahren einen weiteren Integrationstest besteht, erhält eine dauerhafte Aufenthaltsgenehmigung.

Störenfriede raus!

Auf der anderen Seite legt Amsterdam großen Wert auf den Schutz von Minderheiten. Ende 2012 legte die Stadtregierung einen Aktionsplan gegen massives Mobbing in der Nachbarschaft vor, nachdem wiederholt Behinderte, Homosexuelle oder Migranten aus ihrem Wohnumfeld geekelt wurden. Wer nach diversen Gesprächen, Beratungs- und Mediationsangeboten seine Nachbarn immer noch terrorisiert, kann für eine begrenzte Zeit seiner Wohnung verwiesen und in Auffangquartieren, etwa umgebauten Schiffscontainern am Stadtrand, untergebracht werden. Die Begründung für das harte Durchgreifen lautet: *Juist in Amsterdam moet iedereen zichzelf kunnen zijn en in vrede kunnen leven.* Das heißt: »Gerade in Amsterdam muss jeder er selbst sein und in Frieden leben können.« Da ist es wieder, das Amsterdamer Leitmotiv…

Romantischer Lichterglanz an der Prinsengracht

Leben mit dem Wasser

Eine besondere Beziehung haben die Amsterdamer zum Wasser. Den Boden ihrer Stadt mussten sie dem Wasser abtrotzen. Sie bauten Deiche, gruben Entwässerungskanäle und rammten über fünf Millionen Pfähle in den schlammigen Untergrund, damit ihre Häuser festen Boden unter den Füßen hatten. Würde man Amsterdam auf den Kopf stellen, dann käme wohl ein ganzer Wald ans Tageslicht, sinnierte einst der Dichter Joost van den Vondel (1587–1679). Wie viele Baumstämme den gewaltigen Königspalast am Dam tragen, weiß in Holland jedes Kind: So viele Tage wie das Jahr, eine Eins davor und eine Neun dahinter – 13659 sollen es sein. Gleichzeitig machten sich die Amsterdamer das Wasser zunutze. Das verzweigte Netz der Grachten diente als Verkehrswegenetz für Menschen, Vieh und Waren, die auf flachen Kähnen bis vor die Türen der Packhäuser gebracht wurden. Experten zufolge konnten damals deutlich größere Warenmengen durch die Stadt bewegt werden als heute per Lieferwagen. Das Logistikunternehmen DHL lässt darum seit den 1990er-Jahren ein knallgelbes *pakjesboot* durch die Grachten tuckern. Nach dem Willen der Stadtväter soll der kleine gelbe Pionier Gesellschaft bekommen: Anfang 2016 stellte die Gemeinde ihre »Watervisie 2040« vor – diese Vision umfasst neben einem kräftigen Ausbau des Warenverkehrs auf dem Wasser auch die Anlage von Boulevards und Badestränden am IJ-Ufer.

Hausputz auf den Grachten

Bis ins 19. Jahrhundert dienten die Kanäle auch als Kanalisation. Im Sommer und bei niedrigem Wasserstand war der Gestank kaum auszuhalten. Wer es sich leisten konnte, floh aufs Land. Heute hält ein Netz von Pumpen und Schleusen den Wasserpegel weitgehend konstant. Ein zu niedriger Wasserstand wäre ebenso fatal wie ein zu hoher, denn die Pfähle, die die Stadt tragen, dürfen nicht trockenfallen, sonst würden sie verrotten. Ein großes Schöpfwerk pumpt nachts Wasser aus dem Ijsselmeer in die Stadt, um die Grachten durchzuspülen. Spezielle Reinigungsschiffe fischen den Unrat von der Wasseroberfläche, große Kähne mit Greifarmen bergen regelmäßig verrostete Fahrradwracks und anderes vom Grund der Grachten. In Amsterdam sagt man, die Grachten seien insgesamt drei Meter tief: ein Meter Schlamm, ein Meter Fahrräder, ein Meter Wasser.

Die jährliche Gay-Parade ist ein schrill-buntes Spektakel.

Spaß auf allen Kanälen

Bei schönem Wetter sieht man in Amsterdam ganze Familien mit Picknickkorb und Hund gemütlich per Boot über die Grachten tuckern. Auch im Festkalender haben die Kanäle einen festen Platz. Am Koningsdag Ende April drängen sich die Boote mit feiernden Menschen auf den Grachten. Am ersten Wochenende im August bildet ein schrill-bunter Bootskorso den Höhepunkt des jährlichen »Gay Pride«, einer großen Kundgebung für die Rechte von Homosexuellen. Ausgesprochen kultiviert geht es Mitte August beim Grachtenfestival zu, wenn auf zahlreichen Bühnen am und auf dem Wasser fünf Tage lang klassische Musik erklingt. Ende November kommt Sinterklaas, der niederländische Nikolaus, per Schiff über die Amstel in die Stadt – schon seit 1934, mit nur einer Unterbrechung im Kriegswinter 1944. Tausende von Zuschauern verfolgen den Bootsumzug jedes Jahr. Eine heftige Auseinandersetzung tobt seit einigen Jahren um die Gehilfen des Nikolaus, die Zwarten Pieten: Mit ihren schwarz geschminkten Gesichtern und den wilden Afroperücken empfindet sie mancher als rassistische Karikaturen.

Platznot macht erfinderisch

Vierhundert Jahre sind seit dem ersten Spatenstich vergangen. Bis heute gilt der Grachtengürtel als architektonisches und städtebauliches Meisterwerk. Als »Vorbild für die Stadtarchitektur in der modernen Welt« ernannte ihn die UNESCO 2010 zum Weltkulturerbe. Dabei war der Grund für das Jahrhundertbauwerk banal: Im alten Stadtzentrum wurde es zu eng. Amsterdam boomte, der Handel florierte, viele Menschen drängten in die Stadt. Es fehlte an Anlegeplätzen, Stau- und Wohnraum. Schließlich beschlossen die Stadtväter, mit einem großen Wurf all diese Probleme auf einen Schlag zu lösen. Der Platzmangel zieht sich wie ein roter Faden durch die Geschichte der Stadt und hat die Amsterdamer immer wieder zu kreativen Lösungen angespornt.

Die Amsterdamer Schule

Im ausgehenden 19. Jahrhundert zeigten sich in Amsterdam die Schattenseiten der Industrialisierung. Vor allem in Arbeitervierteln wie dem Jordaan lebten die Menschen in katastrophalen Verhältnissen. Ein 1901 verabschiedetes Gesetz zum Volkswohnungsbau gab den Startschuss für mehrere innovative Projekte des sozialen Wohnungsbaus, von denen einige Architekturgeschichte schrieben. Die sogenannte Amsterdamer Schule entwickelte auf der Grundlage traditioneller Materialien wie rotem Backstein eine neue, expressionistische Formensprache. Prominentestes Beispiel ist der 1921 fertiggestellte Wohnblock Het Schip. Auch mit neuen Formen des Zusammenlebens wurde experimentiert: Zwischen den Weltkriegen entstand eine Reihe von »Gartendörfern«, die das soziale Miteinander fördern sollten. Als nach dem Krieg Baumaterial knapp und teuer

Feierabendstimmung auf einem der vielen Wohnboote

war, erprobte man im Bezirk Watergraafsmeer neue Baustoffe – so entstand das Betondorp, heute ein Paradebeispiel der nüchtern-sachlichen Architekturrichtung De Stijl. In den 1950er- und 1960er-Jahren wurden am Stadtrand große Neubaugebiete im Stil der Neuen Sachlichkeit errichtet. Im Zentrum waren bezahlbare Wohnungen so knapp, dass viele Familien zu dieser Zeit abwanderten. Die Innenstadt sollte grundlegend modernisiert und zur autofreundlichen Stadt umgebaut werden. Dabei wurde unter anderem erwogen, ganze Viertel abzureißen, die Grachten zuzuschütten und zu Straßen umzuwidmen. Vieles davon scheiterte am Widerstand der Amsterdamer, die für den Erhalt einer lebenswerten Innenstadt kämpften.

Auf dem Dach des Museums NEMO: Relaxen mit Aussicht

Auf zu neuen Ufern

Pünktlich zur Jahrtausendwende hat Amsterdam seine Wasserseite wiederentdeckt. Eine ganze Reihe spektakulärer Gebäude ist entstanden, etwa das Muziekgebouw aan't IJ, das Wissenschaftsmuseum NEMO, das neue Domizil der Stadtbibliothek und der auf drei Seiten von Wasser umgebene Wohnblock Silodam. Jenseits des IJ zieht das hypermoderne Filmmuseum Eye die Blicke auf sich. Wenn der Platz nicht reicht, dann schütten die Amsterdamer eben künstliche Inseln auf. *Grondwinning* heißt diese wohlbewährte Methode, mit der schon zu Beginn des 17. Jahrhunderts die Grundlagen für die geplante westliche Hafenerweiterung gelegt wurden. Seit der Jahrtausendwende entsteht für den neuen Stadtteil Ijburg im IJ ein Archipel aus künstlichen Inseln. Über 20 000 Menschen wohnen schon dort, bis zu 45 000 sollen es werden.

Oranje boven

Auch der prunkvolle Königspalast am Dam war zu seiner Zeit ein hochmodernes Stück Architektur. Die königliche Familie nutzt ihn nur für repräsentative Anlässe. Den meisten Amsterdamern ist das herzlich egal, denn mit der Monarchie hat man hier seit jeher nicht sonderlich viel am Hut. Einmal im Jahr machen die Amsterdamer aber eine Ausnahme: Am Konings-, früher Koninginnedag! Seit dem 31. August 1889, dem neunten Geburtstag von Prinzessin Wilhelmina, findet er jährlich statt. Während der Regierungszeit von Königin Juliana feierte man deren Geburtstag am 30. April.

18

Königin Beatrix behielt dieses Datum bei (ihr Geburtstag ist im eher ungemütlichen Januar). Der Monarchengeburtstag ist ein nationaler Feiertag. Fällt er auf einen Sonntag, wird die Party einen Tag vorverlegt. Ganz Amsterdam erstrahlt dann in der Farbe des Königshauses Oranien: Orange! In Kneipen, Parks, auf Straßen, Plätzen und unzähligen Booten auf den Grachten wird ausgelassen gefeiert. Als Willem-Alexander am 30. April 2013 seiner Mutter Beatrix auf den Thron folgte, bekam das Land nach 123 Jahren weiblicher Regierung wieder einen König. Seitdem steigt die Party (die jetzt Koningsdag heißt) an seinem Geburtstag, dem 27. April. Da das volkstümliche Königspaar sehr beliebt ist, stoßen die Amsterdamer gern auf deren Wohl an.

Rijsttafel und Moksi Meti

Getrunken und gegessen wird in Amsterdam gern und gut. Nach Feierabend geht man mit Freunden oder Kollegen *gezellig een borreltje* nehmen. Ein *borreltje* ist ein Schnäpschen, meist ein Genever, ein Wacholderschnaps. Mit einem Bier dazu wird daraus ein *Kopstoot*, ein »Kopfstoß«. Zum *borreltje* gehört traditionell eine *bittergarnituur*, eine Auswahl von kleinen herzhaften Häppchen, etwa ein Stück Gouda, *bitterballen* (frittierte Bällchen mit Ragoutfüllung) und *Amsterdamse ossenworst*. Das Rezept für diese Wurst aus Ochsenfleisch stammt aus dem 17. Jahrhundert; abgeschmeckt wurde sie schon damals mit Pfeffer, Muskat und anderen Gewürzen aus den Kolonien. Dazu reicht man gern *Amsterdamse*

uitjes – kleine, in Essig und Safran eingelegte Perlzwiebeln, die dadurch eine intensiv gelbe Farbe haben. Mehr als tausend Restaurants bieten eine reichhaltige Auswahl, vom schnellen Imbiss bis zum Sternerestaurant. Neben der traditionell niederländischen nimmt aufgrund der kolonialen Vergangenheit die indonesische Küche breiten Raum ein. Vor allem die *rijsttafel*, die aus einer Vielzahl von gleichzeitig servierten Hauptgerichten und Beilagen besteht, ist sehr beliebt. Man findet aber auch diverse karibische, afrikanische und indische Lokale. Die surinamische Küche gilt als Spezialität von Amsterdam und vereint verschiedenste Einflüsse – asiatische, afrikanische, karibische, javanische sowie libanesische und jüdische. Ein Klassiker ist zum Beispiel *Moksi Meti*, ein Reisgericht mit mehreren Sorten Fleisch.

Oranje boven: eine extravagante Kopfbedeckung

Frischen Matjes sollte man unbedingt einmal probieren.

Leckere Tussendoortjes

Viele Restaurants haben eine gesonderte Mittagskarte, die sich oft von der Abend-karte unterscheidet. Für den kleinen Hunger zwischendurch empfiehlt sich der Besuch in einem *Eetcafé*, das neben Kaffee und Kuchen auch kleinere Mahl-zeiten serviert – etwa einen *uitsmijter*. Dieser »Rausschmeißer« ist kein muskel-bepackter Türsteher, sondern entspricht dem hiesigen »Strammen Max«, also ei-nem Spiegelei mit gebratenem Schinken auf Brot. Eine sehr beliebte Zwischen-mahlzeit, *tussendoortje* genannt, sind *belegde broodjes* – das sind oft kulinari-sche Kleinkunstwerke. Lecker sind auch die Pommes, die in den Niederlanden *patat* oder *Vlamse* frites heißen, aus frischen Kartoffeln gemacht und mit den verschiedensten Soßen angeboten werden. Eine gute Alternative sind die Heringsstände und die vielen, oft asiati-schen Take-aways. Nicht nur für Touris-ten sind die Automatenrestaurants der lokalen Kette »Febo« eine Attraktion:

Hinter gläsernen Sichtfenstern warten fertige Snacks, zum Beispiel *frikandel*, eine Art Mischwurst ohne Pelle, die in der Fritteuse zubereitet und mit reichlich Mayonnaise und Ketchup garniert wird. In vielen niederländischen Familien isst man mittags nur eine Kleinigkeit, die warme Hauptmahlzeit gibt es abends gegen 18 Uhr. Auch in den Restaurants wird relativ früh gegessen. Ein Blick in die Speisekarte verrät oft, wann die Küche schließt.

Rookworst und Olieballen

Die traditionelle niederländische Küche ist deftig und basiert vor allem auf Kartoffeln, Fleisch und Gemüse. Klassiker sind Eintöpfe (*stamppot*) wie die *dikke erwtensoep*, eine sämige Erbsensuppe, oder der traditionelle *hutspot*, der ur-sprünglich aus weißen Bohnen und Pastinaken bestand und heute oft auch Karotten, Kartoffeln und als Fleischein-lage ein Stück Hohe Rippe (*klapstuk*) enthält. Ein Klassiker sind auch die *pan-nekoken*, die es herzhaft und süß gibt. Süßes aller Art steht in Amsterdam hoch im Kurs: *Appeltaart met slagroom* steht auf jeder Speisekarte. *Poffertjes*, kleine runde Eierpfannkuchen, werden in einer speziellen Pfanne mit runden Vertiefun-gen gebacken und mit Puderzucker bestreut. Und bevor man wieder nach Hause fährt, sollte man unbedingt die mit Sirup gefüllten dünnen *stroopwafels* probieren. Die besten gibt es frisch auf die Hand auf dem Albert-Cuyp-Markt im Stadtteil De Pijp. *Eet smakelijk*! – »Guten Appetit!«

Lage: 52 ° 22' nördliche Breite und 4 ° 53' östliche Länge

Höhe: Der Amsterdamer Pegel (*Normaal Amsterdams Peil*) ist seit 1818 die Grundlage für Höhenmessungen in den Niederlanden und wurde von vielen angrenzenden Ländern, so auch Deutschland, übernommen.

Fläche: gut 219 Quadratkilometer, Davon Wasserfläche: rund 53 Quadratkilometer

Brücken: über 128

Einwohner: rund 822 000 im Stadtgebiet, etwa 2,3 Millionen im Großraum Amsterdam (Stand: Dezember 2015)

In der Bevölkerung vertretene Nationalitäten: 180

Stadtbezirke: 8, davon 7 mit eigenständiger Verwaltung

Stadtwappen:

Das Wappen zeigt einen senkrechten schwarzen Streifen auf rotem Grund, darauf drei übereinander angeordnete weiße Andreaskreuze.

Bürgermeister: 1

Gemeinderat: 1 mit 45 Mitgliedern

Hausboote: 2500

Fahrräder je 100 Einwohner: 110

Autos je 100 Einwohner: 25

Anteil der Menschen, die täglich Rad fahren: 58 Prozent

Wirtschaft: Amsterdam hat eine lange Tradition als Hafenstadt, Handelszentrum und Finanzplatz. Noch heute ist der Hafen von Amsterdam nach Rotterdam der wichtigste der Niederlande. Die Stadt zählt zu den wichtigsten Finanzplätzen weltweit, die führenden inländischen und viele ausländische Geldinstitute, Versicherungen und Finanzdienstleister haben hier ihre Zentralen oder große Niederlassungen, ebenso viele Konzerne. Der Amsterdamer Flughafen Schiphol ist der größte der Niederlande und Sitz der größten Fluggesellschaft des Landes, der KLM. Nur wenige Autominuten davon entfernt entsteht mit der Zuidas (Südachse) ein neues Geschäftszentrum mit mehr als 650 000 Quadratmeter Bürofläche. Ein wichtiger Wirtschaftsfaktor ist der Tourismus.

Kultur: Kunst und Kultur spielen eine wichtige Rolle im Amsterdamer Stadtleben. In Amsterdam gibt es 75 Museen unterschiedlichster Größe und 55 Theater- und Konzertsäle. Die Zahl der Konzert- und Theateraufführungen pro Jahr liegt bei rund 9000. Amsterdam hat zwei Universitäten, zwei Kunstakademien und eine ganze Reihe von Business- und anderen Hochschulen.

1275 wird die Siedlung am Amsteldamm erstmals urkundlich erwähnt. Graf Floris V. von Holland gewährt den Bewohnern der Ortschaft Zollfreiheit.

1306 Der Bischof von Utrecht verleiht Amsterdam die Stadtrechte. Die Oude Kerk wird gebaut.

1323 Amsterdam wird zum Zollhafen für den Import von Bier.

1345 Das Wunder von Amsterdam macht die Stadt zum Wallfahrtsort.

1421 Der erste große Stadtbrand verwüstet weite Teile Amsterdams. Nach einem weiteren Brand 1452 wird Holz als Baumaterial verboten.

1489 Kaiser Maximilian verleiht Amsterdam das Recht, die Kaiserkrone im Stadtwappen zu tragen.

1500 Amsterdam ist durch den Ostseehandel zur wichtigsten Stadt in der Provinz Holland avanciert. Karl V. bekämpft den Protestantismus, der sich in Nordeuropa ausbreitet, mit aller Gewalt. Dennoch entwickelt sich Amsterdam zu einem Zentrum der Täuferbewegung.

1535 Wiedertäufer versuchen, das Amsterdamer Rathaus zu stürmen. Die Anführer des Aufstands werden hingerichtet.

1566 Die protestantische Bevölkerung rebelliert. Katholische Kirchen werden gestürmt.

1568 Als Statthalter der holländischen Provinzen führt Wilhelm von Oranien den protestantischen Widerstand an. Amsterdam bleibt zunächst katholisch.

1578 Amsterdam kapituliert vor der Belagerung durch Wilhelm von Oranien. Mit der sogenannten Alteratie wird die katholische Stadtregierung abgesetzt und der Protestantismus zur offiziellen Religion. Der Katholizismus wird zwar toleriert, darf aber nicht öffentlich praktiziert werden. Darum entstehen zahlreiche Geheimkirchen.

1579 Die sieben nördlichen Provinzen der Niederlande sagen sich vom katholischen Süden los.

1580 Spanien annektiert Portugal. Die Niederlande, bislang nur Zwischenhändler, rüsten nun Schiffe auf und suchen eigene Handelsrouten.

1585 Nachdem die Spanier Antwerpen eingenommen haben, strömen Tausende von Glaubensflüchtlingen nach Amsterdam.

1602 Die Vereenigde Oost-Indische Compagnie (VOC) wird gegründet. Sie wächst rasch zu einer enormen Handelsmacht. Fast 200 Jahre hat sie das Monopol auf den Südostasien-, Südafrika- und Südamerikahandel.

1613 Amsterdam boomt. Der erste Bauabschnitt des Grachtengürtels entsteht, um dringend benötigten Wohn- und Lagerraum zu schaffen. Reiche

Kaufleute stiften Wohnhöfe für bedürftige Alte.

1621 Die West-Indische Compagnie (WIC) wird gegründet. Sie hat ein Handelsmonopol für Westafrika, Nord- und Südamerika und betreibt auch Piraterie und Sklavenhandel.

1637 Die Spekulationsblase um die Modeblume Tulpe platzt. Amsterdam erlebt eine Zeit der wirtschaftlichen und kulturellen Blüte: das Goldene Zeitalter.

1648 Mit dem Westfälischen Frieden enden 80 Jahre Krieg. Das Amsterdamer Rathaus, der heutige Königspalast, wird gebaut.

1663 Die zweite Bauphase des Grachtengürtels beginnt.

1685 Das Edikt von Nantes führt zu einem Zustrom von Hugenotten.

1784 Die niederländische Flotte verliert den Seekrieg gegen England.

1791 Die VOC wird aufgelöst.

1795 Nach dem Einmarsch französischer Truppen wird die Batavische Republik ausgerufen. 1806 ernennt Napoleon Bonaparte seinen Bruder Louis zum König der Niederlande.

1876 Bau des Nordostseekanals

1914–1918 Im Ersten Weltkrieg bleiben die Niederlande neutral.

1934 Die Kürzung der Arbeitslosenunterstützung führt zum Jordaan-Aufruhr.

1940 Deutsche Truppen besetzen die Niederlande. Aus Protest gegen die Repressalien gegen die jüdische Bevölkerung kommt es 1941 zum Generalstreik.

1945 Die alliierten Truppen befreien Amsterdam. Der Hungerwinter 1944/1945 kostet viele Menschenleben.

1966 Trotz vehementer Proteste heiratet Kronprinzessin Beatrix den Deutschen Claus von Amsberg.

1976 Die niederländische Regierung verkündet die Duldung weicher Drogen.

1980 Königin Beatrix' Krönungstag wird von gewalttätigen Auseinandersetzungen zwischen Hausbesetzern und Polizei überschattet.

1992 Ein israelisches Transportflugzeug stürzt über dem Amsterdamer Stadtteil Bijlmermeer ab.

2002 Kronprinz Willem-Alexander heiratet in der Nieuwe Kerk seine argentinische Verlobte Máxima.

2004 Ermordung des Filmemachers Theo van Gogh

2010 Der Grachtengürtel wird UNESCO-Weltkulturerbe.

2013 Königin Beatrix dankt zugunsten ihres Sohnes Willem-Alexander ab.

DAS ALTE ZENTRUM

1 Stationsplein, Damrak und Dam
Wo alles begann   **28**

2 Altes Hafenviertel
Neues Leben hinterm Deich   **32**

3 Oude Kerk im Rotlichtviertel
Streifzug durch die Walletjes   **34**

4 Ons' Lieve Heer op Solder
Eine Kirche im Verborgenen   **38**

5 Chinatown
In einer anderen Welt   **40**

6 Kalverstraat, Rokin und Spui
Schicke Läden, ein Wunder und ein
Gassenjunge   **44**

7 Begijnhof
Eine Oase der Stille   **48**

8 Amsterdam Museum
Eine spannende Zeitreise   **50**

9 Kloveniersburgwal und Universitätsviertel
Zwischen Amüsement und Gelehrsamkeit   **54**

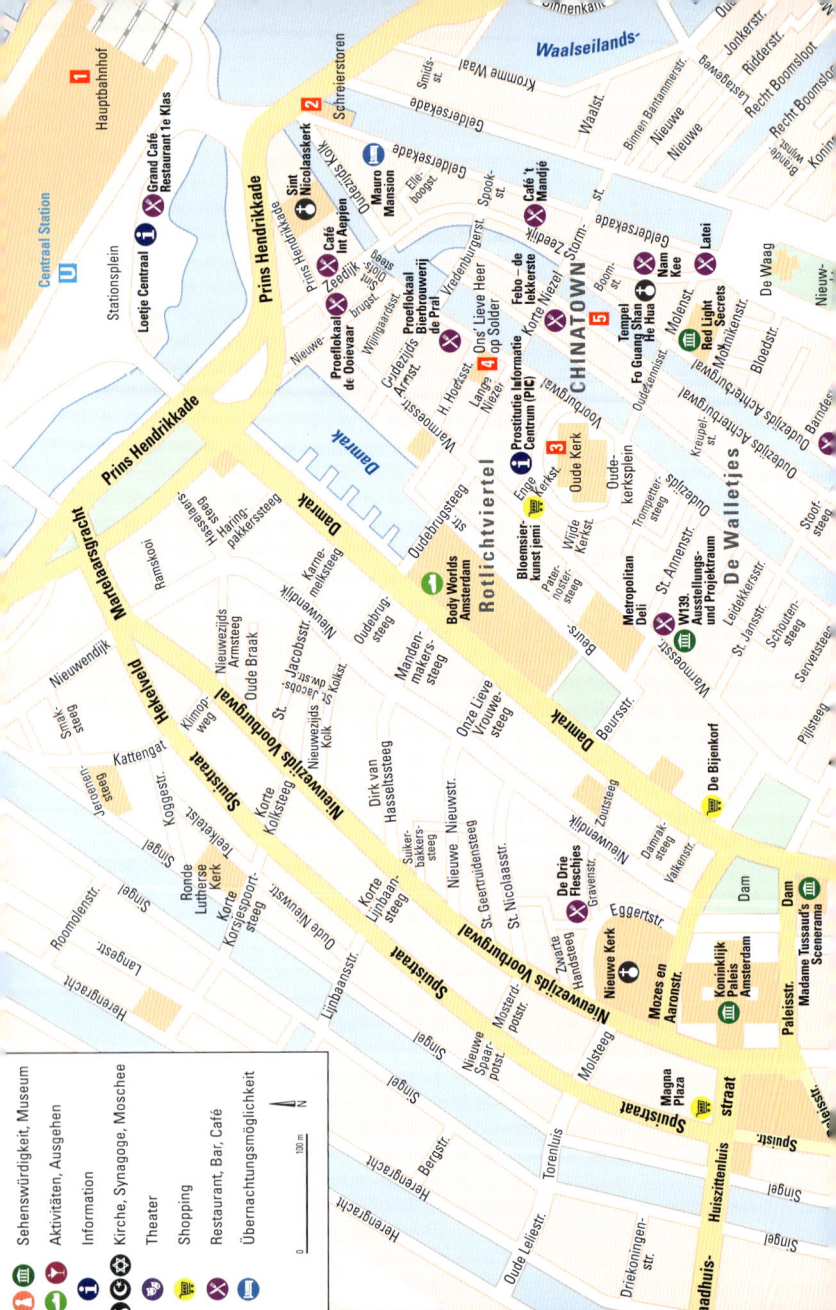

1 Stationsplein, Damrak und Dam
Wo alles begann

Wo sich heute der prächtige Hauptbahnhof erhebt, stand einst die Wiege Amsterdams: An der Stelle, an der die Amstel in Het IJ mündete, ließen sich die ersten Siedler nieder. Vom Bahnhof aus führt der Weg in die Stadt über den Damrak, eine laute, touristisch geprägte Flaniermeile. Sie mündet in einen der zentralen Plätze Amsterdams, den Dam, an dem der Königspalast und das Nationalmonument liegen.

Früher ragte an der Stelle des heutigen Stationsplein ein Wald von Masten in den Himmel. Hier landeten die großen Schiffe an, die im Goldenen Zeitalter den Reichtum der Niederlande begründeten. Ende des 19. Jahrhunderts musste der Hafen dem neuen Bahnhof weichen. Der 1889 fertiggestellte Backsteinbau im Stil der niederländischen Neorenaissance ruht auf künstlichen Inseln und 8687 Pfählen im ehemaligen Hafenbecken. Bis heute hadern viele Amsterdamer mit dem prachtvollen Gebäude, weil es den Blick vom Stadtzentrum auf die weite Wasserfläche des IJ versperrt. Was sie daran zusätzlich wurmt: Der Bau des Bahnhofs wurde über die Köpfe der Amsterdamer hinweg in Den Haag beschlossen – Amsterdam ist zwar die Hauptstadt der Niederlande, der Regierungssitz aber ist Den Haag.

Seite 26/27: Vom Schreierstoren winkten die Frauen den Seeleuten nach.
Oben: Viele der Rundfahrtboote legen in der Nähe der Centraal Station ab.
Unten: Der Amsterdamer Bahnhof ähnelt dem Rijksmuseum.

Stationsplein und Damrak

Der Architekt Petrus J. H. Cuypers (1827–1921) konzipierte das Bahnhofsgebäude als prachtvollen Palast der Reisenden. Zwei mächtige Türme flankieren den Mittelbau. In luftiger Höhe symbolisiert ein goldenes Rad mit Flügeln die moderne Technik der Eisenbahn. Der prächtige Wartesaal Erster Klasse ist heute ein schickes Café. Vom belebten Bahnhofsvorplatz fällt der Blick nach rechts auf ein riesiges mehrstöckiges Fahrradparkhaus. Linker Hand befindet sich im weißen Gebäude von »Smits Noord-Zuid Hollandsch Koffiehuis« die Zentrale der Amsterdamer Touristeninformation. Über den Damrak führt der Weg geradewegs in Amsterdams »gute Stube«, zum Dam. Der Unterlauf der Amstel, der hier einst verlief, wurde im 19. Jahrhundert zugeschüttet, um einen eleganten Boulevard anzulegen. Vom geschäftigen Binnenhafen blieb nur das kleine Becken übrig, in dem heute die Grachtenrundfahrtboote liegen.

Beurs van Berlage

Der monumentale Backsteinbau der alten Börse, der Beurs van Berlage (1898–1903), markierte den Beginn der modernen Architektur in den Niederlanden. Aus rund neun Millionen Backsteinen, Glas und Eisen schuf der Architekt Hendrik Petrus Berlage (1856–1934) ein funktionales Gesamtkunstwerk, geschmückt mit Glasfenstern, Wandmalereien, Reliefs und Skulpturen zeitgenössischer Künstler. Ein Standbild erinnert an Gijsbrecht van Amstel (1230–1303), den legendären Gründer der Stadt Amsterdam. Heute finden hier Veranstaltungen und Konzerte statt.

Königspalast

Am Dam fällt als erstes die klassizistische Fassade des Königspalastes (erbaut 1648–1665) ins Auge, der ursprünglich als Rathaus errichtet wurde. Im Auftrag des Amsterdamer Magistrats, der Mitte des 17. Jahrhunderts einen neuen, repräsentativen Amtssitz wünschte, entwarf Architekt Jacob van

Einfach gut!

DE DRIE FLESCHJES

Früher war es üblich, vor dem Kauf einer Flasche Genever oder Likör erst einmal ein *Proeflokaal* (Probierstube) aufzusuchen und dort einige Sorten zu verkosten, bevor man sich für eine entschied. In einer engen Gasse hinter der Nieuwe Kerk ist seit 1650 das *Proeflokaal* »De Drie Fleschjes« beheimatet. Heute werden die kleinen Gläschen mit alkoholischen Getränken zwar nicht mehr kostenlos ausgeschenkt, aber ansonsten scheint die Zeit stehen geblieben zu sein. Bevor die großen Zeitungen aus der Innenstadt an den Stadtrand zogen, trafen sich hier nach Feierabend vorzugsweise Journalisten auf einen »Absacker«. Auch heute ist das traditionsreiche Lokal immer noch gut besucht.

De Drie Fleschjes. Mo–Sa 14–20.30 Uhr, So 15–19 Uhr. Gravenstraat 18, 1012 NM Amsterdam, Tel. 020/624 84 43, www.dedriefleschjes.nl

Oben: Das imposante Börsengebäude am Dam
Mitte: De Bijenkorf, das erste Großkaufhaus der Niederlande
Unten: Die Konkurskammer im Königspalast, dem früheren Rathaus

Campen (1595–1657) das seinerzeit größte Rathaus Europas. 13 659 Pfähle tragen den gewaltigen Bau mit Glockenturm, auf dessen Spitze sich eine Wetterfahne in Form eines Handelsschiffs dreht. Der über 20 Meter hohe Burgerzaal mit seinem riesigen Deckengemälde gilt als einer der schönsten Festsäle Europas. Als Napoleon Bonaparte (1769–1821) seinen Bruder Louis Napoleon (1778–1846) 1806 zum König der annektierten Niederlande ausrief, funktionierte dieser das prachtvolle Gebäude kurzerhand zu seiner Residenz um. Die Amsterdamer bekamen ihr Rathaus nie mehr zurück. Heute kann der Palast besichtigt werden.

Nieuwe Kerk Amsterdam

Seit Willem I. (1772–1843) hier 1814 seinen Amtseid ablegte, ist die Nieuwe Kerk die Krönungskirche der Oranier. 2002 wurden hier Kronprinz Willem-Alexander und seine Frau Máxima getraut. Das rasche Wachstum der Stadt hatte im ausgehenden 14. Jahrhundert den Bau einer zweiten Kirche neben der Oude Kerk erforderlich gemacht. Im Jahr 1408 genehmigte der Bischof von Utrecht den Bau. Nach mehreren Bränden und Renovierungen erhielt die Nieuwe Kerk um das Jahr 1540 ihre heutige Form. Sehenswert ist die barocke Kanzel aus dem 17. Jahrhundert. Die berühmten Glockengießer François (1609–1667) und Pieter (1619–1680) Hemony, die unter anderem das Glockenspiel der Oude Kerk gefertigt haben, sind hier bestattet. Hinter der Nieuwe Kerk beherbergt das neugotische Gebäude des ehemaligen Hauptpostamtes (1895–1899) das luxuriöse Kaufhaus Magna Plaza. Direkt am Dam prangt De Bijenkorf, das erste in den Niederlanden errichtete Großkaufhaus (1912–1914). Für eine stilvolle Mittagspause empfiehlt sich der unter Denkmalschutz stehende Wintergarten des benachbarten Grandhotels »Krasnapolsky«.

Infos und Adressen

SEHENSWÜRDIGKEITEN

Nieuwe Kerk. Ausstellungen und Orgelkonzerte. Tgl. 10–17 Uhr, 25. Dez. geschl., Dam, 1012 JS Amsterdam, Tel. 020/638 69 09, mail@nieuwekerk.nl, www.nieuwekerk.nl

Koninklijk Paleis Amsterdam. An Besuchstagen (siehe Webseite) 10–17 Uhr, Dam, 1001 AM Amsterdam, Tel. 020/620 40 60, info@dkh.nl, www.paleisamsterdam.nl

ESSEN UND TRINKEN

Grand Café Restaurant 1e Klas. Stilvolles Café im Wartesaal. Tgl. 8.30–23 Uhr, Stationsplein 15/Zugang via Gleis 2b, 1012 AB Amsterdam, Tel. 020/625 01 31, info@restaurant1eklas.nl, www.restaurant1eklas.nl

Wynand Fockink Proeflokaal. Seit 1679 wird hier Genever gebrannt, täglich Verkostungen und Destillerieführung, Anmeldung online. Tgl. 15–21 Uhr, Pijlsteeg 43, 1012 HH Amsterdam, Tel. 020/639 26 95, contact@wynand-fockink.nl, www.wynand-fockink.nl

Loetje Centraal station. Bodenständige Küche, schöne Terrasse. Tgl. 8–22.30 Uhr, Stationsplein 10, 1012 AB Amsterdam, Tel. 020/623 37 77, info@smitskoffiehuis.nl, www.smitskoffiehuis.nl

EINKAUFEN

De Bijenkorf. Einkaufstempel in bester Lage. Di–Mi 10–20 Uhr, Do–Fr 10–21 Uhr, Sa 9.30–20 Uhr, So–Mo 11–20 Uhr, Dam 1, 1012 JS Amsterdam, Tel. 0800/08 18, www.debijenkorf.nl

Magna Plaza. Shoppingparadies in der alten Post. Mo 11–19 Uhr, Di–Sa 10–19 Uhr, Do bis 21 Uhr, So 12–19 Uhr, Nieuwezijds Voorburgwal 182, 1012 SJ Amsterdam, www.magnaplaza.nl

AKTIVITÄTEN

Madame Tussaud's Scenerama. Tipp: Karten online kaufen. Tgl. 10–17.30 Uhr, Dam 20, 1012 NP Amsterdam, Tel. 020/522 10 10, www.madametussauds.nl

Body Worlds Amsterdam. Ein Ableger der umstrittenen Körperwelten-Ausstellungen. So–Fr 9–20 Uhr, Sa 9–22 Uhr, Damrak 66, 1012 LM Amsterdam, Tel. 0900/84 11, amsterdam@bodyworlds.nl, www.bodyworlds.nl

Eine der vielen Caféterrassen im historischen Stadtzentrum

2 Altes Hafenviertel
Neues Leben hinterm Deich

Die höher gelegene Straße Zeedijk markiert den Verlauf des früheren Deichs. Hier wohnten die Seeleute, bis sie auf dem nächsten Schiff anheuerten. Die Gegend am Rande des Rotlichtviertels war über Jahrhunderte als Elendsviertel bekannt. Seit den 1970er-Jahren blühten hier Drogenhandel und Kriminalität. Anwohner und Polizei haben die Situation aber in den Griff bekommen.

Der Zeedijk, einer der ältesten Straßenzüge der Stadt, verläuft entlang der alten Stadtbefestigung. An der Einmündung der Straße Sint Olofspoort lag früher eines der wichtigsten Stadttore. Gleich neben diesem Tor wurde um 1440 die Sint Olofskapel, die älteste Kapelle Amsterdams, errichtet. Nachdem sie im Laufe der Jahrhunderte unter anderem als Börse und als Käsemarkt diente, ist sie heute durch einen unterirdischen Tunnel mit dem »Barbizon Hotel« verbunden und wird als Tagungszentrum genutzt. Die Fassaden der Häuser an dieser Kreuzung, die sich in unterschiedliche Richtungen neigen, sind ein beliebtes Fotomotiv. Ihre »Schlagseite« ist beabsichtigt: Viele Häuser in Amsterdam haben oben am Giebel Takelbalken, an denen Waren in die Lagerräume unter dem Dach gezogen wurden. Damit die Lasten nicht vor die Fassade prallten, neigt sich diese der Straße zu.

Oben: In der Sint Nicolaaskerk gibt es oft schöne Konzerte.
Unten: Heute geht es im alten Hafenviertel geruhsam zu.

Wer möchte, kann hier »tierisch« gut ausgehen: Im Eckhaus Sint Olofspoort/Zeedijk befindet sich das winzige »Proeflokaal de Ooievaar« (»Zum Storchen«). Nur ein paar Schritte weiter ist auf der anderen Straßenseite das Café »Int Aepjen« (»Zum Äffchen«), dessen Wurzeln bis in das Jahr 1560 zurückreichen. Wenn einst Seeleute ihre Zeche nicht bezahlen konnten, akzeptierte der Wirt dieses Cafés als Zahlungsmittel auch Äffchen, die die Matrosen von ihren Reisen mitbrachten. Das Haus Zeedijk Nr. 1, in dem sich das Lokal befindet, ist eines von zwei in ganz Amsterdam noch erhaltenen Häusern mit hölzernem Obergeschoss. Holzhäuser prägten lange Zeit das Stadtbild von Amsterdam, doch immer wieder fielen ganze Straßenzüge verheerenden Feuern zum Opfer.

Bei Tante Bet

Ein Stück den Zeedijk hinunter führte im Haus Nr. 63 die legendäre Bet van Beeren (1902–1967) das »Café 't Mandje«, eines der ersten Lokale, in denen sich homosexuelle Männer und Frauen treffen konnten. Nach ihrem Tod wurde »Tante Bet« zwei Tage lang auf dem Billardtisch ihres Cafés aufgebahrt. Ihre jüngere Schwester führte das Lokal bis 1982 weiter. Nach der Schließung lag es dann 17 Jahre im Dornröschenschlaf, bis eine Nichte der beiden es renovierte und nahezu im Originalzustand wieder eröffnete.

Sint Nicolaaskerk

An der Kolksluis quert der Zeedijk den Oudezijds Kolk, an dessen Ufer eine malerische Gasse entlangführt. Im Wasser spiegelt sich die Sint Nicolaaskerk (1887). Die mächtige Basilika ist eine der wichtigsten römisch-katholischen Kirchen der Stadt und die dort stattfindenden Konzerte auf der Orgel des berühmten deutschen Orgelbauers Wilhelm Sauer (1831–1916) ziehen im Sommer viele Musikfreunde an. Wo der Oudezijds Kolk auf die Gelderse Kade trifft, ist mit dem wuchtigen Schreierstoren (zwischen 1480 und 1487) noch ein Teil der mittelalterlichen Stadtmauer erhalten geblieben.

ESSEN UND TRINKEN

Café In't Aepjen. Gastfreundlich seit 1560. So–Do 12–1 Uhr, Fr–Sa 12–3 Uhr, Zeedijk 1, 1012 AN Amsterdam, Tel. 020/428 82 91, info@schreierstoren.nl, in-het-aepjen-amsterdam.drinknlink.com

Café 't Mandje. Ein begehbares Gesamtkunstwerk. Di–Do 17–1 Uhr, Fr 16–3 Uhr, Sa 15–3 Uhr, So 15–1 Uhr, Zeedijk 63, 1012 AS Amsterdam, Tel. 020/622 53 75, tmandje@gmail.com, www.cafetmandje.nl

Proeflokaal de Ooievaar. Winzig und urig. Tgl. ab 12 Uhr, Sint Olofspoort 1, 1012 AJ Amsterdam, Tel. 0631/58 69 41, info@proeflokaaldeooievaar.nl, www.proeflokaaldeooievaar.nl

ÜBERNACHTEN

Mauro Mansion. Altes Grachtenhaus mit neun stilvollen Zimmern für Gäste ab 12 J., Geldersekade 16, 1012 BH Amsterdam, Buchung nur online/per Mail: info@mauromansion.nl, www.mauromansion.com

VERANSTALTUNGEN

Konzerte in der Sint Nicolaaskerk. Chor- und Orgelkonzerte erleben. Prins Hendrikkade 73, 1012 AD Amsterdam, Konzerttermine online, info@muziekindenicolaas.nl, www.muziekindenicolaas.nl

3 Oude Kerk im Rotlichtviertel
Streifzug durch die Walletjes

Spärlich bekleidete Damen, die in Schaufenstern auf Freier warten – auch das gehört zu Amsterdam. Seinen Namen de Walletjes verdankt des Rotlichtviertel vermutlich seiner Lage an zwei der ältesten Grachten der Stadt: dem Oudezijds Voor- und dem Oudezijds Achterburgwal. Mitten im Gewirr der engen Gässchen steht die Oude Kerk, die älteste Kirche der Stadt, auch liebevoll das »Wohnzimmer von Amsterdam« genannt.

Ursprünglich war es die Nähe zum alten Hafen, die in den Sträßchen zwischen Zeedijk und Warmoesstraat, Damstraat und Kloveniersburgwal die Prostitution blühen ließ. Auch als der Hafen verlegt wurde, blieb und gedieh der Rotlichtbezirk, wo er war. Weit verbreitet ist bis heute die Fensterprostitution: In rötlich beleuchteten Schaufenstern präsentieren sich die Prostituierten den Schaulustigen. Lokale Berühmtheiten sind die Zwillingsschwestern Louise

Oben: Amsterdams sündige Meile – Abendstimmung in de Walletjes
Unten: Bunte Kondome in einer Schaufensterauslage im Rotlichtbezirk

GUT ZU WISSEN

FOTOGRAFIEREN VERBOTEN!
Auf keinen Fall sollte man eine Fensterprostituierte fotografieren oder auch nur in der Nähe eines solchen Fensters Aufnahmen machen. Die Prostituierten legen großen Wert auf ihre Privatsphäre und verteidigen sie vehement, notfalls auch handgreiflich. Die Ex-Prostituierte Mariska Majoor weiß den Grund dafür: Viele Frauen führen ein Doppelleben und möchten auf keinen Fall, dass ihre Familien oder Nachbarn von ihrer Tätigkeit erfahren.

und Martine Fokkens, die über fünfzig Jahre lang als Prostituierte im Rotlichtviertel arbeiteten und über ihre Erlebnisse schließlich ein Buch schrieben.

Prostitutie Informatie Centrum

Immer wieder gab es erfolglose Versuche, die Prostitution einzudämmen oder zu verbieten. Heute ist sie ganz pragmatisch offiziell als Gewerbe anerkannt, fällt unter die Steuerpflicht und das niederländische Arbeitsschutzgesetz. Dass die Frauen gesellschaftlich akzeptiert werden, ist auch das Ziel der ehemaligen Prostituierten Mariska Majoor, die 1994 im Schatten der Oude Kerk das Prostitutie Informatie Centrum (PIC) eröffnete. Nach Voranmeldung kann man im Informationszentrum selbst einmal ausprobieren, wie es ist, im Schaufenster zu sitzen und auf Kundschaft zu warten.

Project 1012

Der amerikanische Romancier John Irving schickt in seinem Buch *Witwe für ein Jahr* seine Hauptfigur nach Amsterdam, wo sie, hinter einem Vorhang versteckt, den Mord an einer Prostituierten mit ansehen muss. Tatsächlich nahm in den 1980er-Jahren die Kriminalität in de Walletjes überhand, Geldwäsche und Zwangsprostitution griffen um sich. Doch seit im Sommer 2007 das »Project 1012« angelaufen ist, hat sich das Gesicht des Rotlichtbezirks verändert. Damals begann die Stadtverwaltung damit, gezielt Häuser aufzukaufen und an junge Designer und Künstler zu vermieten. Diskutiert wurden auch nächtliche Sperrstunden, strengere Kontrollen und eine Altersuntergrenze von 23 Jahren für Prostituierte. Im Viertel selbst sind diese Maßnahmen allerdings nicht unumstritten.

Geheimtipp

EINFACH NUR SCHÖN!

Der alteingesessene Blumenladen Jemi Bloemsierkunst in der Warmoesstraat ist zu jeder Jahreszeit einen Abstecher wert. Der schmale Laden am Rande des Rotlichtsviertels ist sicher eines der meistfotografierten Geschäfte der Stadt. Schon vor der Tür macht die liebevoll arrangierte Auslage Lust auf mehr. Im Inneren staunt man, was sich mit und aus Blumen so alles machen lässt. Regelmäßig stattet »Jemi« die Modenschauen des Designers Ronald Kolk aus. Hotels, Restaurants, Museen, aber auch die Heilsarmee zählen zu den Stammkunden, Leute aus der Nachbarschaft kommen gern auf einen Schwatz vorbei. Eine tolle Idee ist das Blumenabonnement, bei dem wöchentlich ein frischer Strauß nach Hause geliefert wird.

Jemi Bloemsierkunst. Mo–Fr 8–17 Uhr, Warmoesstraat 83a, 1012 HZ Amsterdam, Tel. 020/625 60 34, bloemen@jemi.nl, www.jemi.nl

Baugeschichte der Oude Kerk

Inmitten des Rotlichtdistrikts erhebt sich die Oude Kerk, die im September 1306 dem Heiligen Nikolaus geweiht wurde. Die einschiffige gotische Kirche entstand an der Stelle einer kleinen, von Fischern gestifteten hölzernen Kapelle aus dem 13. Jahrhundert und wurde in den folgenden Jahrhunderten immer wieder erweitert. In den kleinen Häuschen waren früher Läden untergebracht. Im 16. und 17. Jahrhundert diente die mittlerweile zur dreischiffigen Basilika ausgebaute Kirche als Markt. Im hohen schlanken Kirchturm, der Mitte des 16. Jahrhunderts den bisherigen ersetzte, hängt ein Glockenspiel der berühmten Brüder François (1609–1667) und Pieter (1619–1680) Hemony. Große Teile der prachtvollen Innenausstattung fielen im ausgehenden 16. Jahrhundert den Bilderstürmern zum Opfer. Die goldene Decke aber und das geschnitzte Chorgestühl, das bildliche Darstellungen von Sprichwörtern zeigt, haben die Zeiten überdauert. Ein Schmuckstück ist auch die große barocke Orgel. In einem Seitenschiff liegt die schlichte Grabplatte von Saskia van Uylenburgh (1612–1642), der Ehefrau des Malers Rembrandt van Rijn (1606–1669). Über der Tür zur Sakristei, wo früher die Trauungen stattfanden und auch die Rembrandts ihr Aufgebot bestellten, mahnt eine Inschrift im Türsturz zur Besonnenheit: *Tis haest getrout dat lange rout* heißt so viel wie »Mit Hast gefreit, lang bereut«. Noch immer finden in der Oude Kerk Gottesdienste, aber auch Konzerte und Kunstausstellungen statt. Direkt vor der Kirche verläuft der Oudezijds Voorburgwal. Wo einst per Schiff Bier aus Deutschland angelandet wurde, siedelten sich später Brauereien an. Die Brauerei de Prael am Oudezijds Armsteeg, deren Biersorten alle die Namen beliebter Volkssänger tragen, bietet auch Führungen an.

Oben: Die Oude Kerk hat eine bewegte Geschichte.
Unten: Der »letzte Engel Amsterdams« entging dem Bildersturm im 16. Jahrhundert.

Infos und Adressen

SEHENSWÜRDIGKEITEN

Oude Kerk. Die älteste Kirche der Stadt.
Mo–Sa 10–18 Uhr, So 13–17.30 Uhr, 1. Jan.,
27. April und 25. Dez. geschl., Turmbesichtigung:
April–Okt. Mo–Sa 12–18 Uhr (jede halbe Stunde),
Glockenspielkonzert (Carillon): Di und Sa 16 Uhr,
Oudekerksplein, 1012 GX Amsterdam,
Tel. 020/625 82 84, info@oudekerk.nl,
www.oudekerk.nl

W139. Ausstellungs- und Projektraum,
spannende zeitgenössische Kunst. Tgl.
12–18 Uhr, Warmoesstraat 139,
1012 JB Amsterdam, Tel. 020/622 94 34,
info@w139.nl, www.w139.nl

ESSEN UND TRINKEN

Metropolitan Deli. Ein Traum für Schokoladen-
und Eisliebhaber. So–Do 9–24 Uhr, Fr–Sa 9–1 Uhr,
Warmoesstraat 135, 1012 JB Amsterdam,
Tel. 020/330 19 55, info@metropolitandeli.nl,
www.metropolitandeli.nl

In diesen Häuschen residiert die Brauerei.

Proeflokaal Bierbrouwerij de Prael.
Gemütliches Brauereilokal, Führungen nach Voranmeldung per E-Mail, Lokal: Mo–Mi 12–24 Uhr,
Do–Sa 12–1 Uhr, So 12–23 Uhr, Brauerei:
Mo–Fr 9–17 Uhr, Oudezijds Armsteeg 26,
1012 GP Amsterdam, Tel. 020/408 44 69,
boekingen@deprael.nl, www.deprael.nl

AKTIVITÄTEN

Prostitutie Informatie Centrum (PIC).
Mini-Museum, kundige Führungen durch das
Rotlichtviertel. Mi–Sa 12–17, So 12–19 Uhr,
Enge Kerksteeg 3, 1012 GV Amsterdam,
www.pic-amsterdam.com,
pic@pic-amsterdam.com

Red Light Secrets. Einmal selbst im Fenster
Probesitzen – dieses skurrile Erlebnis ist tatsächlich möglich, im Prostitutionsmuseum.
Mo–So 11–24 Uhr, Oudezijds Achterburgwal 60 H,
1012 DS Amsterdam, Tel. 020/846 70 20,
info@redlightsecrets.com, www.redlightsecrets.com

Zeit für ein Schwätzchen in der Mittagssonne

4 Ons' Lieve Heer op Solder
Eine Kirche im Verborgenen

Nachdem sich Amsterdam im Jahr 1578 offiziell zum Calvinismus bekannt hatte, durften die katholischen Bewohner der Stadt ihren Glauben nicht mehr öffentlich praktizieren. Um dennoch weiter Gottesdienste feiern zu können, entstanden zahlreiche Geheimkirchen. Ons' Lieve Heer op Solder, also »Unser Lieber Herrgott auf dem Dachboden«, ist eine der schönsten und zudem erstaunlich gut erhalten geblieben.

Als der Kaufmann Jan Hartman (1619–1668) 1661 das elegante Grachtenhaus nebst zweier kleinerer rückwärtig angrenzender Häuser kaufte, erwarb er ein Immobilienpaket in guter Lage. Die »Samtene Gracht« wurde der Oudezijds Voorburgwal im Volksmund genannt – wegen der gediegenen Kleidung seiner wohlhabenden Anwohner. Kaum hatte Hartman das Anwesen erworben, begann er auch schon mit dem Umbau: Im Erdgeschoss entstanden Geschäfts- und Lagerräume, im ersten Stock ein repräsentativer Empfangssalon und auf dem Dachboden eine Geheimkirche (1663). Denn Jan Hartman war katholisch und gehörte damit im calvinistisch dominierten Amsterdam einer beargwöhnten Minderheit an. Katholische Messen waren als »papistische Götzendienste« verpönt und durften nicht öffentlich abgehalten werden. Aus diesem Grund entstanden zahlreiche Geheimkirchen, die der Obrigkeit zwar durchaus bekannt waren, aber stillschweigend geduldet wurden, solange die katholischen Gläubigen pünktlich ihre Abgaben bezahlten und sich ansonsten diskret verhielten.

Oben: Wo sich der Herrgott auf dem Dachboden verstecken musste …
Unten: Der Kirchenraum bot vielen katholischen Gläubigen Platz.

Andacht auf engstem Raum

In den drei ineinander übergehenden Dachböden des Anwesens entstand ein beeindruckender Andachtsraum für bis zu 150 Gläubige, die teils im schmalen Kirchenschiff, teils auf zwei übereinander angeordneten umlaufenden Galerien Platz fanden. Von außen durfte nichts auf eine Kirche hinweisen; darum benutzten die Gläubigen auch nicht den Haupteingang zur Gracht, sondern erklommen vom Seiteneingang im Heintje Hoekssteeg aus eine steile Treppenflucht.

Die beengten Platzverhältnisse beflügelten den Einfallsreichtum der Erbauer: Die mächtigen Säulen links und rechts des Altars etwa wären aus echtem Marmor viel zu schwer gewesen, also wurden sie aus Holz gefertigt und kunstvoll bemalt. Die Kanzel verschwindet im Sockel der linken Säule und wurde nur bei Bedarf hervorgezogen. Das prächtige Gemälde über dem Altar konnte – passend zu verschiedenen Anlässen im Kirchenjahr – ausgetauscht werden. Hinter dem Altarraum liegt noch eine winzige Marienkapelle, Taufbecken und Beichtstuhl wurden auf einem Treppenabsatz untergebracht.

Mehr als 200 Jahre lang diente Hartmans Dachboden als Pfarrkirche für die Katholiken in der Innenstadt. Erst mit dem Bau der großen Sint Nicolaaskerk (1887) (s. S. 33) wurde die Geheimkirche überflüssig. Eine Gruppe von historisch interessierten Bürgern, die sich *Amstelkring* nannte, kaufte das Ensemble und wandelte es in ein Museum um. Ein letzter großer Umbau wurde 2015 abgeschlossen: Das Nachbarhaus jenseits der Gasse, das zu diesem Zweck extra angekauft wurde, beherbergt jetzt den Eingangsbereich und die Serviceräume. Durch eine unterirdische Passage gelangt man in das sorgsam restaurierte Museum.

SEHENSWÜRDIGKEITEN

Museum Ons' Lieve Heer op Solder.
Diese katholische Geheimkirche ist ein verstecktes Juwel, für die steilen Stiegen muss man aber gut zu Fuß sein. Ein informativer Audioguide ist an der Kasse erhältlich. Mo–Sa 10–17 Uhr, So und Feiertag 13–17 Uhr, am 27. April geschl., Oudezijds Voorburgwal 38, 1012 GE Amsterdam, Tel. 020/624 66 04, info@opsolder.nl, www.opsolder.nl

ESSEN UND TRINKEN

Febo – de lekkerste! Seit über 25 Jahren ist diese Filiale einer örtlichen Automatenrestaurant-Kette die Anlaufstelle für Touristen, Nachtschwärmer und Einheimische: Geld einwerfen, Kläppchen öffnen, Kroketten oder Fleischbällchen rausholen und reinbeißen. So–Do 12–3 Uhr, Fr–Sa 12–4 Uhr, Oudezijds Voorburgwal 33, 1012 EJ Amsterdam, Tel. 020/626 03 60, www.febodelekkerste.nl

Schlafzimmer unterhalb der Kirche

5 Chinatown
In einer anderen Welt

Der erste buddhistische Tempel in Europa wurde in Amsterdams Chinatown erbaut. Seit über 100 Jahren sind die Straßen zwischen Stormsteeg und Nieuwmarkt, Geldersekade und Zeedijk eine Welt für sich, mit zweisprachigen Straßenschildern, chinesischen Restaurants, Akupunkturpraxen und Lebensmittelläden. Ein farbenprächtiges Schauspiel ist alljährlich das chinesische Neujahrsfest.

Als im Sommer 1911 die niederländischen Seeleute streikten, um bessere Arbeitsbedingungen durchzusetzen, heuerten die Reedereien kurzerhand chinesische Seeleute aus der Provinz Kanton an, die fortan als Heizer und Kohlentrimmer auf den Schiffen schufteten. Rund um die Binnen Bantammerstraat entstanden Logierhäuser und kleine Garküchen, doch im Bewusstsein der Amsterdamer Bevölkerung spielten die Neuankömmlinge zunächst keine nennenswerte Rolle.

Geschichte der Besiedlung

Das änderte sich jedoch schlagartig, als sich im Sommer 1912 zwei rivalisierende chinesische Geheimgesellschaften auf der Prins Hendrikkade eine Straßenschlacht lieferten. Die Regierung griff hart durch und schob mehr als 200 Chinesen ab. Im Sog der Weltwirtschaftskrise in den 1920er-Jahren brachen harte Zeiten für die chinesischen Seeleute an: Sie fanden keine Arbeit mehr. Manche hielten sich mit dem Verkauf selbstgemachter Süßigkeiten aus Zucker und Erdnüssen (*pindas*) über Wasser; in Amsterdam zogen zeitweise bis zu 200 »Pindamannetjes« durch die Straßen.

Oben: Straßenszene in Amsterdams Chinatown
Unten: Parkverbot für Fahrräder – zweisprachig

Nachdem Amsterdam in dieser Zeit zum Sammelbecken für chinesische Einwanderer aus ganz Europa geworden war, kam es am Vorabend des Zweiten Weltkriegs zu einer weiteren Abschiebungswelle.

Die Kriegsjahre selbst markierten dann einen Wendepunkt in der Geschichte der in Amsterdam lebenden Chinesen. Abgeschnitten von allen Möglichkeiten, in ihr Herkunftsland zurückzukehren, entstand zum einen zum einen eine Schicksalsgemeinschaft, die die Keimzelle einer selbstbewussten chinesischen Enklave werden sollte. Zum anderen brachten die gemeinsam überstandenen harten Zeiten aber auch Einheimische und Zuwanderer einander näher.

In der Nachkriegszeit waren es vor allem chinesische Restaurants, die den wirtschaftlichen Erfolg der Einwanderer begründeten. Inzwischen existiert längst eine Vielzahl unterschiedlichster niederländisch-chinesischer Unternehmen, von denen viele rund um den Zeedijk ansässig sind. Das Restaurant »Nam Kee« brachte es sogar zu literarischen Ehren: Der Autor Kees van Beijnum verewigte es in seinem Buch *Die Austern von Nam Kee*.

Buddhistischer Tempel

Heute leben Schätzungen zufolge etwa 10 000 chinesischstämmige Menschen in Amsterdam. Ein weithin sichtbares Zeichen ihres »Angekommenseins« ist der farbenprächtige buddhistische Tempel Fo Guang Shan He Hua, der auf die Initiative wohlhabender chinesischer Einwanderer zurückgeht und im September 2000 von Königin Beatrix eröffnet wurde. Der niederländische Architekt Fred Greven entwarf das beeindruckende Gebäude am Zeedijk. Der Name des Tempels heißt übersetzt etwa »eine Hoffnung spendende, blühende Lotusblume für den Buddhismus in den Niederlanden«.

SEHENSWÜRDIGKEITEN

Tempel Fo Guang Shan He Hua. Die große Halle des Tempels ist frei zugänglich. Di–Sa 12–17 Uhr, So 10–17 Uhr, montags und 1. Jan. geschl., Zeedijk 106–118, 1012 BB Amsterdam, Tel. 020/420 23 57, ibpsholland@gmail.de, www.ibps.nl

ESSEN UND TRINKEN

Latei. Kuriose Mischung aus Café und Trödelladen; die gesamte Deko (überwiegend aus den 1960er-Jahren) ist käuflich. Der Kaffee und der Apfelkuchen sind ein Gedicht. Mo–Mi 8–18 Uhr, Do–Fr 8–22 Uhr, Sa 9–22 Uhr, So 11–18 Uhr, Zeedijk 143, 1012 AW Amsterdam, Tel. 020/625 74 85, info@latei.net, www.latei.net

Nam Kee. Ursprünglich komplett weiß gekachelt bietet das Lokal nach einer umfassenden Renovierung nun ein anheimelnderes Ambiente; das Essen ist gut und die Mitarbeiter ausgesprochen freundlich. Tgl. 12–23 Uhr, Zeedijk 111–113, 1012 AV Amsterdam, Tel. 020/624 34 70, www.namkee.net

Im Tempel Fo Guang Shan He Hua

Im Studio von Museumsfoto kann man sich im Stil der alten Maler porträtieren lassen.

Die kleine Großstadt Amsterdam hat neben den klassischen Highlights auch jede Menge Kurioses und Ausgefallenes zu bieten. Gelegenheiten, die Stadt aus einer anderen Perspektive kennenzulernen, gibt es sehr viele: von ungewöhnlichen Transportmitteln über Expeditionen in die Welt der typisch Amsterdamer Snacks bis hin zu einer Grachtenrundfahrt der etwas anderen Art...

Im Discotaxi durch die Nacht

Wie kommt man als Großstädter schnell von A nach B? Klar, mit dem Taxi. Erwischt man das richtige, dann kann

Taxi fahren in Amsterdam großen Spaß machen. Wer an Bord von Maroni Sonellis Discotaxi durch das Nachtleben tourt, kommt schon beschwingt am Ziel an. Der von außen unscheinbare Van hat es nämlich in sich: Karaokeanlage, üppige

Boxen, Schwarzlicht und Discokugel sorgen für Partystimmung unterwegs (Buchung unter Tel. 06/54 69 81 87 oder per E-Mail an discotaxi@europe.com).

Per Anhalter auf dem Fahrrad

Auf so eine Idee können eigentlich nur die notorisch radelnden Niederländer kommen: Wieso sollte man als Anhalter eigentlich nur im Auto mitfahren können? Eben! Wer bereit ist, ab und zu jemanden bei sich hinten auf dem Rad mitzunehmen, kann bei den Initiatoren von www.yellowbackie.org einen quietschgelben Gepäckträger für sein Fahrrad beantragen. Wer ein solches Rad vorbeifahren sieht, ruft laut »Backie!« – und darf mit etwas Glück auf den Gepäckträgeraufsteigen.

Unvergessliche Souvenirs

Vermeers Gemälde *Die Milchmagd* ist weltberühmt. Wer möchte, kann für ein Erinnerungsfoto einmal in ihre Rolle schlüpfen. Die kreativen Köpfe von Museumfoto Amsterdam halten in ihrem Studio an der Nieuwe Kerk diverse Kostüme bereit und setzen ihre Kunden gekonnt im Stil der alten Meister in Szene – ob als Selbstportrait von Rembrandt oder als *Mädchen mit dem Perlenohrring* (www.museumfoto.nl).

Häppchenweise die Stadt entdecken

Was passiert, wenn Jungvögel Hunger haben? Genau: Die Eltern suchen Futter. Bei den »Hungry-Birds«-Touren nehmen begeisterte Amsterdamer kleine Gruppen von Besuchern unter ihre Fittiche. Der mehrstündige Spaziergang führt von einem leckeren Zwischenstopp zum nächsten. Gewürzt wird die Streetfood-Entdeckertour mit charmanten Erzählungen zu den einzelnen Speisen und Lokalen (derzeit nur in englischer Sprache, www.hungrybirds.nl).

Rettet den Planeten!

Um die ganze Welt zu retten, ist so ein Urlaub in der Regel meistens doch etwas zu kurz. Aber wie wäre es denn beispielsweise, bei einer Grachtenrundfahrt nebenbei auch was für die Umwelt zu tun? Das Team von PlasticWhale hatte die Idee, den Plastikmüll aus Amsterdams Grachten zu recyclen und ein Boot daraus zu bauen. Inzwischen verfügt die »erste professionelle Plastikfischereiflotte der Welt« über sechs Boote. Wer an Bord kommt, bekommt einen Kescher in die Hand gedrückt, mit dem er während der Grachtenrundfahrt Plastikmüll aus dem Wasser angeln kann (Start ab Rijksmuseum, www.plasticwhale.com).

6 Kalverstraat, Rokin und Spui
Schicke Läden, ein Wunder und ein Gassenjunge

Der Lauf der Amstel teilte das mittelalterliche Amsterdam in zwei Hälften: Am östlichen Ufer lag die Oude, am westlichen die Nieuwe Zijde, die sich vom heutigen Damrak bis zum Singel erstreckte. Im Mittelalter strömten Pilgerscharen in diesen Teil der Stadt, heute schieben sich tagein, tagaus Menschenmassen entlang der Schaufenster des beliebten Einkaufsviertels zwischen Kalverstraat und Rokin.

Der Rokin genannte Teil der Amstel zwischen Dam und Spui wurde in den 1930er-Jahren teilweise zugeschüttet, um eine elegante Geschäftsstraße anzulegen. Diese wurde durch den Bau der U-Bahn Nord-Zuidlijn viele Jahren in Mitleidenschaft gezogen. Nach Ende der Bauarbeiten soll der Weg vom Hauptbahnhof bis zum Muntplein in neuem Glanz erstrahlen und als »roter Teppich« ins Stadtzentrum führen.

GUT ZU WISSEN

NICHT MIT DEM AUTO IN DIE STADT!
Amsterdam ist keine Stadt für Autofahrer. In der Innenstadt der »kleinsten Metropole der Welt« kommt man zu Fuß, per (Leih-)Rad oder mit der Straßenbahn viel besser und schneller voran. Hinzu kommt, dass trotz der vielen Geländer am Ufer angeblich einmal pro Woche irgendwo ein Auto in eine Gracht fährt. Da außerdem die Parkmöglichkeiten im Zentrum knapp und teuer sind, empfiehlt es sich, eine der vielen gut gelegenen Park-and-ride-Möglichkeiten rund um Amsterdam zu nutzen.

Oben: Wohlhabende Bürger schmückten ihre Häuser mit prächtigen Giebeln.
Unten: Eine elegante Schaufensterfront am Rokin

Pilgern zur Wallfahrtskapelle

Einfach gut!

Ab dem 14. Jahrhundert zog das »Wunder von Amsterdam«, das sich im März 1345 zugetragen haben soll, Pilger aus ganz Europa an. Die Legende nach hatte ein todkranker Mann in der Kalverstraat gerade die heilige Kommunion empfangen, als er sich auf einmal übergeben musste. Die erbrochene Hostie wurde ins Feuer geworfen, doch sie verbrannte nicht und schon bald hieß es, dass sie Kranke heilen könne. Zwischen Kalverstraat und Rokin wurde eine Wallfahrtskapelle errichtet. Selbst der spätere Kaiser Maximilian I. von Habsburg (1459–1519) pilgerte 1489 hierher und gestattete der Stadt zum Dank für seine Genesung, die Kaiserkrone im Wappen zu führen. Von der Kapelle, die 1908 abgerissen wurde, blieb nur eine Granitsäule, die 2003 dem U-Bahnbau weichen musste. Doch jedes Jahr ziehen im März mehrere tausend Gläubige in einer nächtlichen Prozession, dem »Stille Omgang«, vom Spui aus entlang des mittelalterlichen Prozessionswegs. Am unteren Ende des Rokin hat mit dem Maison de Bonneterie (1905) eines der eleganten Großkaufhäuser der Jahrhundertwende überdauert.

Kalverstraat

In der Kalverstraat, einer der ältesten Straßen der Stadt, wurde im Mittelalter der Viehmarkt abgehalten. Heute ist die schmale Straße eine beliebte Bummelmeile, allerdings prägen auch hier inzwischen die üblichen Ketten das Straßenbild. Etwas exklusiver geht es im Einkaufszentrum Kalvertoren am Ende der Fußgängerzone zu; das Café »blue°« auf dem Dach des Komplexes bietet einen spektakulären Rundumblick über Amsterdam. Vom Heiligeweg aus führt die Rasphuispoort (1603) in das Einkaufszentrum. Sie war der Eingang zum Zucht-

EIN PARADIES FÜR LESER

Das 1966 gegründete Athenaeum am Spui ist nicht nur einer der letzten großen unabhängigen Buchläden der Niederlande, sondern auch einer der bestsortierten. Das imposante weiße Eckhaus mit den markanten rot-weiß gestreiften Markisen ist ein Anziehungspunkt für Buchliebhaber aus aller Welt. Das Sortiment umfasst neben wissenschaftlicher Literatur vor allem europäische Belletristik. Regelmäßig finden Lesungen statt. Im angeschlossenen Nieuwscentrum gibt es eine erstaunliche Auswahl internationaler Zeitungen und Zeitschriften sowie zahlreiche Bücher über Design, Jazz und Popmusik.

Athenaeum Boekhandel.
Mo 11–19 Uhr, Di–Sa 9.30–19 Uhr, So 12–17.30 Uhr, Spui 14–16, 1012 XA Amsterdam, Tel. 020/514 14 60, info@athenaeum.nl, www.athenaeum.nl

45

Oben: Das Wahrzeichen
der Kirche »de Papegaai«
Mitte: Ein Elefant als farbenfroher Blickfang auf dem Spui
Unten: Dieser Lausejunge hat
es faustdick hinter den Ohren.

haus für Männer, dessen Insassen Rotholz für das Färben von Stoffen raspeln mussten. Eingeklemmt zwischen den Schaufenstern der Häuser Kalverstraat 56 und 60 ist das Portal der neugotischen Petrus- und Paulus-Kirche. Sie verdankt ihren Beinamen »de Papegaai« einem aus Bronze gearbeiteten Papagei, der an der linken Seite des Giebels auf seiner Stange thront. Im 17. Jahrhundert lag an dieser Stelle, versteckt in einem Garten, eine katholische Geheimkirche. Durch die von einem mächtigen Stadtwappen gekrönte Weeshuispoort (1581) betritt man den weitläufigen Gebäudekomplex des ehemaligen Waisenhauses, das jetzt die stadthistorische Sammlung des Amsterdam Museums beherbergt (s. S. 50).

Der Lausejunge auf dem Spui

Der Spui bildete bis zum 14. Jahrhundert die Stadtgrenze. In den 1960er-Jahren war er ein Zentrum der Provo-Bewegung, einer jugendlichen Protestbewegung gegen das bürgerliche Establishment. Im Mittelpunkt der Tumulte stand das Denkmal eines Amsterdamer Gassenjungen (1960), der als *Het Lieverdje* bekannt ist – was man sowohl mit »Schätzchen« als auch mit »Früchtchen« übersetzen kann. Freitags findet hier rund ums Jahr ein Büchermarkt statt, zwischen März und Dezember stellen sonntags Künstler ihre Werke aus. Am Spui liegt eines der ältesten Lokale der Stadt, das 1670 gegründete »Café Hoppe« mit seiner denkmalgeschützten Inneneinrichtung. Dominiert wird der Platz von der mächtigen Fassade des Maagdenhuis, das von 1570 bis 1952 als römisch-katholisches Mädchenwaisenhaus diente und heute die Universitätsverwaltung beherbergt. An der Ecke Rokin/Spui steht das bemerkenswerte Gebäude von Arti et Amicitiae (1856), einer Vereinigung, die sich seit 1839 der Förderung der bildenden Kunst verschrieben hat.

Infos und Adressen

SEHENSWÜRDIGKEITEN

Arti et Amicitiae. Zeitgenössische Kunst in historischem Rahmen. Öffnungszeiten: Mo–Fr 10–23 Uhr, Ausstellungssäle Di–So 12–18 Uhr, Rokin 112, 1012 LB Amsterdam, Tel. 020/624 51 34, arti@arti.nl, www.arti.nl

Petrus- en Pauluskerk/de Papegaai. Eine Oase der Stille an der Shoppingmeile. Öffnungszeiten: Mo–Sa 10–16 Uhr, So 9.45–13.30 Uhr (Gottesdienstende), Kalverstraat 58, 1012 PG Amsterdam, info@nicolaas-parochie.nl, www.nicolaas-parochie.nl

ESSEN UND TRINKEN

blue°. Rundum verglaster Restaurantturm oben auf der Mall Kalvertoren mit atemberaubender Aussicht. Mo 11–18.30 Uhr, Di, Mi, Fr, Sa 10–18.30 Uhr, Do 10–21 Uhr, So 12–18.30 Uhr, Singel 457, 1012 WP Amsterdam, Tel. 020/427 39 01, welcome@blue-amsterdam.nl, www.blue-amsterdam.nl

Café Hoppe. Uriges Traditionslokal mit separatem Steh- und Sitzbereich. So–Do 8–1 Uhr, Fr–Sa 8–2 Uhr, 25. Dez. geschl., Spui 18–20, 1012 XA Amsterdam, Tel. 020/420 44 20, info@cafehoppe.com, www.cafehoppe.com

Künstler auf dem Spui

Kühle Moderne: das Einkaufszentrum Kalvertoren

Gartine. Behagliches kleines Café mit eigenem Kräutergarten. Nur telefonische Reservierungen! Mi–So 10–18 Uhr, Taksteeg 7, 1012 PB Amsterdam, Tel. 020/320 41 32, www.gartine.nl

Vlaams Friteshuis Vleminckx. Nur ein Verkaufsfenster in einer Häuserwand, aber die besten Pommes der Stadt. So–Mo 12–19 Uhr, Di–Sa 11–19, Do bis 21 Uhr, Voetboegstraat 33, 1012 XK Amsterdam, Tel. 020/624 60 75, www.vleminckxdesausmeester.nl

ÜBERNACHTEN

Hotel V Nesplein. Elegantes Vier-Sterne-Boutiquehotel in modern-minimalistischem Design. Nes 49, 1012 KD Amsterdam, Tel. 020/662 32 33, stay@hotelv.nl, www.hotelvnesplein.nl

EINKAUFEN

P.G.C. Hajenius. Alteingesessenes Zigarrenhaus mit feinstem Art-déco-Interieur. Mo 12–18 Uhr, Di–Sa 9.30–18 Uhr, So 12–17 Uhr, Rokin 96, 1012 KZ Amsterdam, Tel. 020/623 74 94, info@hajenius.com, www.hajenius.com

AKTIVITÄTEN

The Amsterdam Dungeon. Gruselrundgang durch die Stadtgeschichte. So–Do 11–18, Fr, Sa 11–21 Uhr, 27. April geschl., Rokin 78, 1012 KW Amsterdam, Tel. 020/530 85 00, info@theamsterdamdungeon.nl, www.the-dungeons.nl/amsterdam

7 Begijnhof
Eine Oase der Stille

Durch eine schmale Pforte gelangt man in eine andere Welt. Wie auf einem mittelalterlichen Platz gruppieren sich malerische Häuser mit schmucken Giebeln um eine weiß gestrichene Kirche. Die winzigen Gärtchen vor den Häusern quellen im Sommer fast über vor Blumen. Nur wenige Schritte trennen den Begijnhof vom lebhaften Treiben in der Innenstadt. Doch in dem versteckten Idyll scheint die Zeit stehen geblieben zu sein.

Die hübsche abgeschlossene Wohnanlage ist das größte und älteste *Hofje* in Amsterdam und liegt als einziges im mittelalterlichen Stadtgebiet. Der Begijnhof wird im Jahre 1346 erstmals urkundlich erwähnt. Die meisten der insgesamt 47 Häuser, die sich um zwei baumbestandene Rasenflächen scharen, stammen aus dem 17. Jahrhundert. Das um 1470 erbaute Haus mit der Nummer 34 ist vermutlich das älteste Holzhaus in den Niederlanden. Die Beginen waren fromme, unverheiratete Frauen, die in einer religiös geprägten Gemeinschaft zusammenlebten, aber nicht in ein Kloster eintreten wollten. Sie konnten ihren weltlichen Besitz behalten und die Gemeinschaft jederzeit verlassen, etwa, um zu heiraten. Die Beginen waren sozial sehr engagiert, vor allem in der Kranken- und Altenpflege.

Bis ins Jahr 1417 erstreckte sich der Begijnhof nur bis zum heutigen Begijnsteeg, das weitere Gelände bis zum Spui war ein einziger Morast. Um ihren Hof erweitern zu können, legten die Beginen dieses Areal in mühevoller Arbeit trocken. Die Stadt Amsterdam verpflichtete sich

Oben: Ein Hort der Stille ist der Begijnhof.
Unten: Hinter dieser unscheinbaren Tür verbirgt sich eine andere Welt.

im Gegenzug, das Gebiet des heutigen Platzes Spui niemals zu bebauen. Im Zuge dieser ersten Erweiterung wurde die bisherige Kapelle durch eine Kirche ersetzt, in der die Beginen fortan auch bestattet wurden. Nach zwei verheerenden Bränden im 15. Jahrhundert wurde der Begijnhof wieder aufgebaut und ab dem Jahr 1511 noch einmal erweitert.

Engelse Kerk

In einer unblutigen Revolution, der sogenannten »Alteratie«, übernahmen 1578 die Protestanten die Herrschaft in Amsterdam. Katholische Kirchen und Klöster wurden enteignet. Da der Zusammenschluss der Beginen kein Nonnenorden war, durften sie ihren Hof behalten, mussten aber ihre Kirche, die seit dieser Zeit den Namen »Engelse Kerk« trägt, an die englisch-presbyterianische Gemeinde abtreten. Eine Begine namens Cornelia Arents war darüber so empört, dass sie nach ihrem Tode nicht in der Kirche bestattet werden wollte. Lieber wolle sie in der Gosse am Kirchpfad ihre letzte Ruhe finden. Als sie im Oktober 1654 starb, setzte man sie zunächst in der Kirche bei. Doch schon im nächsten Frühjahr wurde sie ihrem Wunsch entsprechend umgebettet. Ihre Grabplatte an der Mauer gegenüber der Kirche wird immer noch am 2. Mai jedes Jahres mit Blumen geschmückt. Um weiter die Messe feiern zu können, richteten die Beginen in den Häusern gegenüber der Kirche eine Geheimkirche ein.

Die letzte Begine, Schwester Antonia, starb 1971. 1979 wurde der Begijnhof restauriert und die ursprünglich 140 Wohnungen (die meisten davon mit nur einem Zimmer) zu Zwei- und Dreizimmerwohnungen zusammengelegt. Bis heute leben im Begijnhof ausschließlich alleinstehende Frauen – neben Seniorinnen auch Studentinnen.

ESSEN UND TRINKEN

D'Vijff Vlieghen. Das »kulinarische Museum« serviert gehobene niederländische Küche in beeindruckendem historischem Ambiente. Tgl. 18–22 Uhr, Spuistraat 294–302, 1012 VX Amsterdam, Tel. 020/530 40 60, vijffvlieghen@nh-hotels.com, www.vijffvlieghen.nl

Kantijl & de Tijger. Das Lokal mit offener Küche ist seit über 20 Jahren bekannt für sein hervorragendes indonesisches Essen. Tgl. 12–16.30 Uhr und 16.30–23 Uhr, Spuistraat 291–293, 1012 VS Amsterdam, Tel. 020/620 09 94, eat@kantijl.nl, www.kantijl.nl

Restaurant Tomaz. In uriger Atmosphäre kommen hier Stamppot und andere traditionelle Gerichte auf den Tisch. Küche tgl. von 12–22 Uhr, Begijnensteeg 6–8, 1012 PN Amsterdam, Tel. 020/320 64 89, info@tomaz.nl, www.tomaz.nl

INFORMATION

Begijnhof. Der Hof ist tgl. 9–17 Uhr durch ein Tor am Spui oder über den Begijnensteeg von der Kalverstraat aus zugänglich. In die Begijnhof-Kapelle gelangt man vom Spui aus auch außerhalb der Öffnungszeiten des Hofes (Mo 13–18.30 Uhr, Di–Fr 9–18.30 Uhr, Sa–So 9–18 Uhr; Infos unter www.begijnhofamsterdam.nl.

Engelse Kerk. In der Engelse Kerk im Begijnhof findet am So 10.30 Uhr ein Gottesdienst in englischer Sprache statt. Besichtigungen sind in der Regel möglich Mo, Di, Do, Fr 11–16 Uhr, Begijnhof 48, 1012 WV Amsterdam, www.ercadam.nl

8 Amsterdam Museum
Eine spannende Zeitreise

Mitten im Herzen der Stadt gelegen hält das Amsterdam Museum die Geschichte der Metropole lebendig und verknüpft sie auf spannende Art und Weise mit der Gegenwart der Stadt. Die beeindruckende Sammlung umfasst mehr als 75 000 Stücke, die über 700 Jahre Stadtgeschichte widerspiegeln. Zusammen mit wechselnden Ausstellungen zu aktuellen Themen entsteht ein vielschichtiges Bild der traditionsreichen und lebendigen Stadt.

Durch die imposante Weeshuispoort gelangt man von der Kalverstraat aus in den Innenhof des ehemaligen Waisenhauses, das heute das Amsterdam Museum beherbergt. Ein zweiter Eingang liegt am Sint Luciënsteeg. Hier fallen die zahlreichen Giebelsteine ins Auge, die aus Abbruchhäusern gerettet wurden. Bevor es Hausnummern gab, kennzeichneten solche kleinen Reliefs viele Häuser und erleichterten die Orientierung.

Oben: Das Amsterdam Museum lädt zu einem Streifzug durch die Geschichte ein.
Unten: In diesen Fächern verwahrten einst die Waisenkinder ihre Habe.

GUT ZU WISSEN

KUNST ALS APPETITHÄPPCHEN

Auf die Idee muss man erst einmal kommen: Ein Stück öffentliche Straße wird überdacht und kurzerhand zur Bildergalerie umgewidmet. Fertig ist die Schuttersgalerij – ein äußerst ungewöhnlicher Ausstellungsraum, der auch noch bestens funktioniert. Mit freiem Eintritt und fußläufiger Lage locken die gewaltigen Gruppenportraits viele Menschen in den Museumskomplex, die sonst vielleicht keinen Fuß hineinsetzen würden. Kunstgenuss im Vorbeigehen: ein geniales Konzept!

Schiffsgang von Compagniesoldaten nahe Montel-baanstoren (Abraham Storck, um 1680)

Vom Kloster zum Waisenhaus

1579 bezog das Amsterdamer Waisenhaus das mittelalterliche Sint Luciënklooster. Zwischen 1632 und 1635 wurden hier zwei separate Waisenhäuser eingerichtet: eines für Jungen und eines für Mädchen. Bis 1865 trennte ein Wassergraben, die Begijnsloot, die beiden Wohnbereiche voneinander. Heute verläuft an dieser Stelle die Schuttersgalerij, in der großformatige Gruppenportraits der diversen Amsterdamer Schützengilden zu sehen sind. Die im Waisenhaus lebenden Mädchen wurden in Handarbeiten unterwiesen, die Jungen konnten eine Handwerksausbildung absolvieren. An der Ostseite des Innenhofs entstand 1762 eine Galerie mit 120 in die Mauer eingelassenen »Schließfächern«, in denen die Waisenknaben ihre persönliche Habe und ihr Handwerkszeug unterbringen konnten. Heute dienen etliche der kleinen Fächer als Ausstellungsvitrinen. Im Regentensaal, dessen Inneneinrichtung im Stil des 17. Jahrhunderts weitgehend erhalten geblieben ist, hielt einst das Direktorium des Waisenhauses seine Sitzungen ab. 1966 kaufte die Stadt das Ensemble und ließ es zum Museum umbauen.

Nicht verpassen

STADTGESCHICHTE IM ZEITRAFFER

Eine Art Museum im Museum ist die Abteilung DNA Amsterdam. In einer knapp einstündigen Multimedia-Show erlebt man hier in sieben spannenden Kapiteln die Stadtgeschichte wie im Zeitraffer, illustriert mit ausgewählten Exponaten – ideal für Wochenendreisende, die in kurzer Zeit das Wichtigste über die Stadtgeschichte erfahren möchten. Interaktive Spielelemente und hervorragende Animationen in zehn Sprachen, die auf große, freistehende Glasflächen projiziert werden, machen Spaß – und Appetit auf mehr. Wer tiefer in die Stadtgeschichte eintauchen möchte, kann anschließend noch die umfangreiche ständige Sammlung besuchen oder mithilfe der Museums-App die Stadt erkunden.

Amsterdam Museum. Tgl. 10–17 Uhr, 1. Jan. 12–17 Uhr, 27. April und 25. Dez. geschl., Kalverstraat 92, 1012 PH Amsterdam, Tel. 020/523 18 22, info@amsterdammuseum.nl, www.amsterdammuseum.nl

Oben: Durch diesen Torbogen gelangt man ins Amsterdam Museum.
Mitte: Auch ein Stück Geschichte:
die alte Kanone
Unten: Kunst im Vorübergehen:
Durch die Schuttersgalerij führt
ein öffentlicher Weg.

Ständige Ausstellung

So bewegt wie die Geschichte des Gebäudes ist
auch die der Exponate. Die heutige Sammlung geht
auf ein Raritätenkabinett mit Gemälden und anderen Objekten zurück, die bereits im 16. Jahrhundert
im damaligen Stadthaus aufbewahrt wurden.
Durch Schenkungen und Ankäufe wuchs diese
Sammlung stetig an. Einige besondere Stücke, darunter die berühmte *Nachtwache* von Rembrandt
(1606–1669), wurden zu Beginn des 19. Jahrhunderts im neuen Rijksmuseum (s. S. 148) ausgestellt,
andere kamen in das 1896 eröffnete Stedelijk Museum (s. S. 158). 1975 übersiedelte das Museum
in das ehemalige Waisenhaus.

Einen ersten schnellen Überblick bietet die Ausstel-
lung »Amsterdam DNA« (s. S. 51). Kinder können im
»Kleinen Waisenhaus« interaktiv den Alltag eines
Waisenkindes im 17. Jahrhundert kennenlernen.
Sehenswert ist auch die ständige Sammlung:
Einer der Höhepunkte ist die »Mirakelkist«. Darin
soll einst die Hostie verwahrt worden sein, die beim
»Wunder von Amsterdam« ins Feuer geworfen
wurde und nicht verbrannte (s. S. 45). Nach der
Machtübernahme der Protestanten kam die Kiste
aus der Wallfahrtskapelle am Rokin in das Waisenhaus. Obwohl immer wieder kranke Kinder berich-
teten, sie seien genesen, nachdem sie sich auf die
Kiste gesetzt hätten, landete die Wunderkiste auf
dem Dachboden. Weitere Highlights sind der älteste Stadtplan von Amsterdam aus dem Jahre 1538,
und ein 1968 vorgestelltes Elektroauto namens
»Witkar«. Das Gemälde *Die Anatomische Vorlesung
des Dr. Deijman* (1656) von Rembrandt verblüfft
durch seine plastische perspektivische Darstellung.
Außerdem nennt das Museum die symbolischen
Stadtschlüssel sein Eigen, die 1806 während der
französischen Besatzung an Louis Napoleon
(1778–1846) ausgehändigt wurden.

Infos und Adressen

SEHENSWÜRDIGKEITEN

Amsterdam Museum. Sehenswertes Museum im alten Waisenhaus. Die Schuttersgalerij führt vom Museumshof aus zum Begijnhof. Tgl. 10–17 Uhr, 1. Jan. 12–17 Uhr, 27. April und 25. Dez. geschl., Kalverstraat 92, 1012 PH Amsterdam, Tel. 020/523 18 22, www.amsterdammuseum.nl

ESSEN UND TRINKEN

Traiterie Chef! Hier gibt's köstlichen Schokoladenkuchen und, versteckt im ersten Stock, einen herrlich plüschigen Gastraum – das Teapot Museum. Di–Fr 10–18.30, Sa 11–18, So 11–17 Uhr, Raamsteeg 5, 1012 VZ Amsterdam, Tel. 020/671 55 00, www.traiteriechef.nl

Museumcafé Mokum. Nettes Café im säulengeschmückten Innenhof des Amsterdam Museums, ideal für eine kleine Verschnaufpause.

Das Café »Mokum« im Amsterdam Museum

Im Sommer tgl. 10–17.45 Uhr, im Winter 10–17 Uhr, Tel. 020/623 67 36, www.amsterdammuseum.nl/bezoek/museumcafé

Visrestaurant Lucius. Vor allem im Sommer ist eine Reservierung ratsam: Touristen wie Einheimische schätzen das 1975 eröffnete Fischlokal im Stil einer Brasserie. Küche tgl. 17–24 Uhr, Spuistraat 247, 1012 VP Amsterdam, Tel. 020/624 18 31, www.lucius.nl

EINKAUFEN

De Posthumuswinkel. Tinten in allen Regenbogenfarben, hochwertige Briefpapiere und eine unglaubliche Auswahl an Stempeln und Petschaften gibt's bei Posthumus, gegründet 1865. Di–Fr 9–17 Uhr, Sa 11–17 Uhr, Sint Luciënsteeg 23–25, 1012 PM Amsterdam, Tel. 020/625 58 12, www.posthumuswinkel.nl

Croissanterie Egstorf. Das Erdgeschoss des spektakulären Jugendstilgebäudes dient seit dem Bau 1898 als Bäckerei. Die alten Kachelbilder an den Wänden zeigen, wie Brot entsteht. Mo–Fr 8–17 Uhr, Sa 7–17 Uhr, Spuistraat 274/Ecke Raamsteeg, 1012 VX Amsterdam, Tel. 020/623 23 38

Der Goliath hält in der Schützengalerie Wache.

53

9 Kloveniersburgwal und Universitätsviertel
Zwischen Amüsement und Gelehrsamkeit

Der Kloveniersburgwal, auch »de Kloof« genannt, bildete im späten 15. Jahrhundert den östlichen Teil der Stadtbefestigung. Während der deutschen Besatzung begrenzte er den jüdischen Wohnbezirk. Zwischen Kloveniersburgwal und Oudezijds Voorburgwal gab es zahlreiche Klöster. Hier ist der Sitz der Amsterdamer Universität; die Ostindien-Kompanie lenkte von hier aus ihr weltumspannendes Handelsimperium.

Der Kloveniersburgwal verdankt seinen Namen den *Kloveniers* – Büchsenschützen mit langen Musketen, wie sie auf Rembrandts Gemälde *Die Nachtwache* zu sehen sind. Das Bild, das die Schützenkompanie des Hauptmanns Frans Banning Cocq zeigt, entstand in deren Schützenhaus an der Nieuwe Doelenstraat.

Trippenhuis

Da passt es gut, dass eines der spektakulärsten Gebäude am Kloveniersburgwal, das 22 Meter breite Trippenhuis (1662) mit der Hausnummer 29, im Auftrag zweier Waffenhändler errichtet wurde. 1655 beauftragten die Brüder Louys (1605–1684) und Hendrick (1607–1666) Trip den Architekten Justus Vingboons (1621–1698), ihnen zwei Wohnhäuser mit einer gemeinsamen prunkvollen Fassade zu bauen. Sie ist mit Abbildungen von Waffen verziert. Das schmale Haus (Nr. 26) auf der anderen Seite der Gracht ließen die Brüder Trip der Legende

Traumhäuschen für den Kutscher: das kleine Trippenhaus

nach für ihren Kutscher bauen, nachdem dieser angesichts des Trippenhuis ausrief: »Ach, mir genügte schon ein Haus, so breit wie die Haustür meiner Dienstherren!«

Das Oost-Indisch Huis

Alte Karten von Amsterdam zeigen, dass sich in diesem Teil der Stadt etliche Klöster aneinanderreihten. »Stille Zijde« wurde er deshalb genannt. Das Sint Paulusbroederklooster nahm einst das gesamte Areal zwischen Kloveniersburgwal, Oude Hoogstraat, Spinhuissteeg und Oudezijds Achterburgwal ein. Die zugehörige Paulusbroederkerk wurde 1578 während der Alteratie wallonischen Protestanten zugesprochen. Bis heute wird in der Waalse Kerk ein französischsprachiger Sonntagsgottesdienst abgehalten. Auf dem angrenzenden Klosterareal entstand zu Beginn des 17. Jahrhunderts das Hauptquartier der Vereenigde Oost-Indische Compagnie (VOC). Sie wurde 1602 gegründet, um den Überseehandel mit und den Handel innerhalb Asiens zu organisieren. Ab 1606 entstand dann unter der Leitung von Hendrick de Keyser (1565–1621) der vierflügelige Komplex mit den markanten Fassaden aus roten Ziegeln und hellem Sandstein. Im Innenhof standen einst die Matrosen Schlange, um auf einem der Handelsschiffe der VOC anzuheuern.

Prinsenhof

Als Louis Napoleon Bonaparte (1778–1846) 1808 den prachtvollen Rathausbau am Dam kurzerhand zu seinem Palast erklärte, übersiedelte der Amsterdamer Magistrat in ein höchst repräsentatives Ausweichquartier am Oudezijds Voorburgwal 197: den »Prinsenhof«, ein ehemaliges Kloster, das der Stadt als Unterkunft für vornehme Gäste gedient hatte – 1581 etwa logierte hier Prinz Willem von

Geheimtipp

TEE IM KLEINSTEN HAUS DER STADT

Unweit des Oost-Indisch Huis, gleich neben dem Eingang zum Waalse Kerkhof, steht das wohl kleinste Haus von Amsterdam: Fünf Meter lang und gerade einmal 2,02 Meter breit, hat es nichtsdestotrotz zwei Stockwerke und ein Dachgeschoss. Im Parterre hat vor einigen Jahren ein Teeladen mit knapp neun Quadratmetern Verkaufsfläche eröffnet. Der erste Stock beherbergt den vermutlich kleinsten Teesalon der Stadt – mit fünf Plätzen. Wer hier zum »Brunch de Luxe« oder zum »Morning Tea« mit köstlichem Tee und hausgemachtem Kuchen einkehren möchte, muss zuvor online reservieren.

Het kleinste Huis. Teeladen und -salon. Di–Sa 11.30–18 Uhr, So, Mo nur nach Absprache. Oude Hoogstraat 22, 1012 CE Amsterdam, Tel. 020/752 75 85, www.hetkleinstehuis.nl

Oranje. Eigentlich als Übergangslösung gedacht, blieb das Gebäude fast 180 Jahre lang Sitz der Stadtverwaltung. Heute ist in dem Komplex das »Grand Hotel Amsterdam« beheimatet. Vor dem Haus Nr. 193 steht am Rande des Oudezijds Voorburgwal ein weiteres denkmalgeschütztes Gebäude – die 1926 errichtete öffentliche Bedürfnisanstalt.

Universität und Oudemannenhuis

In der säkularisierten Agnietenkapel (um 1470) am Oudezijds Voorburgwal 231 nahm das 1632 gegründete Athenaeum Illustré, die erste Hochschule Amsterdams, seine Tätigkeit auf. Aus dem Kirchenschiff wurde ein großer Hörsaal, aus dem Chor ein kleines Auditorium. Aus dieser Lehranstalt für Wirtschaft und Philosophie ging später die 1877 begründete Universität hervor.

Zur heutigen Universität gehört auch das ehemalige Oudemannenhuis. Im Jahre 1602 wurde es mit dem Erlös einer eigens zu diesem Zweck veranstalteten Lotterie als Heim für alte Männer und Frauen gebaut. Der Gang, der vom Kloveniersburgwal zum Oudezijds Achterburgwal verläuft, wurde Mitte des 18. Jahrhunderts überdacht und mit Verkaufsständen für Bücher versehen. Den Eingang am Kloveniersburgwal schmückt ein Torbogen (1784) mit allegorischen Darstellungen, über dem Portal am Oudezijds Achterburgwal (1793) symbolisierte ein Kneifer das Alter. Während einer Choleraepidemie wurde der Gang geschlossen. Als 1880 die junge Universität den Komplex übernahm, kehrten die Buchhändler zurück. Ein beliebtes Fotomotiv ist das Huis an de Drie Grachten an der Mündung von Oudezijds Voor- und Oudezijds Achterburgwal in den Grimburgwal. Über den Grimburgwal erreicht man mit wenigen Schritten das kleine Sträßchen Nes, eines der Zentren des Amsterdamer Theaterlebens.

Oben: Die Schaltzentrale der Macht: Hier residierte die Oost-Indische Compagnie.
Mitte: In Amsterdam gibt's viel zu entdecken.
Unten: Grünes Idyll auf dem Universitätsgelände

Infos und Adressen

SEHENSWÜRDIGKEITEN

Allard Pierson Museum. Das archäologische Museum der Universität. Di–Fr 10–17 Uhr, Sa–So 13–17 Uhr, Oude Turfmarkt 127, 1012 GC Amsterdam, Tel. 020/525 25 56, www.allardpiersonmuseum.nl

ESSEN UND TRINKEN

Blauw aan de Wal. Hervorragendes Lokal in einem alten Gewürzlagerhaus. Mo–Sa 18–23.30 Uhr, Oudezijds Achterburgwal 99, 1012 DD Amsterdam, Tel. 020/330 22 57, www.blauwaandewal.com

Café De Engelbewaarder. Hier gibt's So ab 16.30 Uhr Live-Jazz. Mo–Do 10–1 Uhr, Fr–Sa 10–3 Uhr, So 11–1 Uhr, Kloveniersburgwal 59, 1011 JZ Amsterdam, Tel. 020/625 37 72, www.cafe-de-engelbewaarder.nl

Café de Jaren. Hell und licht, mit grandioser Terrasse am Wasser. So–Do 8.30–1 Uhr, Fr–Sa 9.30–2 Uhr, Restaurant: Tgl. 17.30–22.30 Uhr, Nieuwe Doelenstraat 20–22, 1012 CP Amsterdam, Tel. 020/625 57 71, www.cafedejaren.

Den historischen Kräuterladen gründete Jacob Hooy.

EINKAUFEN

GezondheidsWinkel Jacob Hooy. Historischer Kräuterladen. Mo 13–18 Uhr, Di–Fr 10–18 Uhr, Sa 10–17 Uhr, Kloveniersburgwal 10–12, 1012 CT Amsterdam, Tel. 020/624 30 41, www.gezondheidswinkel.nl

Laloli Sieraden. Drei Schwestern entwerfen pfiffigen Schmuck. Di–Fr 11–18 Uhr, Sa 11–17 Uhr, Grimburgwal 13, 1012 GA Amsterdam, Tel. 020/420 36 31, www.laloli.nl

ÜBERNACHTEN

Hotel NH Doelen. Das traditionsreiche Vier-Sterne-Hotel ist eines der ältesten der Stadt. Nieuwe Doelenstraat 26, 1012 CP Amsterdam, Tel. 020/554 06 00, nhdoelen@nh-hotels.com, www.nh.hotels.com

AKTIVITÄTEN

Compagnietheater. Schauspiel, Musik und Tanz, oft von jungen Künstlern. Kasse: Di–Fr 12–17 Uhr, Kloveniersburgwal 50, 1012 CX Amsterdam, Tel. 020/520 53 20, www.compagnietheater.nl

Waalse Kerk. Umfangreiches Kulturprogramm, sonntags um 11 Uhr franz. Gottesdienst. Walenpleintje 157–159, 1012 JZ Amsterdam, Tel. 020/623 20 74, www.dewaalsekerk.nl

Studentencafé im Univiertel

ENTLANG DES GRACHTEN-GÜRTELS

10 Brouwers- bis Leidsegracht
Jahrhundertprojekt Grachtengürtel   62

11 Rund um die Westerkerk
Ein viel besungener Kirchturm   70

12 Besuch im Anne-Frank-Haus
Liebe Kitty!...   76

13 Negen Straatjes
Einkaufsquartier mit Charme   80

14 Goldener Bogen
Wo der Grachtengürtel am
herrschaftlichsten ist   82

15 Spazieren an der Amstel
Eine zierliche Brücke und ein
denkmalgeschütztes Provisorium   90

16 Hermitage Amsterdam
Schätze aus St. Petersburg   96

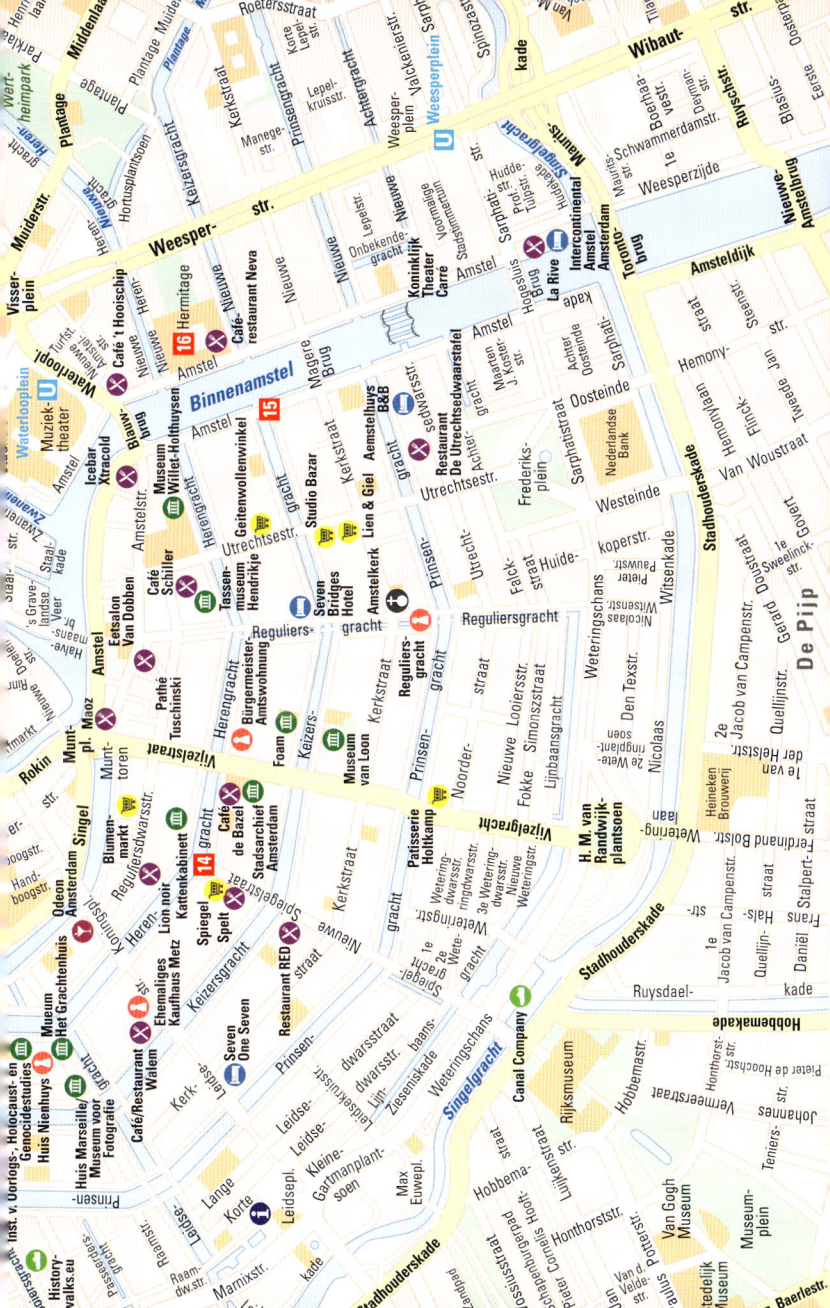

10 Brouwers- bis Leidsegracht
Jahrhundertprojekt Grachtengürtel

Im 17. Jahrhundert herrschte in Amsterdam drangvolle Enge. Die boomende Wirtschaft lockte immer mehr Menschen in die Stadt. Die Kaufleute benötigten händeringend zusätzliche Lagerflächen. Was tun? Die Stadtväter begegneten der Misere nach dem Motto: »Nicht kleckern, sondern klotzen!« und legten ein so prestigeträchtiges wie ambitioniertes Stadtentwicklungsprogramm auf: den Grachtengürtel, der heute zum Weltkulturerbe zählt.

Auch nach heutigen Maßstäben gälte ein Bauvorhaben wie dieses als Mammutprojekt. Ohne Bagger oder Presslufthämmer, allein mit Schaufeln und Menschenkraft, entstand innerhalb von zwölf Jahren (1612–1624) der erste Bauabschnitt des Grachtengürtels, der von der Brouwers- bis zur Leidsegracht reichte. Nach den Plänen von Hen-

Seite 62/63: Hausbootidyll in der Dämmerung
Oben: Die alten Lagerhäuser sind heute begehrte Wohnadressen.
Unten: Ein besonders reich verzierter Glockengiebel

GUT ZU WISSEN

BITTE NICHT GAFFEN!
An vielen Fenstern in den Niederlanden hängen keine Gardinen. Diese »Offenheit« ist aber nicht als Einladung zum ungenierten Hereinschauen zu verstehen – im Gegenteil! In anderer Leute Fenster zu starren, gilt als ausgesprochen schlechtes Betragen. Angeblich geht diese Sitte auf die sittenstrengen Protestanten zurück, die damit zum Ausdruck bringen wollten: Wir haben nichts zu verbergen!

drick Staets (1558–ca. 1630) hoben Heerscharen von Arbeitern drei je 25 Meter breite, parallel angeordnete Kanäle aus. Die Herengracht und die Keizersgracht waren als exklusive Wohnquartiere für die städtische Elite konzipiert, während sich an der Prinsengracht und den kurzen Querstraßen und -kanälen auch Läden, Kontore und Handwerksbetriebe ansiedeln durften.

Geschichte des Grachtengürtels

Das wohlhabende Bürgertum riss sich um das neue Bauland in unmittelbarer Nähe zum Stadtzentrum. Da sich die Steuerlast nach der Hausbreite bemaß, waren die Grundstücke entlang der Grachten nur vier bis sechs Meter breit. Nur sehr reiche Bauherren konnten es sich leisten, zwei nebeneinander liegende Parzellen zu erwerben und zu bebauen.

Trotz der schmalen Grundstücke fand das selbstbewusste Bürgertum Mittel und Wege, seinen Wohlstand zu zeigen: Die Bauherren entlang der Grachten übertrumpften einander mit immer kunstvoller gestalteten und verzierten Giebeln. An der Einmündung der Prinsen- in die Brouwersgracht ist eine kleine Giebelkunde zu bewundern: Das prächtige Eckhaus mit dem traditionsreichen »Café Papeneiland« (s. S. 118) hat je einen Treppengiebel zu jeder Gracht, an den sich zur einen Seite ein Leisten-, zur anderen ein Glocken- und zwei Halsgiebel anschließen.

Museum Het Grachtenhuis

Einen faszinierenden Eindruck von der Entstehung des Grachtengürtels und dem Leben dort vermittelt die interaktive Ausstellung im Museum Het Grachtenhuis. Besonders verblüffend ist das große Puppenhaus, in dem sich echte Menschen zu be-

---

Geheimtipp

VERBORGENE OASEN

Wer die geschlossene Bebauung entlang des Grachtengürtels betrachtet, würde kaum vermuten, dass sich dahinter malerische Gärten verbergen. Einmal im Jahr, am dritten Juniwochenende, sind eine Reihe dieser grünen Kleinode für die Öffentlichkeit zugänglich: Bei den »Open Tuinen Dagen« öffnen Institutionen und Privatleute die Pforten zu ihren versteckten Gartenparadiesen. Mit dem Passepartoutticket (im Vorverkauf 18, sonst 20 Euro) kann man das ganze Wochenende über jeden der teilnehmenden Gärten einmal besuchen. Das Museum van Loon organisiert die Offenen Gartentage, der Erlös fließt in einen Fonds zum Erhalt der Gärten.

Open Tuinen Dagen. Für Rollstühle und Kinderwagen leider nicht geeignet. Jeweils am dritten Juniwochenende, Fr–So 10–17 Uhr, Tel. 020/320 36 60, info@opentuinendagen.nl, Liste der teilnehmenden Gärten und weitere Infos: www.opentuinendagen.nl

wegen scheinen. In dem prächtigen Haus an der Herengracht 386 (1663–1665) lebte im 18. Jahrhundert der Bankier Jan Willink, der zu den Finanziers des amerikanischen Unabhängigkeitskriegs gehörte. In den Cromhouthuizen an der Herengracht, die wegen ihrer vier markanten Giebel auch »Vater, Mutter und die Zwillinge« genannt werden, residiert das Bibelmuseum, das zu den ältesten Museen der Niederlande zählt. Sehenswert sind die prächtigen Deckengemälde. Im klassizistischen Huis Marseille an der Keizersgracht 401 wird heute klassische und zeitgenössische Fotokunst präsentiert.

Groenlandse Pakhuizen

Generationen von Bauherren haben dazu beigetragen, den Grachtengürtel zu einem Gesamtkunstwerk zu machen. Ungewöhnlich aufwendig sind die Treppengiebel der 1620 errichteten Groenlandse Pakhuizen an der Keizersgracht Nr. 40–44, in denen früher in großen steinernen Bottichen Waltran gelagert wurde. Unter Denkmalschutz stehen auch die elegant geschwungenen Geschäftsarkaden an der nahe gelegenen Raadhuisstraat 21–55 (1896–1898).

Van Brienenhofje

An der Prinsengracht liegen gleich zwei *Hofjes*: Das 1765 errichtete Zon's Hofje (Nr. 159–171) und das Van Brienenhofje (Nr. 85–133), das der Bankier Arnout Jan van Brienen 1804 nach seiner Rettung aus dem Tresorraum seines Hauses stiftete, in dem er sich versehentlich eingeschlossen hatte.

Haus Felix Meritis

Ein »Tempel der Aufklärung« sollte das Haus Felix Meritis an der Keizersgracht 324 sein, das eine

Oben: Mit steinernen Mienen blicken antike Götter vom Huis met de Hoofden.
Mitte: Kleine Giebelkunde am Papeneiland
Unten: Stilvoll und gediegen: Wohnhäuser an der Keizersgracht

Hingucker am nördlichen Grachtengürtel

Dieser Rundgang widmet sich den Hinguckern des Grachtengürtels. Gemütlich lässt es sich, den Kopf im Nacken, durch die Straßen schlendern, damit man auch ja nicht die Giebel verpasst.

A Ronde Lutherse Kerk – Am ersten Bauabschnitt des Grachtengürtels wechseln sich Lagerhäuser und repräsentative Wohngebäude ab.

B Blauwburgwal – Von der Ronde Lutherse Kerk geht es vorbei am Blauwburgwal, der kürzesten Gracht der Stadt.

C Langestraat – Nun kommt man in die von ehemaligen Kutschhäusern gesäumte Langestraat.

D Melkmeisjesbrug – Die Melkmeisjesbrug quert die Brouwersgracht.

E Papeneiland – Giebelkunde am Papeneiland jenseits der Gracht: Treppen-, Glocken-, Hals- und Leistengiebel.

F Zon's Hofje – Ein Ort der Stille.

G Groenlandse Pakhuizen – In den Groenlandse Pakhuizen lagerte früher Waltran.

H Huis met de Hoofden – Sechs Köpfe zieren die Fassade des Huis met de Hoofden.

I Het Witte Huys – Das Witte Huys hatte den ersten Halsgiebel der Stadt.

J Huis Bartolotti – Das Huis Bartolotti folgt dem Verlauf der Gracht.

K Arkaden an der Raadhuisstraat – Die eleganten Arkaden an der Raadhuisstraat entstanden Ende des 19. Jahrhunderts.

L Huis Felix Meritis – Am Ufer gegenüber des Kulturtempels Felix Meritis sind schöne Giebel zu sehen.

M Bijbels Museum – Das Bijbels Museum hat herrliche Deckengemälde.

N Huis Nienhuys – Das Huis Nienhuys ist französisch inspiriert.

O Het Grachtenhuis – Im Museum Het Grachtenhuis dreht sich alles um die Geschichte des Grachtengürtels.

P Huis Marseille – Das Huis Marseille zeigt Fotokunst vom Feinsten.

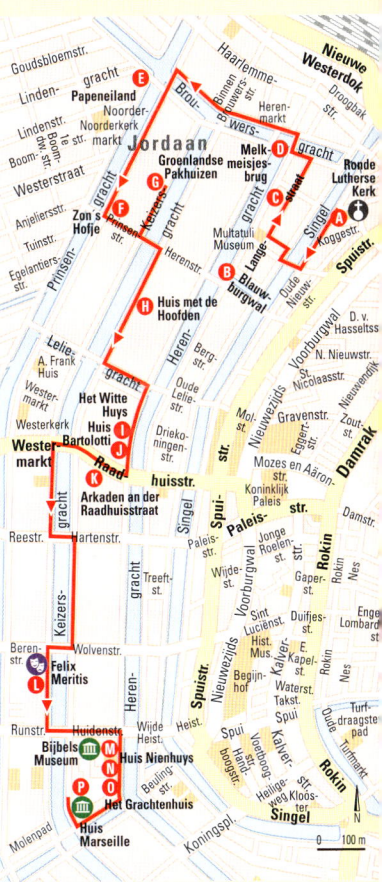

Nicht verpassen

philantropische, akademische Vereinigung wohlhabender Bürger 1787 errichten ließ. Der programmhafte Name lässt sich in etwa mit »Glücklich durch Verdienste« übersetzen. Die Akustik des Konzertsaals ist so fantastisch, dass er beim Bau des Concertgebouw (s. S. 145) als Vorbild diente. Ab 2017 steht eine umfassende Restaurierung an.

Huis met de Hoofden

Die Fassade des Huis met de Hoofden (1622) an der Keizersgracht 123 zieren sechs steinerne Köpfe, die antike Gottheiten darstellen. Einer Legende zufolge soll es sich jedoch um die Köpfe von sechs Einbrechern handeln, die eine unerschrockene Küchenmagd einen nach dem anderen enthauptete.

Huis Bartolotti und Witte Huys

Die üppig verzierte Renaissancefassade des Huis Bartolotti (1620; Nr. 170–172) folgt, zweifach geknickt, dem Verlauf der Herengracht. Hendrick de Keyser (1565–1621) entwarf sie für den reichen Kaufmann Willem van den Heuvel, der sich Guillelmo Bartolotti nannte. Das Witte Huys (1638) rechts daneben, ein Entwurf von Philip Vingboons (1621–1698), hatte den ersten Halsgiebel Amsterdams.

Herengracht 380–382

Der steinreiche Tabakpflanzer Jacobus Nienhuys wollte für seinen Neubau »mal etwas ganz anderes« und Architekt Abraham Salm (1857–1915) nahm ihn beim Wort und baute ihm 1888–1892 ein den berühmten Schlössern an der Loire nachempfundenes Stadtpalais (Herengracht 380–382), das als erstes Haus in den Niederlanden elektrisches Licht hatte.

Infos und Adressen

SEHENSWÜRDIGKEITEN

Bijbels Museum. Cromhouthuizen.
Di–So 11–17 Uhr, Herengracht 366–368,
Tel. 020/624 24 36, www.bijbelsmuseum.nl

Felix Meritis. Kulturzentrum. Keizersgracht 324,
Tel. 020/626 23 21, www.felix.meritis.nl

Het Grachtenhuis. Museum. Di–So 10–17 Uhr,
Herengracht 386, www.hetgrachtenhuis.nl

Huis Marseille. Di–So 11–18 Uhr, Keizersgracht
401, Tel. 020/531 89 89, www.huismarseille.nl

NIOD. Weltkriegsarchiv im Huis Nienhuys.
Studiensaal: Mo 13–17.30 Uhr,
Di–Fr 9–17.30 Uhr, Herengracht 380, 1016 CJ
Amsterdam, Tel. 020/523 38 88, www.niod.nl

Multatuli Huis. Geburtshaus des Schriftstellers
Eduard Douwes Dekkers. Di 10–17 Uhr,
Sa–So 12–17 Uhr, Korsjespoortsteeg 20,
1015 AR Amsterdam, Tel. 020/638 19 38,
www.multatuli-museum.nl

ESSEN UND TRINKEN

Café Tabac. Exzellenter Kaffee, grandioser
Grachtenblick. Di–Do 16–1 Uhr, Fr 16–3 Uhr,
Sa 11–3 Uhr, So–Mo 11–1 Uhr, Brouwersgracht
101, 1015 GC Amsterdam, Tel. 020/622 44 13,
www.cafetabac.eu

Greenwoods. Englischer Tearoom; Picknicks
auf Vorbestellung. Mo–Do 9.30–17 Uhr,
Fr–So 9.30–18 Uhr, Singel 103,
1012 VG Amsterdam, Tel. 020/623 70 71,
www.greenwoods.eu

ÜBERNACHTEN

Hotel Pulitzer. Luxuriöses Hotel in einem Ensemble
von Grachtenhäusern. Prinsengracht 315–331,
1016 GZ Amsterdam, Tel. 020/523 52 35,
www.pulitzeramsterdam.com

Hotel Wiechmann. In dritter Generation geführt.
Achtung, steile Treppen! Prinsengracht 328–332,
1016 HX Amsterdam, Tel. 020/626 33 21,
www.hotelwiechmann.nl

EINKAUFEN

A Space Oddity. Spielzeug rund um Filme
und Fernsehserien. Mo 13–17.30 Uhr, Di–Fr
11–17.30 Uhr, Sa 10.15–17 Uhr, Prinsengracht
204, 1016 HD Amsterdam, Tel. 020/427 40 36,
www.spaceoddity.nl

Galleria D'Arte Rinascimento. Handbemalte
Stücke aus Delfter Porzellan – ein wahrhafter
Traum in Blau und Weiß. Das perfekte Souvenir!
Tgl. 9–18 Uhr, Prinsengracht 170,
1016 HA Amsterdam, Tel. 020/622 75 09,
www.delft-art-gallery.com

Auch vom Wasser aus betrachtet hat Amsterdam viele schöne Seiten.

GIEBEL UND GRACHTENHÄUSER

Visitenkarten aus Stein: die Giebel der Grachtenhäuser

Wer ein stattliches Haus an einer der Grachten sein Eigen nannte, der hatte es geschafft. Die Bauherren am Grachtengürtel waren stolz auf ihren Erfolg, und das sollte man ihren Häusern auch ansehen. Entlang der Ufer entbrannte ein inoffizieller Wettstreit: Man versuchte, sich mit immer kunstvoller gestalteten Fassaden und immer aufwendigeren Giebeln gegenseitig zu übertrumpfen.

Im ausgehenden 16. Jahrhundert lösten steinerne Häuser die bis dahin üblichen Holzhäuser ab. Den oberen Abschluss der noch schlichten Fassaden bildeten symmetrisch gestufte Treppengiebel oder einfache, dreieckige Schnabelgiebel, die an der Spitze in ein Rechteck mündeten.

Ein neuer Baustil

Amsterdam war im 16. und 17. Jahrhundert die am schnellsten wachsende Stadt Europas. Das neue Bauland am Grachtengürtel war darum heiß begehrt. Es wurde in schmale, tiefe Normgrundstücke parzelliert, die höchstens bis zu einer Tiefe von 30 Metern bebaut werden durften. Nur sehr begüterte Bauherren konnten sich zwei Parzellen nebeneinander leisten. Ein neuer Typ von Stadthaus entstand: Die Patrizierhäuser entlang der Grachten wurden drei bis vier Stockwerke hoch gebaut, bestehend aus einem Vorder- und einem Hinterhaus. Am Ende des Grundstücks durfte ein Kutschhaus stehen, doch ein Teil der Parzelle musste unbebaut bleiben.

Giebel à la mode

Schön gestaltete Ziergiebel sollten die Blicke der Passanten auf sich ziehen. Sie vermitteln einen Eindruck davon, wie sich Geschmäcker und Baustile im Laufe der Zeit veränderten. Bis weit ins 17. Jahrhundert hinein erfreute sich der Treppengiebel großer Beliebtheit; schmucklose Schnabelgiebel fanden sich fast nur noch an Lagerhäusern. Etwa um die Mitte des 17. Jahrhunderts kam entlang der Grachten der Halsgiebel in Mode: ein gemauertes Rechteck, rechts und links von Schmuckwerk flankiert. Ab den 1660er-Jahren gesellten sich Glockengiebel mit elegant geschwungenen Konturen dazu.

Wiederkehr eines Klassikers

Beim zweiten Bauabschnitt des Grachtengürtels waren Hals- und Glockengiebel weiterhin üblich und wurden der aktuellen Mode entsprechend ausgeschmückt: mit Bildhauerkunst im Louis-XIV-Stil, verschnörkelt oder mit Muschelmotiven im Louis-XV-Stil und gegen Ende des 18. Jahrhunderts im eher strengen Louis-XVI-Stil mit Pilastern und Pfeilern. Bei den breiten Patriziervillen auf doppelten Parzellen waren vor allem Leistengiebel en vogue – waagerechte Dachabschlüsse, deren Gesims mit Stuckarbeiten verziert ist. Viele ältere Häuser wurden in dieser Zeit umgebaut, manche bekamen moderne Sandsteinfassaden oder neue Giebel, die mit Balustraden, Vasen oder Figuren geschmückt wurden. Im 19. Jahrhundert erlebte schließlich der Treppengiebel eine Renaissance.

11 Rund um die Westerkerk
Ein viel besungener Kirchturm

Der Kirchturm der Westerkerk gehört bei den Bewohnern Amsterdams sozusagen zur Familie. Eine Reihe populärer Schlager sind dem »Ouwe Wester« gewidmet. Stolze 85 Meter misst der Turm mit der markanten Krone als Spitze, mit Wetterhahn sogar 87 Meter. Damit ist der Westertoren der höchste Kirchturm der ganzen Stadt und eines ihrer bekanntesten Wahrzeichen.

Zur gleichen Zeit wie der erste Abschnitt des Grachtengürtels entstand die Westerkerk an der Prinsengracht. Auftraggeber war der Magistrat der Stadt, der jedes Detail dieser gigantischen Stadterweiterung akribisch plante. Weil der Grachtengürtel an dieser Stelle einen Knick macht, konnten hier keine gleichmäßigen Bauparzellen abgeteilt werden. Also wurde das unregelmäßig geformte Areal zum Standort der dringend benötigten neuen Kirche bestimmt.

Grundsteinlegung

Am 9. September 1620 wurde der Grundstein für das neue Gotteshaus gelegt. Als die Gemeinde dort elf Jahre später zu Pfingsten den ersten Gottesdienst feierte, war die Westerkerk die größte protestantische Kirche der Welt. Der ursprüngliche Entwurf stammte von Stadtbaumeister Hendrick de Keyser (1565–1621). Als er während der Bauphase starb, vollendete sein Sohn Pieter de Keyser (ca. 1595–1676) den Bau. Durch 36 große Fenster flutet von allen Seiten Licht in die Kirche und bringt die weißen Wände zum Leuchten.

Den Turm der Westerkerk ziert die Kaiserkrone Maximilians I. von Österreich.

Das Kircheninnere

Das Kircheninnere ist eher schlicht gehalten, auffallend schön ist die barocke Orgel. Da die dreischiffige Kirche im Auftrag des Magistrats errichtet wurde, ist im Inneren an vielen Stellen das Stadtwappen zu finden. Die Stadtväter gelangten durch das kleine Burgemeesterspoortje vom Westermarkt aus direkt in die Kirche, wo sie in einer eigenen Bank Platz nahmen. Der Friedhof, der die Westerkerk anfangs umgab, wurde bereits 1655 aufgehoben, doch in ihrem Inneren wurden im Laufe der Zeit Hunderte von Amsterdamern beerdigt. Der völlig verarmte Maler Rembrandt fand hier 1669 seine letzte Ruhestätte – wo genau, ist nicht bekannt. Auch sein Sohn Titus (1641–1668) und seine Lebensgefährtin Hendrickje Stoffels (1626–1663) sind hier begraben.

Vor dem Küsterhaus an der Prinsengracht 281 erinnert eine kleine anrührende Statue an das jüdische Mädchen Anne Frank (1929–1945), das sich ganz in der Nähe mit ihrer Familie vor den Nationalsozialisten versteckte (s. S. 76). Die Zeit der deutschen Besatzung war in der Erinnerung vieler Amsterdamer auch 20 Jahre nach Kriegsende noch sehr präsent. So hagelte es 1966 wütende Proteste, als die niederländische Kronprinzessin Beatrix in der Westerkerk den deutschen Diplomaten Claus von Amsberg heiratete.

Der Lange Jan

Das Kirchengebäude ging 1795 in den Besitz der Niederländischen Reformierten Kirche über. Der Kirchturm aber, im Volksmund, liebevoll der »Lange Jan« genannt, ist bis heute Eigentum der Gemeinde Amsterdam. Von hier hat man einen unvergleichlichen Blick über die ganze Stadt. Der spätere Kaiser Maximilian I. von Österreich

Nicht verpassen

KLEIN, ABER FEIN: DAS TULPENMUSEUM

Hollands inoffizieller Nationalblume, der Tulpe, ist dieses winzige Museum gewidmet. Spezielle Tulpenvasen, Filme, Gemälde und andere Exponate rund um die Tulpe sind im Museum zu sehen. Das Museum zeichnet den Siegeszug des bunten Zwiebelgewächses nach, das im Goldenen Zeitalter den nüchternen Amsterdamern den Kopf verdrehte. Die sechs Räume des Museums sind so winzig, dass maximal 25 Besucher gleichzeitig eingelassen werden. Es liegt, für Gehbehinderte und Kinderwagen nicht zugänglich, im Souterrain unter einem Ladenlokal voller Tulpenzwiebeln und dekorativem Schnickschnack.

Amsterdam Tulip Museum, Tgl. 10–18 Uhr, 27. April, 25. Dez. geschl., Prinsengracht 116, 1015 EA Amsterdam, Tel. 020/421 00 95, info@tulipmuseum.org, www.amsterdamtulipmuseum.com

(1459–1519) verlieh der Stadt 1489 das Privileg, seine Krone im Wappen führen zu dürfen. Diese Kaiserkrone ziert auch die Turmspitze. Im Jahr 2006 wurde sie restauriert und bekam ihre ursprüngliche Farbe zurück: ein lichtes Hellblau. Im Turm der Westerkerk hängt eines der insgesamt fünf Glockenspiele der berühmten Glockengießerbrüder Hémony in Amsterdam.

Am Westermarkt, im Haus Nr. 6 in unmittelbarer Nachbarschaft der Kirche, lebte 1634 während eines Aufenthalts in den Niederlanden der französische Philosoph René Descartes (1596–1650). Er bandelte in dieser Zeit mit dem Hausmädchen an. Als die gemeinsame Tochter im Alter von nur fünf Jahren starb, schrieb Descartes einem Freund, nie zuvor sei er so betrübt gewesen. Auf dem Platz neben der Kirche erinnert ein Monument von 1987 an die Verfolgung von Homosexuellen während der Nazizeit. Das von Karin Daan entworfene Denkmal besteht aus drei Dreiecken aus rosa Granit, die zusammen ein großes Dreieck bilden. Ein rosa Winkel an der Kleidung kennzeichnete in den Konzentrationslagern homosexuelle Häftlinge.

Oben: Abendstimmung an der Prinsengracht, im Hintergrund der Lange Jan
Unten: Ein Maler bannt das Innere der Westerkerk auf Leinwand.

Infos und Adressen

SEHENSWÜRDIGKEITEN

Westerkerk. Hier finden regelmäßig Gottesdienste, aber auch Konzerte statt. In der Regel Mo–Fr 10–15 Uhr, im Sommer auch Sa 11–15 Uhr, So geschlossen; Lunchkonzerte (gratis) Mai–Okt. am Fr 13–13.30 Uhr, Prinsengracht 281, 1016 GW Amsterdam, Tel. 020/624 77 66, www.westerkerk.nl

Westertoren. Vom Turm der Westerkerk aus hat man einen wunderbaren Panoramablick über die ganze Stadt. Hinauf kommt man aber nur im Rahmen einer rund 30-minütigen Führung. April–Sept. Mo–Sa 10–20 Uhr, Okt. Mo–Sa 10–18 Uhr, geschlossen So und 27. April (letzte Führung jeweils eine halbe Stunde vor Schließung), Prinsengracht 281, 1016 GW Amsterdam, Tel. 020/689 25 65, www.westertorenamsterdam.nl

ESSEN UND TRINKEN

Café Kalkhoven. Eines der ältesten Bruine Cafés (seit 1670) am Fuß des Westertoren, in dem auch Einheimische gern einkehren – mit hausgemachten Fleischbällchen und einer beeindruckenden Bierauswahl. Mo–Do 9–1 Uhr, Fr–Sa 9–2 Uhr, So 10–24 Uhr, Prinsengracht 283, 1016 GW Amsterdam, Tel. 020/624 86 49, www.cafekalkhoven.nl

Die imposante Orgel der Westerkerk

Indiaas Restaurant Koh-I-Noor. Mild, würzig oder scharf? Seit über 30 Jahren serviert dieses Lokal indische Küche ganz nach dem Gusto der Gäste. Wie in vielen Restaurants in Amsterdam geht es recht beengt zu – eine Reservierung ist zu empfehlen. Tgl. 12–23.30 Uhr, Westermarkt 29, 1016 DJ Amsterdam, Tel. 020/623 31 33, www.koh-i-noor-restaurant.nl

EINKAUFEN

De Osdorper/Cup a la Cake. Hier gibt es quietschbunte Muffins, süße Cupcakes und köstlich belegte Brote – eine gute Anlaufstelle für den kleinen Hunger zwischendurch. Mo–Fr 8–18 Uhr, Sa 8.30–17 Uhr, Westermarkt 19, 1016 DJ Amsterdam, Tel. 020/638 58 40, www.cupalacake.nl

Versuchung pur: bunte Leckereien am Westermarkt

TULPENWAHN
Zwischen Reibach und Ruin

Auf dem Blumenmarkt am Singel gibt es Tulpen in allen Variationen.

Jedes Jahr im Januar verwandelt sich der Platz vor dem Königlichen Palast am Dam in ein Blumenmeer: Am Nationalen Tulpentag, der den Auftakt der Tulpensaison markiert, entsteht hier ein temporärer Garten aus rund 200 000 Tulpen. Ein paar davon darf man sich sogar pflücken. Der Tulpentag ist immer gut besucht, von Massenhysterie kann aber keine Rede sein. Das sah vor rund 400 Jahren ganz anders aus.

In der ersten Hälfte des 17. Jahrhunderts grassierte in den Niederlanden das Tulpenfieber. Über Österreich waren die ersten Tulpen in die Niederlande gelangt. Die exotischen Blüten, die sich in Form und Farbe enorm von sämtlichen einheimischen Gewächsen unterschieden, standen bald hoch im Kurs. Der botanische Neuankömmling fiel sozusagen auf fruchtbaren Boden: Das goldene Zeitalter hatte begonnen. Die Amsterdamer Kaufleute machten mit dem Ostindienhandel ein Vermögen und stellten ihren Reichtum gern zur Schau. Die seltenen, exotischen Tulpen kamen ihnen als Statussymbole gerade recht. Was dann folgte, wird in heutigen Lehrbüchern als die erste Spekulationsblase der Wirtschaftsgeschichte bezeichnet.

Eine Laune der Natur

Die Nachfrage überstieg bald schon das Angebot. Doch letztlich bedurfte es einer Laune der Natur, um den Hype so richtig anzufachen. Ein Mosaikvirus breitete sich in den Niederlanden aus. Manche der befallenen Tulpen brachten anstelle von einfarbigen Blüten plötzlich aufregende Varianten hervor: mehrfarbige, gefleckte oder solche mit ausgefransten Blatträndern. Wundergebilde wie die geflammte »Semper Augustus« brachten die Sammler schier aus dem Häuschen. Die Preise schnellten nach oben.

Auf dem Höhepunkt des Tulpenwahnsinns gingen besonders seltene Exemplare für den Preis eines kompletten Grachtenhauses über den Tisch.

Vom Tulpenwahn zum Tulpencrash

Tulpenzwiebeln wurden von Liebhaber- zu Spekulationsobjekten. Eine ungesunde Spirale aus Sammelleidenschaft und Gewinnstreben kam in Gang. Zwischenhändler kauften Tulpenzwiebeln in der Hoffnung, sie mit Gewinn weiterzuveräußern zu können. Gasthäuser wurden zu Tulpenbörsen umfunktioniert. Immer mehr Spekulanten – auch kleine Leute, die auf Pump kauften – sprangen auf den fahrenden Zug auf. Bald handelte man nicht mehr nur mit den Zwiebeln selbst, sondern mit Optionsscheinen auf Zwiebeln oder gar Zwiebelanteilen aus der nächsten Ernte. 1637 platzte die Blase. Erstmals wurden auf einer Auktion die aufgerufenen Preise für die angebotenen Zwiebeln nicht erreicht. Das sprach sich herum und plötzlich wollte niemand mehr kaufen, sondern jeder verkaufen. Die Tulpenpreise stürzten ins Bodenlose, viele Amsterdamer waren ruiniert. Der Tulpe selbst hat der ganze Wirbel nicht geschadet. Beliebt ist sie in Amsterdam bis heute – und nicht nur am Tulpentag nimmt jeder gern ein paar mit nach Hause.

12 Besuch im Anne-Frank-Haus
Liebe Kitty! …

Zwei Jahre lang versteckte sich das jüdische Mädchen Anne Frank während des Zweiten Weltkriegs zusammen mit seiner Familie in einem Hinterhaus an der Prinsengracht vor den deutschen Besatzern. Dann wurden sie verraten und deportiert. Anne starb im Konzentrationslager. Ihr Tagebuch, das sie im Versteck führte, wurde nach ihrem Tod veröffentlicht. Das Versteck im Hinterhaus ist heute ein viel besuchtes Museum.

Unweit der Westerkerk zieht das Anne Frank Huis an der Prinsengracht jedes Jahr mehr als eine Million Besucher an. Aus heutiger Sicht ist kaum mehr vorstellbar, dass das Hinterhaus, das während der Nazizeit acht Menschen als Unterschlupf diente, in den 1950er-Jahren einem Neubau weichen sollte. Engagierte Bürger gründeten 1957 die Anne-Frank-Stiftung, um das Haus zu erhalten.

Oben: Fotos erinnern an Anne Frank, deren Tagebuch weltweit bekannt wurde.
Unten: Das Innere des Hauses wurde behutsam rekonstruiert.

GUT ZU WISSEN

EIN BESUCH MIT KINDERN
Ein Besuch im Anne-Frank-Haus ist kein »normaler« Museumsbesuch. Auch ältere Kinder werden die Ausstellung als bedrückend empfinden, Kinder unter zehn Jahren könnte sie überfordern. Den ersten Film, der im Anne-Frank-Haus gezeigt wird, sollten Familien mit Kindern auslassen – die hier gezeigten Bilder aus Konzentrationslagern sind furchtbar. Eine gute Vor- und genügend Zeit für die Nachbereitung des Besuchs sind zu empfehlen.

Das Leben der Anne Frank

Einfach gut!

Anne Frank wurde 1929 in Frankfurt am Main geboren. Anfang 1934, nach der Machtergreifung Hitlers, emigrierten ihre Eltern, Otto und Edith Frank, mit Anne und ihrer älteren Schwester Margot in die Niederlande. Mit zunehmender Sorge verfolgte die Familie die Nachrichten aus Deutschland: In der Reichskristallnacht brannten Synagogen, Juden wurden diskriminiert, verhaftet und in Lager gebracht. Anne war zehn Jahre alt, als deutsche Truppen auch die Niederlande besetzten.

Zu ihrem 13. Geburtstag bekam Anne ein Tagebuch. Sie vertraute ihm wie einer guten Freundin alles an, was sie sonst keinem erzählen konnte. »Liebe Kitty!«, so begann sie ihre Tagebucheinträge. Als Annes Schwester Margot in ein Arbeitslager sollte, tauchte die Familie unter. Mitarbeiter aus Ottos Firma halfen ihnen dabei. Das leerstehende Hinterhaus des Firmensitzes an der Prinsengracht wurde als Unterschlupf hergerichtet, der Zugang hinter einem Bücherregal verborgen. In ihr Versteck konnten sie nur wenig mitnehmen – Anne packte als Erstes ihr geliebtes Tagebuch ein.

Das Leben im Hinterhaus war nicht einfach. Acht Menschen lebten dort in ständiger Anspannung und auf engem Raum, neben den Franks noch die Familie van Pels und Fritz Pfeffer, ein Bekannter. Anne flüchtete sich oft auf den Dachboden, durch dessen Fenster sie den Himmel und einen mächtigen Kastanienbaum auf einem Nachbargrundstück sehen konnte. Im August 1944 wurden die Untergetauchten im Hinterhaus verraten, verhaftet und deportiert. Anne und ihre Schwester starben im KZ Bergen-Belsen an Typhus. Von den acht Schicksalsgenossen aus dem Hinterhaus überlebte allein Annes Vater.

ATEMPAUSE AN DER LELIEGRACHT

Die beschauliche Leliegracht ist eine der romantischsten Grachten in ganz Amsterdam. Sitzt man auf der schönen Terrasse des »Café Spanjer en van Twist«, tuckern einem die Boote direkt vor den Füßen entlang. Im ersten Stock bietet die breite Bank entlang der Fensterfront ebenfalls einen besonders schönen Blick über den Kanal und die hübschen Grachtenhäuser gegenüber. Die kleine, aber feine Speisekarte wechselt viermal im Jahr – passend zur Jahreszeit. Ein behagliches Ambiente und ausgesprochen freundliches Personal machen das Angebot komplett.

Café Spanjer en van Twist. Tgl. 10–1 Uhr (Lunch 10–17 Uhr, Abendessen 17.30–22 Uhr), Leliegracht 60, 1015 DJ Amsterdam, Tel. 020/639 01 09, www.spanjerenvantwist.nl

Annes Tagebuch

Miep Gies, eine der Helferinnen der Familie, hatte kurz nach der Verhaftung Annes Tagebuch im Hinterhaus gefunden und versteckt. Nach seiner Rückkehr veröffentlichte Otto Frank 1947 das Tagebuch seiner Tochter unter dem Titel *Het Achterhuis* (»Das Hinterhaus«). Seither ist es in mehr als 70 Sprachen übersetzt worden.

Prinsengracht 263

Auch das Haus an der Prinsengracht 263 erzählt eindringlich die Geschichte von Anne und ihrer Familie: Im Vorderhaus wurden alle Zimmer in den Zustand der Vorkriegszeit zurückversetzt. Zitate aus Annes Tagebuch geben Auskunft über den jeweiligen Raum. Sehr berührend sind die Zeugnisse des Lebens im Versteck: die Striche an der Tapete, die das Wachstum der Mädchen dokumentieren, Bilder und Postkarten, die Anne an die Wand über ihrem Bett hängte. Die Möbel aus dem Hinterhaus wurden kurz nach der Verhaftung abtransportiert. Auf Otto Franks Wunsch hin sind diese Räume leer geblieben – nur einige Dokumente und Gegenstände erinnern an die Menschen, die sich hier versteckten.

Oben: Seite um Seite füllte Anne Frank mit ihren Gedanken.
Unten: Ein Regal verbarg den Zugang zum Versteck der Familie.

Infos und Adressen

SEHENSWÜRDIGKEITEN

Anne Frank Huis. Von 9.00 bis 15.30 Uhr werden nur Besucher eingelassen, die vorab ein Online-ticket für ein bestimmtes Zeitfenster erworben haben. Von 15.30 bis 22.00 Uhr steht das Anne Frank Haus auch Besuchern offen, die ihre Eintrittskarte am Museumseingang kaufen. Versteck und Vorderhaus sind für Rollstuhlfahrer nicht zugänglich, wohl aber der im Nachbarhaus untergebrachte Teil des Museums. Achtung: Es gibt keine Garderobe, große Taschen dürfen nicht ins Museum mitgenommen werden. Kinderwagen (ohne Gepäck) müssen im Foyer abgestellt werden. April–Okt. tgl. 9–22 Uhr, Nov.–März tgl. 9–19, Sa bis 21 Uhr, am Jom-Kippur-Tag geschlossen, Prinsengracht 263–267, 1016 GV Amsterdam, Tel. 020/556 71 05, kostenlose App zum Download unter www.annefrank.org

Anne-Frank-Statue an der Westerkerk

AKTIVITÄTEN

Historywalks.eu. Peter Schaapman und seine Kollegen führen kenntnisreich zu Orten, die während der deutschen Besatzung, der Judenverfolgung und des Zweiten Weltkriegs eine wichtige Rolle spielten (nach Voranmeldung auch in deutscher Sprache). Aufgrund der Thematik ist die Stadtführung für Kinder unter 13 Jahren nicht geeignet. Looiersgracht 31 a, 1016 VR Amsterdam, Buchungen über info@historywalks.eu, www.historywalks.eu

ÜBERNACHTEN

't Hotel. Ruhig gelegenes Hotel mit acht sehr ansprechend gestalteten Zimmern in einem alten Grachtenhaus. Das Dachstudio (Raum »Amstel«) bietet Platz für 4–5 Pers. Leliegracht 18, 1015 DE Amsterdam, Tel. 020/422 27 41, www.thotel.nl

Auch viele Schulklassen besuchen das Anne-Frank-Haus.

Oben: Hier findet wohl jeder ein Schnäppchen.

13 Negen Straatjes
Einkaufsquartier mit Charme

Die Negen Straatjes, also die »neun Sträßchen«, sind die Querstraßen, die zwischen Raadhuisstraat und Leidsegracht die drei Grachten des Grachtengürtels und den Singel miteinander verbinden. Zusammen bilden sie ein eigenes Stadtviertel voller kleiner Läden, Bars, Teestuben und Restaurants, das sich seit gut zehn Jahren geschickt vermarktet und viele einheimische wie auswärtige Besucher anlockt.

Die schmalen Gassen bilden eine bezaubernde historische Kulisse, durch die während der Dreharbeiten für den Film *Ocean's Twelve* auch schon George Clooney spazierte. Im 17. Jahrhundert waren in den kleinen Sträßchen etliche Betriebe ansässig, die Tierhäute be- und verarbeiteten. Einige der Straßennamen erinnern noch an diese Zeit, an Bären (Berenstraat) und Rehe (Reestraat). Heute haben sich in den schmucken Häuschen kleine Läden angesiedelt, die zum Stöbern einladen.

Spezialisten aller Art

Bei Sas Design gibt es ausgefallenen Schmuck, den Designerin Saskia Schellen von Goldschmieden in der indischen Thar-Wüste fertigen lässt. Eine Institution ist Laura Dols, seit über 30 Jahren spezialisiert auf Originalbekleidung aus den 1950er-Jahren und tolle Abend- und Brautkleider – im Zwischengeschoss steht eine Verkleidekiste für Kinder.

Ein kleines, aber feines Museum verbirgt sich im ersten Stock des Hauses Gasthuismolensteeg 7. Das Brillenmuseum zeigt in zwei Räumen 700 Jahre Brillengeschichte. Auch der Laden im Erdgeschoss lohnt einen Blick – er wurde im Stil der 1930er-Jahre rekonstruiert.

Kunst und Essen

Wer nach dem Pflastertreten eine Pause braucht, muss nicht weit laufen: Das winzige »Pancakes!« an der Berenstraat 38 lockt mit einem von Künstlern entworfenen Interieur und einer großen Pfannkuchenauswahl. Moderne italienische Küche serviert das »Bussia« in der Reestraat.

Jedes Jahr am dritten Augustwochenende verwandelt sich die Prinsengracht in eine Konzertbühne: Auf schwimmenden Pontons vor dem Hotelkomplex »Pulitzer« gibt's Konzerte klassischer Musik. An Land kann man gut (und gratis) lauschen.

SEHENSWÜRDIGKEITEN

Brilmuseum. Eine kleine Geschichte der Brille. Mi–Fr 11.30–17.30 Uhr, Sa 11.30–17 Uhr, Gasthuismolensteeg 7, 1016 AM Amsterdam, Tel. 020/421 24 14, www.brilmuseumamsterdam.nl

ESSEN UND TRINKEN

Bussia. Moderne italienische Küche. Lunch Do–So 12–14 Uhr, Abendessen Di–So 18–21.30 Uhr, Reestraat 28–32, 1016 DN Amsterdam, Tel. 020/627 87 94, www.bussia.nl

Pancakes! Pfannkuchenhaus mit witzigem Design. Tgl. 9–18 Uhr, Berenstraat 38, 1016 GH Amsterdam, Tel. 020/528 97 97, www.pancakesamsterdam.nl

ÜBERNACHTEN

Maison Rika. Zwei Zimmer, geschmackvoll eingerichtet von Designerin Ulrika Lundgren. Oude Spiegelstraat 12, 1016 BM Amsterdam, Tel. 020/330 11 12, www.rikaint.com

EINKAUFEN

Laura Dols. Secondhandkleidung vom Feinsten. Mo–Sa 11–18 Uhr, Do bis 19 Uhr, So 12–18 Uhr, Wolvenstraat 7, 1016 EM Amsterdam, Tel. 020/624 90 66, www.lauradols.nl

Sas Design. Schmuck und Schals aus Indien. Mo 12–18 Uhr, Di–Sa 11–18 Uhr, So 12–17 Uhr, Gasthuismolensteeg 1, 1016 AM Amsterdam, Tel. 020/427 19 99, www.sasdesign.nl

Oben: Gediegene Pracht am Goldenen Bogen
Unten: Katzenmuseum: Wissenswertes über Katzen

14 Goldener Bogen
Wo der Grachtengürtel am herrschaftlichsten ist

Im sogenannten Goldenen Zeitalter war Amsterdam zum wichtigsten Handelsplatz der damaligen Welt aufgestiegen. Innerhalb weniger Generationen bildete sich eine Elite von Familien heraus, die durch Handel und Finanzgeschäfte für die meisten Menschen unvorstellbare Reichtümer angehäuft hatten. Diese Superreichen ließen sich im zweiten Bauabschnitt des Grachtengürtels, vorzugsweise an der Herengracht, luxuriöse Stadtpaläste bauen.

An der Leidsegracht endete der erste Bauabschnitt der kühnen Stadterweiterung (s. S. 62). Die zweite Etappe wurde gut 40 Jahre später, im Jahre 1660, in Angriff genommen und kam von Anfang an schleppend voran. Anders als im ersten Bauabschnitt sind die Häuser in diesem Teil des Grachtengürtels nicht schmal und tief, sondern oft deutlich breiter und weitaus großzügiger.

GUT ZU WISSEN

VORSICHT, RADFAHRER!
Radfahrer in Amsterdam sind eigentlich immer in Eile und haben nur wenig Verständnis für Fußgänger, die ihnen unachtsam in die Quere kommen. Vor allem beim Überqueren der Straße sollte man gut aufpassen, denn schon beim ersten Schritt auf die Fahrbahn riskiert man, wild angeklingelt zu werden. Auch wenn Amsterdam teilweise wie ein großes Freilichtmuseum wirkt – die Fahrweise der Radler ist eher geprägt vom modernen Motto »Schneller, Weiter, Höher«.

Ganz besonders hochherrschaftliche Häuser stehen im »Goldenen Bogen« an der Herengracht, zwischen Leidsestraat und Vijzelstraat. Durch die Krümmung des Kanals waren hier die Grundstücke vor allem auf der südlichen Seite tiefer als üblich. Hinzu kam, dass in diesem Abschnitt bevorzugt doppelte Grundstücke verkauft wurden. Auf diesen großzügig bemessenen Parzellen ließ sich die Amsterdamer Finanzelite – ein überschaubarer Kreis besonders wohlhabender Familien, die die verschiedenen Rats- und Verwaltungsposten untereinander aufteilten – elegante Stadtpaläste bauen, die sich deutlich von den Häusern der einfacheren Kaufleute abhoben. An die Stelle klassischer Giebel traten zunehmend flache Leistengiebel oder Balustraden, teils mit Figuren geschmückt (zum Beispiel Nr. 462, erbaut 1665–1671). Hier und da tauchen Balkone auf (etwa bei Nr. 436, erbaut 1672), die bis dahin nicht üblich waren. Oft führte eine Freitreppe hinauf zur Eingangstür, die Tür unter der Treppe war für das Personal bestimmt.

Huis de Vicq und Kattenkabinet

Eine Ausnahme bildet das nur eine Parzelle breite Haus Herengracht 474 (1669), das als eines der ersten in diesem Bauabschnitt errichtet wurde. Gleich nebenan, im Huis de Vicq (1670, Nr. 476), lebte der deutsche Dichter August Wilhelm Schlegel (1767–1845) eine Zeitlang als Hauslehrer und übersetzte Shakespeares Werke ins Deutsche. Heute ist das Haus Sitz des Prins Bernhard Cultuurfonds. Auch das Goethe-Institut residiert im Goldenen Bogen (Herengracht Nr. 470). Am gegenüberliegenden Ufer setzte der Bankier Bob Meijer seinem geliebten Kater John Pierpont Morgan (1966–1983) mit dem »Kattenkabinet« ein Denkmal: Das kleine Museum an der Herengracht 497 ist der Rolle der Katze in Kunst und Kultur gewidmet und zeigt Katzenbilder aus mehreren Jahrhunderten.

Nicht verpassen

LEBEN IM GRACHTENHAUS

Das Haus der Eheleute Abraham Willet und Louisa Holthuysen ähnelte schon zu ihren Lebzeiten einem Museum. Beide waren leidenschaftliche Sammler. Die Räume des 1687 erbauten Kaufmannshauses quellen beinahe über vor Gemälden, Skulpturen, Wandteppichen und erlesenem Mobiliar. Louisa Holthuysen vermachte das Haus mitsamt der umfangreichen Kunstsammlung der Stadt Amsterdam. 1896, ein Jahr nach ihrem Tod, wurde das Museum eröffnet. Die Gesellschaftsräume spiegeln das Leben des vermögenden Ehepaars wider, während die Küche einen Eindruck von den täglichen Aufgaben des Personals vermittelt.

Museum Willet-Holthuysen. Mo–Fr 10–17 Uhr, Sa–So 11–17 Uhr, 1. Jan., 27. April, 25. Dez. geschl., Herengracht 605, 1017 CE Amsterdam, Tel. 020/523 18 22, www.willetholthuysen.nl

Stadsarchief

Das wuchtige Art-déco-Gebäude des Stadtarchivs setzt am Ende des Goldenen Bogens einen unübersehbaren Schlussakkord. Karel de Bazel (1869–1923) entwarf den Koloss für die Nederlandsche Handel-Maatschappij, eine im 19. Jahrhundert gegründete Wirtschaftsförderungsgesellschaft. Die ausgeprägten »Querrillen« der markanten Fassade trugen dem Bau den Spitznamen *Spekkoek* (»Baumkuchen«) ein. Später nutzte die ABN-Amro, die größte Bank der Niederlande, das Gebäude. Aus dieser Zeit stammen die gewaltigen Türen des Tresorraums. Seit 2007 ist hier das Stadtarchiv untergebracht und die märchenhaft ausgeschmückten Innenräume sind frei zugänglich.

Kaufhaus Metz

An der Ecke Keizersgracht 455/Leidsestraat entstand 1891 das imposante Großkaufhaus Metz & Co. mit einem markanten, weithin sichtbaren Ecktürmchen. Die gläserne Kuppel auf dem Dach (1933) ist ein Entwurf des De-Stijl-Architekten Gerrit Rietveld (1888–1964). Metz & Co. verließ die prächtige Immobilie Anfang 2012 nach über 100 Jahren.

Herengracht 502

Das eher nüchtern wirkende Haus an der Herengracht 502 ist seit 1927 ist die Amtswohnung der Amsterdamer Bürgermeister. Es wurde zwischen 1671 und 1672 für Paulus Godin erbaut, der zum Management der Westindischen Gesellschaft gehörte. Das Haus hatte ursprünglich rechts und links der Eingangstür je zwei große Packhaustüren. Die Prunkräume in der Beletage dienen repräsentativen Zwecken, der Bürgermeister wohnt unter dem Dach. Ein paar Schritte weiter schmücken

Highlights am südlichen Grachtengürtel

Der südliche Grachtengürtel spiegelt den Reichtum der erfolgreichen Amsterdamer Kaufleute wider.

Ⓐ Ehemaliges Kaufhaus Metz – Unweit des früheren Kaufhaus Metz mit seiner Glaskuppel liegt der Goldene Bogen.

Ⓑ Der Goldene Bogen – Nobelster Abschnitt des Grachtengürtels.

Ⓒ Kattenkabinet – Um die Katze in der Kunst geht es im Kattenkabinet.

Ⓓ Herengracht 502 – Amtswohnung des Bürgermeisters.

Ⓔ Stadsarchief – Hier schlummert das Gedächtnis der Stadt.

Ⓕ Museum Foam – Hochklassige Fotokunst.

Ⓖ Museum Van Loon – Wie die Amsterdamer Patrizier wohnten, zeigt dieses Museum.

Ⓗ Reguliersgracht

Schlafgemach im Museum Van Loon

Ⓘ Brücke mit Aussicht – Am Ende der Reguliersgracht wartet der berühmte »Brückenblick«.

Ⓙ Tassenmuseum Hendrikje – Hier befindet sich eine imposante Ansammlung von Handtaschen.

Ⓚ Museum Willet-Holthuysen – Gehobene Wohnkultur.

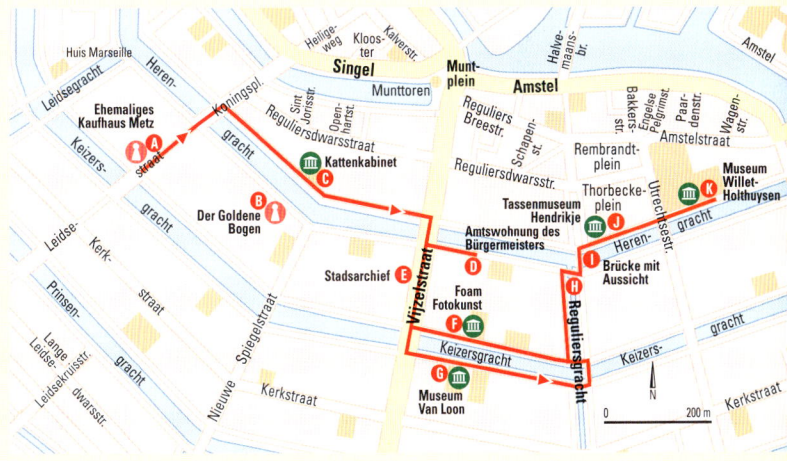

fantasievolle Meeresgötter die Halsgiebel der Häuser Nr. 508 und 510 aus den 1680er-Jahren, während an Haus Nr. 514 zwei Mohrenbüsten an die Zeit des Überseehandels erinnern.

Herengracht 527

Bleibenden Eindruck hinterließ Zar Peter von Russland bei seinem Besuch in Amsterdam im Jahre 1717 – allerdings keinen uneingeschränkt guten: Er setzte den Mieter des Hauses Herengracht 527, einen russischen Kaufmann, vor die Tür, quartierte sich mit seinem Gefolge dort ein und hinterließ das Haus anschließend in einem derart ramponierten Zustand, dass der Besitzer Jacob Hinlopen es entnervt verkaufte.

Museum Van Loon

Das Museum Van Loon vermittelt einen lebendigen Eindruck vom Lebensstil einer kultivierten Amsterdamer Patrizierfamilie. Die Kaufmannsfamilie Van Loon erwarb das 1671 erbaute Stadtpalais, das zeitweise im Besitz des Rembrandt-Schülers

Oben: Schlafgemach in einem vornehmen Grachtenhaus
Unten: Die Reguliersgracht mit dem berühmten Sieben-Brücken-Blick

Ferdinand Bol war, im Jahre 1884. Sehenswert ist neben den stilvollen Empfangsräumen und Schlafgemächern der im Barockstil angelegte Grachtengarten. Zusammen mit dem ebenfalls erhalten gebliebenen Kutschhaus, das wie das prachtvolle Wohnhaus von Adriaen Doertsman entworfen wurde, bildet er ein einzigartiges Ensemble. Auch das renommierte Fotografiemuseum Foam residiert in einem eleganten Haus (Nr. 609) an diesem besonders vornehmen Abschnitt der Keizersgracht.

Reguliersgracht

Die Reguliersgracht mit ihren sieben hintereinanderliegenden Brücken bildet einen reizvollen Kontrast zur mitunter doch recht kalten Pracht an den Hauptgrachten. An ihren Ufern sind die Häuser kleiner und individueller. Auffallend ist das Haus Nr. 34 mit seinen in V-Form angeordneten Außentreppen und dem von einem mächtigen Adler gekrönten Giebel. Auf der anderen Seite der Gracht sind mit De Zon und De Maan zwei schöne alte Lagerhäuser erhalten geblieben. Die parallel verlaufende Utrechtsestraat lockt mit vielen kleinen Läden und Restaurants.

Handtaschenmuseum

Wer die richtige Handtasche noch nicht gefunden hat, sollte einen Abstecher ins Handtaschenmuseum machen. 4000 Taschen aus 500 Jahren hat die Sammlerin Hendrikje Ivo zusammengetragen. In einem alten Grachtenhaus aus dem Jahr 1664 werden die schönsten nun stilvoll präsentiert. Zwei Häuser weiter, an der Herengracht 579, ließ sich der Konditor Pieter van Schorrel 1667 ein repräsentatives Haus bauen. Die Fassade schmückt eine kolossale Statue des Erzengels Michael.

Einfach gut!

ODEON: AUSGEHTEMPEL MIT GESCHICHTE

Das alte Grachtenhaus am Singel hat eine bewegte Geschichte. 1662 als »Huis Nuerenburg« erbaut, wurde es 1837 zu einem Konzertsaal umgebaut. Dafür entfernte man die Zwischendecke, sodass ein hoher Saal entstand. 1990 verwüstete ein Brand das Innere, das anschließend nur teilweise wiederhergestellt werden konnte. 2005 wurde es nach Umbau und Renovierung als Club und Veranstaltungsort wiedereröffnet. Heute beherbergt das Odeon den Amsterdamer Ableger des »Supper Club«eine Cocktailbar, ein französisches Tapasrestaurant und eine Bar mit Spezialbieren.

Odeon Amsterdam. Singel 460, 1017 AW Amsterdam, www.odeonamsterdam.nl

Infos und Adressen

SEHENSWÜRDIGKEITEN

Foam. Museum für Fotokunst. Sa–Mi 10–18 Uhr, Do–Fr 10–21 Uhr, Keizersgracht 609, 1017 CD Amsterdam, Tel. 020/551 65 00, www.foam.org

Kattenkabinet. Katzen-Kunstmuseum. Mo–Fr 10–17 Uhr, Sa–So 12–17 Uhr, Feiertag: 10–17 Uhr, am 1. Jan. 27. April und 25. Dez. geschlossen, Herengracht 497, 1017 BT Amsterdam, Tel. 020/626 90 40, www.kattenkabinet.nl

Museum Van Loon. Elegantes Grachtenhaus. Mo, Mi–So 10–17 Uhr, Di geschl., Keizersgracht 672, 1017 ET Amsterdam, Tel. 020/624 52 55, www.museumvanloon.nl

Stadsarchief. Samstags und sonntags um 14 Uhr Führungen. Öffnungszeiten Stadtarchiv: Di–Fr 10–17 Uhr, Sa–So 12–17 Uhr, Vijzelstraat 32, Tel. 020/251 15 11, www.amsterdam.nl/stadsarchief

Katzenmuseum: Liebling auf vier Pfoten

Tassenmuseum Hendrikje. So viele Handtaschen! Tgl. 10–17 Uhr, Herengracht 573, Tel. 020/524 64 52, am 1. Jan. 27. April und 25. Dez. geschlossen, www.tassenmuseum.nl

ESSEN UND TRINKEN

Café/Restaurant Walem. Leicht unterkühltes Ambiente, hervorragende Küche und eine sonnige Terrasse. Tgl. 9–24 Uhr, Küche bis 21 Uhr, Keizersgracht 449, 1017 DK Amsterdam, Tel. 020/625 35 44, www.walem.nl

Café de Bazel. Während man einen traditionellen Afternoon Tea genießt, wandert der Blick durch die säulengeschmückte Halle des Stadtarchivs. Mo–Fr 7.30–18 Uhr, Sa–So 10.30–17 Uhr, Vijzelstraat 32, 1017 HL Amsterdam, Tel. 020/337 65 89, www.cafedebazel.amsterdam

Eetsalon Van Dobben. Hier gibt es die besten Kroketten der Stadt und ausgesprochen leckere belegte Brote. Mo–Mi 10–21 Uhr, Do 10–1 Uhr, Fr–Sa 10–2 Uhr, So 10.30–20 Uhr, Korte Reguliersdwarsstraat 5–7–9, 1017 BH Amsterdam, Tel. 020/624 42 00, www.eetsalonvandobben.nl

Restaurant Spelt. Nur 24 Sitzplätze innen, abwechslungsreiche Karte. Di–Do 10.30–21 Uhr, Fr–Sa 10.30–22 Uhr, So–Mo geschl., Nieuwe Spiegelstraat 5 a, 1017 DB Amsterdam, Tel. 020/420 70 22, www.restaurantspelt.nl

RED. Das Konzept ist einfach, aber überzeugend: Hier gibt's nur Steak oder Hummer, beides aber in hervorragender Qualität und in behaglichem Ambiente. Mo–Mi 18–23 Uhr, Do–Sa 18–24 Uhr, So 17–23 Uhr, Keizersgracht 594, 1017 EN Amsterdam, Tel. 020/320 18 24, www.restaurantred.nl

EINKAUFEN

Spiegel. Der kleine, helle Laden setzt zu 100 Prozent auf »Dutch Design«. Tägl. außer Di 11–18.30 Uhr, Nieuwe Spiegelstraat 2a, 1077 DE Amsterdam, Tel. 020/363 97 95, www.spiegelamsterdam.com

Ein Prunkstück aus dem Taschenmuseum

ÜBERNACHTEN

Aemstelhuys B&B. Das stilvolle Bed & Breakfast liegt in einer ruhigen Nebenstraße, nur einen Steinwurf vom Grachtengürtel und der Amstel entfernt. Utrechtsedwaarsstraat 150, 1017 WK Amsterdam, Tel. 020/679 61 07, www.aemstelhuys.nl

Seven Bridges Hotel. In dem liebevoll mit Antiquitäten eingerichteten Hotel in einem alten Grachtenhaus wird das Frühstück im Zimmer serviert. Reguliersgracht 31, 1017 LK Amsterdam, Tel. 020/623 29, www.sevenbridgeshotel.nl

Hotel Seven One Seven. Eine wirklich feine Adresse in Amsterdam – die geräumigen Zimmer sind in einem gemütlichen Mix aus Alt und Neu eingerichtet. Ideal für ein romantisches Wochenende. Prinsengracht 717, 1017 JW Amsterdam, Tel. 020/427 07 17, www.717hotel.nl

AKTIVITÄTEN

Canal Company. Eine schöne und zeitsparende Art, den Grachtengürtel zu erkunden: Die Canal-

Bus-Schiffe der Reederei Canal verkehren auf festen Routen entlang 19 Haltestellen, an denen man nach Belieben zu- und aussteigen kann. Das Ticket ist auch mit vergünstigten Eintrittskarten verschiedener Museen zu kombinieren. Weteringschans 26–1hg, 1017 SG Amsterdam, Tel. 020/217/05/00; Infos zu Haltestellen und Fahrplänen sowie verbilligte Onlinebuchung unter www.canal.nl/canal-bus

EINKAUFEN

Lien & Giel. Ausgefallene Mode gibt es bei diesem Ableger der niederländischen Mini-Kette Lien & Giel – die tragbaren Klamotten zeichnen sich durch fröhliche Muster und einen ausgesprochenen Mut zur Farbe aus. Mo–Sa 11–18 Uhr, So 12–17 Uhr, Utrechtsestraat 50, 1017 VP Amsterdam, Tel. 020/620 55 24, www.lienengiel.nl

Geitenwollenwinkel. Mit gutem Gewissen shoppen – hier kommen nur umweltverträglich produzierte, nachhaltige und vegane Kleidungsstücke und Accessoires in die Regale. Mo 13–18 Uhr, Di–Sa 11–18 Uhr, So 12–17 Uhr, Utrechtsestraat 37, 1017 VH Amsterdam, Tel. 020/362 07 84, www.geitenwolwinkel.nl

Patisserie Holtkamp. Vor dem winzigen Laden mit Art-déco-Interieur stehen die Kunden manchmal bis auf den Bürgersteig an – für die fantastischen Kuchen und Törtchen lohnt sich das auch. Mo–Fr 8.30–18 Uhr, Sa 8.30–17 Uhr, Vijzelgracht 15, 1017 HM Amsterdam, Tel. 020/62 87 57, www.patisserieholtkamp.nl

Studio Bazar. Ein Paradies für Hobbyköche – bei Rooslinde Jaspers gibt es seit über 40 Jahren vom Schneidbrett bis zum Messerset jede Menge schöne und nützliche Dinge rund ums Kochen. Mo 13–18 Uhr, Di–Sa 10–18 Uhr, So 12–17 Uhr, Keizersgracht 709, 1017 DW Amsterdam, Tel. 020/622 28 58, www.studiobazar.com

15 Spazieren an der Amstel

Eine zierliche Brücke und ein denkmalgeschütztes Provisorium

Der Fluss, der Amsterdam seinen Namen gab, hat auch das Stadtbild geprägt. Auf einem Spaziergang entlang seiner Ufer gibt es einiges zu entdecken – außergewöhnliche Brücken, versteckte Idyllen, hochkarätige Kunst, ein Haus mit Blutflecken, mächtige Schleusen, eine provisorische Kirche und noch vieles mehr. Und wer sind eigentlich die Könige der Amstel?

Ursprünglich mündete die Amstel etwa dort, wo der Bahnhof steht, ins IJ. Heute endet ihr Lauf bereits in der Innenstadt, am Muntplein. Den Platz beherrscht der markante Munttoren (1620). Sein Name, »Münzturm«, geht auf die Zeit von 1672 bis 1674 zurück, als Amsterdam vorübergehend das Münzrecht innehatte und im Turm Münzen geprägt wurden.

Oben: Fast wie in Paris – die Blauwbrug
Unten: Der Blumenmarkt am Singel ist ein Fest für die Augen.

GUT ZU WISSEN

SOUVENIRS AUF DEM VORMARSCH

Der schwimmende Blumenmarkt auf dem Singel darf bei keinem Stadtrundgang fehlen. Das farbenfrohe Schauspiel ist auch ein beliebtes Fotomotiv. Mittlerweile mischen sich aber bei etlichen Ständen diverse Souvenirs in das Angebot – der ursprüngliche Charme dieser blühenden Attraktion leidet darunter. Übrigens: Wer Blumenzwiebeln als Souvenir mitnehmen möchte, sollte darauf achten, dass die Verpackung ein entsprechendes Ausfuhrzertifikat aufweist.

Blumenmarkt

Der schwimmende Blumenmarkt am nur wenige Schritte entfernten Singel hat eine lange Tradition. Bereits im 17. Jahrhundert kamen Bauern aus der Umgebung in die Stadt und verkauften von ihren Booten aus frische Blumen. Heute haben die Boote mit den Blumenständen dauerhaft am Ufer festgemacht, das farbenfrohe Sortiment reicht von Blumenzwiebeln über Topf- und Schnittblumen bis zum Gartenzubehör.

Kino an der Reguliersbreestraat

Mit seinem neugebauten Kino an der Reguliersbreestraat machte Abraham Tuschinski im Jahre 1921 Furore: Die Fassade des prachtvollen Artdéco-Baus schmücken glasierte Ziegel und zwei Türmchen, das Innere gleicht einem Märchen aus Tausendundeiner Nacht. Elektrisches Licht und eine ausgeklügelte Heizungs- und Lüftungsanlage machten das Kino seinerzeit zu einem viel bestaunten Wunderwerk.

Rembrandtplein

Auf dem Rembrandtplein erinnert eine Statue an den genialen Maler; zu ihren Füßen stellen Bronzeplastiken die berühmte *Nachtwache* dar. Abends verwandeln sich der Rembrandt- und der benachbarte Thorbeckeplein in eine belebte Ausgehmeile.

Blauwbrug und Magere Brug

Etwas oberhalb der Stelle, wo die Herengracht in die Amstel mündet, spannt sich die Blauwbrug (1883) über den Fluss. Flussaufwärts liegt die Magere Brug (1672), eines der meistfotografierten Wahrzeichen Amsterdams. Die weiße hölzerne

Hebebrücke, die nachts im Lichte zahlloser Glüh-
birnen erstrahlt, verdankt ihren Namen angeblich
zwei ältlichen Schwestern namens Mager, die
diesseits und jenseits der Amstel wohnten und
die Brücke bauen ließen, um sich jederzeit auf
kürzestem Wege besuchen zu können.

Zwischen den beiden Brücken liegt am rechten
Amstelufer das »Haus mit den Blutflecken« (Amstel
216). Ende des 17. Jahrhunderts soll der damalige
Besitzer, ein ehemaliger Amsterdamer Bürgermeister, die seltsamen Zeichen mit seinem eigenen Blut
an die Fassade geschrieben haben.

Ein echter Selfmademan war der aus kleinen
Verhältnissen stammende Kaufmann Christoffel
van Brants. Er verdiente im Handel mit Russland
ein Vermögen und pflegte gute Kontakte zu
Zar Peter dem Großen. Als Brants 1732 das
Brants Rus Hofje an der Nieuwe Keizersgracht
28–44 begründete, verfügte er, dass die Bewohnerinnen jeweils an seinem Geburtstag am
1. August eine extra herzhafte Mahlzeit bekommen sollten.

Oben: Nachts erstrahlt die Magere
Brug im Lichterglanz.
Unten: Sonnenbad mit Amstelblick

Predigtscheune

Die weiß gestrichene hölzerne Kirche auf dem Amstelveld wurde zwischen 1668 und 1670 errichtet, als der zweite Bauabschnitt des Grachtengürtels entstand. Die Amstelkerk, eine schlichte hölzerne Notkirche, die im Volksmund rasch den Spitznamen *Preekschuur* (»Predigtscheune«) bekam, war als Übergangslösung gedacht und sollte durch eine steinerne ersetzt werden. Doch dazu kam es nie. Inzwischen steht das langlebige Provisorium selbst unter Denkmalschutz. Eine kleine Statue erinnert an einen legendären Marktverkäufer, »Professor Kokadorus« genannt.

Koninklijk Theater

Am Amstelufer leuchtet jenseits der Nieuwe Prinsengracht die grüne Kuppel des Koninklijk Theater Carré. Die deutschstämmige Artistenfamilie gleichen Namens erhielt 1887 die Genehmigung, an dieser Stelle einen festen Zirkusbau nebst Varietétheater zu errichten. In der Rekordzeit von nur acht Monaten entstand das prächtige Gebäude mit den

Oben: Das opulente Foyer des Kinos Pathé Tuschinski
Unten: Am Rembrandtplein ist immer etwas los.

Clownsmasken an der Fassade. Das traditionsreiche Haus zählt heute zu den renommiertesten Bühnen der Stadt. Vor dem Theater liegen im Fluss die 1674 erbauten Amstelschleusen, mit deren Hilfe die Grachten mit frischem Wasser durchgespült werden konnten. Das rasche Wachstum der Stadt hatte diese Maßnahme nötig gemacht. Die Grachten, die auch als Abwasserkanäle dienten, stanken vor allem im Sommer unerträglich.

Grandhotel

Die Alster in Hamburg schwebte dem Philantropen und Stadtentwickler Samuel Sarphati (1813–1866) als Vorbild vor, als er den Entschluss fasste, an der Amstel Amsterdams erstes Grandhotel zu errichten. Denn dort, so notierte er, stünden bislang die »schönsten und größten Hotels Europas«. Sarphati hatte Mühe, Investoren für sein Vorhaben zu gewinnen – allzu luxuriös erschienen den nüchternen Amsterdamern seine Pläne. Der visionäre Bauherr nahm das Projekt dennoch in Angriff und sollte am Ende Recht behalten: Bis heute zählt das »Hotel Amstel« zu den ersten Adressen der Stadt.

Oben: Amsterdam ist die Stadt der Radfahrer.
Unten: Schiffe, so weit das Auge reicht!

Infos und Adressen

Koninklijk Theater Carré. Viel Spaß bei Musicals und Kabarett! Kasse: An Tagen mit Vorstellungen 16–18 Uhr, Sa 11 Uhr Führung durchs Haus, Amstel 115–125, 1018 EM Amsterdam, Karten online oder unter Tel. 0900/252 52 55, www.carre.nl

Pathé Tuschinski. Legendäres Kino mit prachtvoller Art-déco-Ausstattung. Tgl. ab 9.30 Uhr, Reguliersbreestraat 26–34, 1017 CN Amsterdam, www.pathe.nl

Amstelkerk. Die Kirche beherbergt Büros und ist nur bei Veranstaltungen zugänglich. Amstelveld 10, 1017 JD Amsterdam, www.stadsherstel.nl/60/amstelkerk

ESSEN UND TRINKEN

Café Schiller. Ehemaliges Künstlercafé mit Art-déco-Interieur. Mo–Do 16–1 Uhr, Fr 16–3 Uhr, Sa 14–3 Uhr, So 14–1 Uhr, Rembrandtplein 24 A, 1017 CV Amsterdam, Tel. 020/624 98 46, www.cafeschiller.nl

Icebar Xtracold. Frostiges Vergnügen: eine Bar aus Eis. Reservierung empfohlen. Mo–Do 12.30–1 Uhr, Fr–Sa 12–2.40 Uhr, So 12–1 Uhr, Amstel 194–196, 1017 AG Amsterdam, Tel. 020/320 57 00, www.xtracold.com

Maoz. Leckeres vegetarisches Fast Food. Tgl. 11–1 Uhr, Muntplein 1, 1017 CK Amsterdam, Tel. 020/420 74 35, www.maozusa.com

Café 't Hooischip. Gemütliche ehemalige Schifferkneipe an der Blauwbrug. So–Do 10–1 Uhr, Fr–Sa 10–3 Uhr, Amstel 31, 1011 PT Amsterdam, Tel. 020/623 87 33

Restaurant De Utrechtsedwarstafel. Erstklassige Küche und hervorragende Weine – unbedingt reservieren! Mi–Sa 19–23 Uhr, Utrechtsedwarsstraat 105–107, 1017 WD Amsterdam, Tel. 020/625 41 89, www.utrechtsedwarstafel.com

ÜBERNACHTEN

Intercontinental Amstel Amsterdam. Nobles Fünf-Sterne-Haus mit Stil und Tradition. Professor Tulpplein 1, 1018 GX Amsterdam, Tel. 020/622 60 60, www.amsterdam.intercontinental.com

EINKAUFEN

Blumenmarkt. Die berühmten schwimmenden Marktstände voller Blumen. Mo–Sa 9–17.30 Uhr, So 11–17.30 Uhr, am Singel zwischen Koningsund Muntplein

Im »Café de Ysbreeker« an der Weesperzijde

16 Hermitage Amsterdam
Schätze aus St. Petersburg

Schon die schiere Größe ist überwältigend: Die Fassade des Amstelhofs erstreckt sich von der Einmündung der Nieuwe Heren- bis zur Nieuwe Keizersgracht. Überwältigend ist auch, was im Inneren geboten wird. Nachdem das Gebäude über 300 Jahre als Altenheim diente, ist es nun eine »Zweigstelle« der berühmten Eremitage in St. Petersburg, in der in wechselnden Ausstellungen Kunstschätze aus der dortigen Sammlung zu sehen sind.

Als der Bau des Grachtengürtels jenseits der Amstel fortgesetzt werden sollte, neigte sich das Goldene Zeitalter bereits dem Ende zu. Der Verkauf der Grundstücke entlang der neuen Grachten gestaltete sich schwierig. Die Stadt ging schließlich dazu über, das Gelände teilweise als Gartenland zu verpachten und überließ auch wohltätigen Stiftungen Baugrund für karitative Projekte. Auf diese Weise gelangte 1681 die Diakonie an ein großes Grundstück an der Amstel und errichtete darauf ein Wohnheim für bedürftige alte Frauen. In der Rekordzeit von nur 16 Monaten entstand ein monumentales Gebäude, dessen 102 Meter lange klassizistische Fassade zu jener Zeit die längste der Stadt war. Das Altenheim erhielt einen symmetrischen Grundriss mit einem großen Innenplatz. In den Seitenflügeln gruppierten sich die Unterkünfte um zwei Innenhöfe. Je vier Frauen teilten sich ein Zimmer. An der Straßenseite lag der große Speisesaal, der auch für Gottesdienste und Versammlungen genutzt wurde und mit seinen gewaltigen Ausmaßen sogar dem Burgerzaal im Stadhuis am Dam, dem heutigen

Oben: Vom Altersheim zum Kunsttempel – der Amstelhof
Unten: Schätze aus der Eremitage

Koninklij Paleis, Konkurrenz machte. Ab 1817 fanden auch alte Männer im Amstelhof Aufnahme, für sie baute man einen eigenen Flügel an. In einer riesigen Küche im Keller wurde das Essen für die rund 700 Bewohner zubereitet.

Mehrfach umgebaut und modernisiert diente der Amstelhof bis in die 1990er-Jahre hinein als Altersheim – insgesamt 324 Jahre lang. Dann entsprach der historische Bau endgültig nicht mehr den Anforderungen an ein zeitgemäßes Pflegeheim.

Leihgaben von der Neva

Schnell stand fest, dass der Amstelhof zu einem Museum umgewandelt werden sollte. Nachdem 2004 zunächst ein kleiner »Ableger« der Eremitage in eines der Nebengebäude einzog, wurde ab 2007 der gesamte Gebäudekomplex im Zuge einer millionenschweren Renovierung zu einem hellen, großzügigen Museum umgestaltet. Im Sommer 2009 konnte Königin Beatrix gemeinsam mit dem russischen Präsidenten Medwedew die Amsterdamer Dependance der berühmten Eremitage in St. Petersburg eröffnen. Auf einer Fläche von 9000 Quadratmetern sind seitdem in wechselnden Ausstellungen Kunstschätze aus dem Reich der Zaren zu sehen. Zwei ständige Ausstellungen sind der Geschichte des Amstelhofs und der Geschichte der niederländisch-russischen Beziehungen gewidmet, die eine lange Tradition haben: Schon 1697 reiste der russische Zar Peter der Große (zunächst inkognito) in die Niederlande, um dort die Kunst des Schiffsbaus zu studieren. Im Frühjahr 2016 wurde im Amstelhof das erste niederländische Zentrum für »Outsider Art« (Außenseiterkunst) eröffnet, das Werke von Künstlern außerhalb des etablierten Kunstbetriebs zeigt.

EHENSWÜRDIGKEITEN

Hermitage Amsterdam. Kunstgenuss in historischem Ambiente. Audioguides in mehreren Sprachen erhältlich. Ein gut sortierter Museumsladen rundet das Angebot ab. Tgl. 10–17 Uhr (Kasse: bis 16.30 Uhr), 27. April und 25. Dez. geschl., Amstel 51, 1018 EJ Amsterdam, Tel. 020/530 87 55, www.hermitage.nl

ESSEN UND TRINKEN

Café-Restaurant Neva. Lichtes, modern eingerichtetes Museumscafé. Besonders schön ist im Sommer die Terrasse. Café: Tgl. 10–17.30 Uhr, Amstel 51, 1018 EJ Amsterdam, Tel. 020/530 74 83, www.neva.nl

Hoftuin. Soziales Restaurantprojekt mit herrlicher Terrasse in einem grünen Innenhof. Tgl. 10–18 Uhr, Nieuwe Herengracht 18 a (Zugang über Weesperstraat oder durch die Hermitage), 1018 DP Amsterdam, Tel. 020/370 27 23, www.hoftuin.com

Das schicke Museumscafé »Neva«

JORDAAN UND HAFENINSELN

17 Kreuz und quer durch den Jordaan
Romantische Grachten und
ruppiger Charme **102**

18 Rund um die Noorderkerk
Buntes Markttreiben vor
historischer Kulisse **112**

19 Hofjes im Jordaan
Verborgene Idyllen **114**

20 Bruine Cafés
Eine Institution im Viertel **118**

21 Entlang der Haarlemmerstraat
Coffeeshops und schicke Lädchen **120**

22 Westerpark und Westergasfabriek
Kultur, Natur und Industriekulisse **124**

23 Westliche Hafeninseln
Neues Leben für das westliche
Hafengebiet **130**

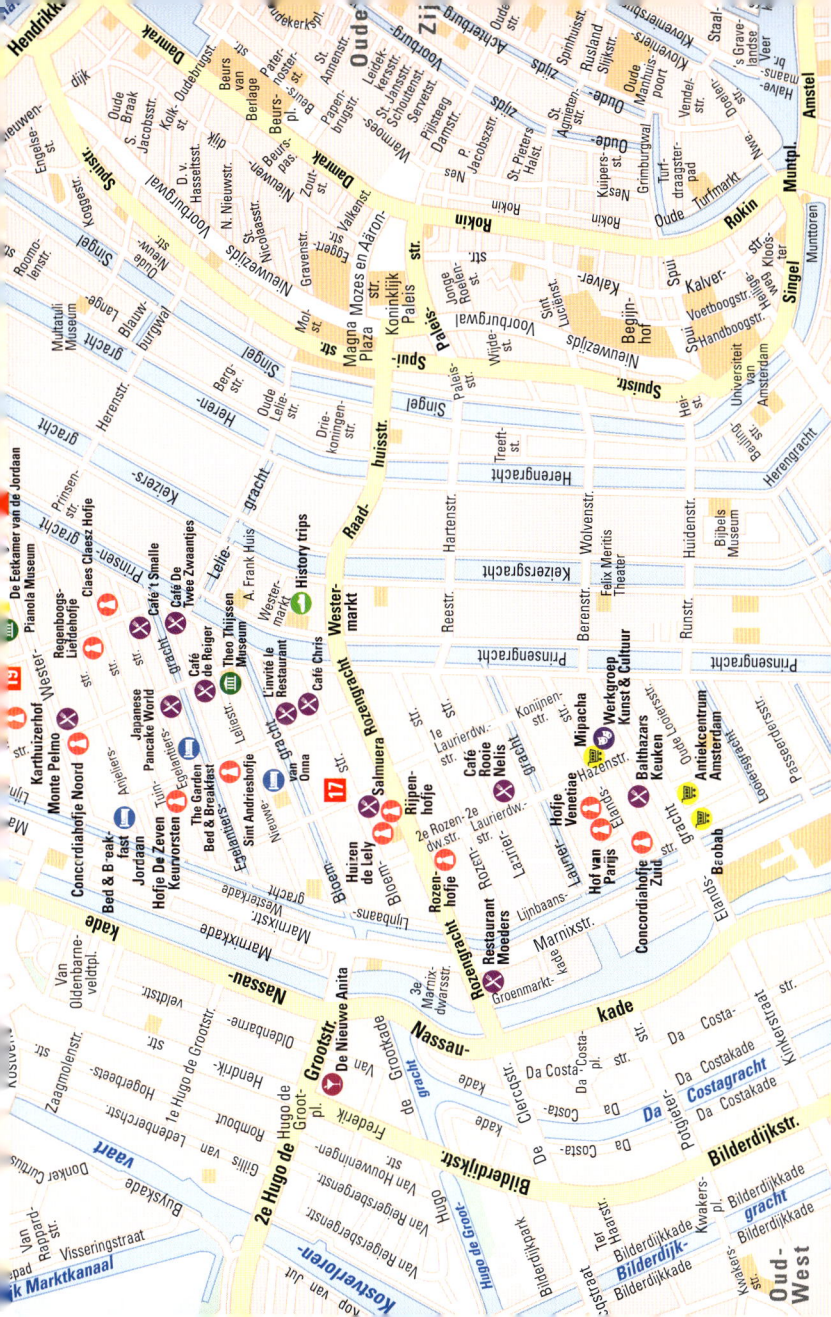

17 Kreuz und quer durch den Jordaan
Romantische Grachten und ruppiger Charme

Der Jordaan ist zweifellos der meistbesungene Stadtteil Amsterdams. Einst als Wohnquartier für die arbeitende Bevölkerung angelegt und lange als sozialer Brennpunkt verschrien, hat er sich zum In-Viertel gemausert, in dem sich viele kleine Läden und schicke Lokale angesiedelt haben. Trotzdem ist hier die Vergangenheit noch allgegenwärtig, etwa in den stillen *Hofjes* oder den traditionsreichen Eckkneipen.

Zur Herkunft des Namens Jordaan: Hugenottische Flüchtlinge sollen das Viertel, das ursprünglich *Nieuwe Werck* hieß, im 17. Jahrhundert umgetauft haben, weil die meisten Straßen hier Blumennamen tragen, vermuten die einen (denn das französische Wort für »Garten« lautet *jardin*). Andere behaupten, der biblische Fluss Jordan habe Pate gestanden, weil den Flüchtlingen das tolerante Amsterdam angesichts der religiösen Verfolgung in ihrer Heimat wie das gelobte Land vorgekommen sei.

Quartier der kleinen Leute

An den schmalen Grachten dieses Stadtviertels, das zeitgleich mit dem ersten Bauabschnitt des Grachtengürtels entstand, lebten Bauarbeiter und Zimmerleute, Seeleute und Matrosen, Hausangestellte und andere kleine Leute. Abdecker, Gerber, Schmiede und andere lärm- und geruchsintensive Handwerke, die aus dem vornehmen Grachtenring verbannt worden waren, siedelten sich hier an. An-

Seite 102/103: Die romantische Mini-Terrasse am »Café 't Smalle«
Oben: Typische Gassen und Geschäfte, wie man sie im Jordaan findet
Unten: Giebelstein eines Handwerkhauses

Am Johnny Jordaanplein

ders als am Grachtengürtel lag die Erschließung in den Händen von Privatleuten. Zur Gewinnmaximierung zerteilten diese das Areal in winzige Parzellen, auf denen billige kleine Häuser aus minderwertigen Materialien errichtet wurden. Betrachtet man das Viertel auf der Karte, springt sofort die ungewöhnliche Straßenführung ins Auge. Die Straßen und Grachten im Jordaan verlaufen in einem eigenwilligen Winkel zum Grachtengürtel, der sich in konzentrischen Kreisen um das Stadtzentrum legt.

Armut und Elend

Die Lebensbedingungen in den Arbeiterquartieren waren schlecht. Die Industrialisierung trieb die Einwohnerzahl auf immer neue Rekordhöhen, die Wohnungsnot spitzte sich zu. Bis zu 80 000 Menschen drängten sich in den kleinen Häusern ohne Kanalisation, in feuchten Kellern und auf abgeteilten Dachböden. Im 19. Jahrhundert war der Jordaan das am dichtesten bevölkerte und zugleich ärmste Stadtviertel Amsterdams. Die Grachten waren zu stinkenden Kloaken verkommen, immer wieder breiteten sich Seuchen aus. Angesichts der Not des städtischen Proletariats fanden sich wohlhabende Bürger 1852 zu einer »Vereinigung

Geheimtipp

EXPERIMENTELLES RESTAURANT

Das Restaurant »l'invité«, in einem alten Grachtenhaus an der romantischen Bloemgracht gelegen, startete im Januar 2012 als Experiment. Gründer Sico de Moel hatte eine Idee: ein Restaurant, in dem jeden Monat ein anderer Chefkoch ein Gastspiel am Herd gibt. Mittlerweile steht de Moel selbst am Herd. Geboten wird klassische französische Küche mit einem modernen Twist, aus frischen regionalen Zutaten. Der helle, freundliche Speiseraum, vor allem aber die charmante Außenterrasse an der Gracht bilden den idealen Rahmen für einen romantischen Abend.

l'invité le Restaurant. Lunch Fr–So ab 12, bestellen bis 14 Uhr, Dinner tgl. ab 18 Uhr, Bloemgracht 47, 1016 KD Amsterdam, Tel. 020/570 20 10, www.linvitelerestaurant.nl

Oben: Denkmal für den Pädagogen Theo Thijssen
Unten: Viele Lädchen beleben das Straßenbild.

zur Verbesserung der Lebensumstände der Arbeiterklasse« zusammen und ließen an einigen Stellen im Viertel moderne Wohnungen errichten. Diese Aktivitäten markieren den Beginn des sozialen Wohnungsbaus in den Niederlanden. Parallel dazu gab es erste Ansätze zu einer Stadtsanierung: So wurden aus Hygienegründen einige besonders stark verschmutzte Grachten – allen voran die katastrophale Goudsbloemgracht – zugeschüttet. Doch es dauerte lange, bis diese Maßnahmen Erfolg zeigten.

Geschichte des Jordaan

Die katastrophalen Lebensbedingungen entluden sich immer wieder in sozialen Unruhen. Der »Aalaufstand« im Sommer 1886 brach aus, nachdem die Polizei einen verbotenen Wettkampf an der Lindengracht unterbunden hatte. Das sogenannte *palingtrecken* war ein beliebtes Spektakel, bei dem Männer in Booten darum wetteiferten, als erster einen lebendigen Aal herunterzureißen, der an einem quer über eine Gracht gespannten Seil baumelte. Der Polizeieinsatz mündete in einen mehrtägigen Aufruhr, der schließlich vom Militär niedergeschlagen wurde und 25 Menschen das Leben kostete. Zu Beginn des 20. Jahrhunderts hatten sich die Lebensumstände zwar allmählich verbessert, doch der Jordaan blieb ein sozialer Brennpunkt, in dem Lebensmittelknappheit 1917 zum »Kartoffelaufstand« führte: Infolge des Ersten Weltkriegs kam es zu Lebensmittelengpässen; daraufhin wurden Marktstände und ein Schiff mit Kartoffeln, die für die Armee bestimmt waren, geplündert.

Die Weltwirtschaftskrise, die 1929 einsetzte, stürzte viele Jordanezen in tiefe Not. Als 1934 die Sozialhilfe um rund zehn Prozent gekürzt wurde, kam es zu heftigen Protestkundgebungen. Die Demonstranten rissen Pflastersteine aus den Straßen und bewarfen die herbeieilende Polizei. Nach dem Ende der mehrtägigen Straßenschlachten wurden etliche Straßen im Jordaan asphaltiert, um Demonstranten keine Wurfgeschosse mehr zu liefern. Erst um diese Zeit wurde der Jordaan an die Trinkwasserversorgung und die Kanalisation angeschlossen.

In den 1960er-Jahren kehrten viele Familien, aber auch zahlreiche Handwerksbetriebe dem heruntergekommenen Viertel den Rücken und siedelten sich am Stadtrand oder in modernen Satellitenstädten wie Almere oder Purmerend an. Weitreichende Abrisspläne scheiterten am Widerstand von Denkmalschützern. Studenten zogen in die kleinen Häuser ein. Ende des 20. Jahrhunderts schließlich wurde es hip, im Jordaan zu wohnen. Heute leben hier Lehrer, Ärzte, Anwälte – mehr als die Hälfte der Bewohner wird den oberen Einkommensklassen zugerechnet.

Theo-Thijssen-Museum

Viele Grachten im Jordaan wurden zugeschüttet, so auch die baumbestandene Lindengracht, die so etwas wie eine Einkaufsmeile im Jordaan ist. Seit über 100 Jahren wird hier samstags ein vielbesuchter Markt abgehalten. Gleich am Anfang der Lindengracht erinnert ein Denkmal an den Schriftsteller, Gewerkschafter und Pädagogen Theo Thijssen (1879–1943), der im Jordaan geboren wurde. In seinem Geburtshaus an der Eerste Leliedwarsstraat 6 ist heute ein Museum.

Bevor um das Jahr 1800 in Amsterdam Hausnummern eingeführt wurden, dienten Giebelsteine zur Orientierung. Bis heute zieren viele historische, aber auch moderne Exemplare die Fassaden. Ein kurioser Giebelstein schmückt das Haus Lindengracht 55/57: Fische schwimmen in einer Baumkrone, die Jahres-

Nicht verpassen

EIN MUSEUM VOLLER MUSIK

In so manchem Western klimpert in einer Ecke des Saloons ein mechanisches Klavier vor sich hin. Bevor das elektrische Grammofon seinen Siegeszug antrat, sorgten aber nicht nur in vielen Vergnügungsstätten, sondern durchaus auch in gutbürgerlichen Wohnzimmern Pianolas für musikalische Unterhaltung. Diesen wie von Geisterhand musizierenden Klavieren, die die Noten von einem Lochstreifen selbsttätig abspielen, ist im Herzen des Jordaan ein Museum gewidmet. Aus dem reichen Fundus von über 30 000 Musikrollen werden regelmäßig auch Konzerte mit unterschiedlichen thematischen Schwerpunkten wie Jazz oder Tango zusammengestellt – ein ganz besonderes Hörerlebnis!

Pianola Museum. So 14–17 Uhr und nach Vereinbarung, Westerstraat 106, 1015 MN Amsterdam, Tel. 020/627 96 24, www.pianola.nl

zahl steht auf dem Kopf. Die auffallende Häuserzeile an der Lindengracht 206–220 entstand Ende des 19. Jahrhunderts. Sie bot Handwerkerfamilien, die zuvor unter elenden Bedingungen gehaust hatten, eine für damalige Zeiten komfortable Unterkunft.

Bloemgracht und Rozengracht

Heckenrosen standen Pate für die Egelantiersgracht. Hübsche Häuser spiegeln sich im Wasser. Einen besonders schönen Blick hat man von der Hilletjesbrug (1921), die die Eerste Leliedwarsstraat und die Tweede Tuindwarsstraat verbindet. Die nahegelegene Bloemgracht wurde bereits 1615 angelegt. Sie ist eine der ältesten und schönsten des Viertels und wird auch die Herengracht des Jordaan genannt. Viele stattliche Häuser säumen ihre Ufer. Die schönsten sind die 1642 erbauten »Drie Hendricken« (Nr. 87–91) mit ihren schönen Treppengiebeln und den Giebelsteinen, die einen Bauern, einen Bürger und einen Seemann zeigen. An der Bloemgracht gibt es noch viele weitere Giebelsteine zu entdecken, etwa den jungen (Nr. 81) und den alten Sämann (Nr. 77). Der berühmte Kartograf Willem Blaeu (1571–1638) hatte im Haus Nr. 76 eine Werkstätte. Im 17. Jahrhundert war die Gracht außerdem ein Zentrum der Farbenherstellung. Vielleicht hat auch Rembrandt einst hier eingekauft? Nachdem der verarmte Maler sein Haus an der Jodenbreestraße verkaufen musste, übersiedelte er in

Oben: Die Bloemgracht wird die »Herengracht des Jordaan« genannt.
Mitte: Volkssänger Johnny Jordaan hat immer noch viele Fans.
Unten: Ein Paradies für Kuriositätenliebhaber

den Jordaan, wo er 1660 ein kleines Haus an der Rozengracht 184 bezog. Nach seinem Tod im Jahre 1669 wurde er in einem Armengrab in der Westerkerk bestattet.

Künstler, Kitsch und Krempel

Auch an der Lauriergracht ließen sich zu allen Zeiten gern Künstler nieder, etwa der Rembrandt-Schüler Govaert Flinck (1615–1660), der im Haus Nr. 27 lebte. Die Bebauung ist recht abwechslungsreich: Wohn- und Packhäuser, zwei Waisenhäuser und ein Kloster lagen an dieser Gracht. Da im Jordaan der Wohnraum immer knapp war, wurden auf die Freiflächen hinter den Wohnhäusern Hinterhäuser gesetzt, die über schmale Gänge erschlossen wurden. Über 900 solcher Gänge gab es im 18. Jahrhundert im Jordaan, oft nicht einmal einen Meter breit. Die schmale Tür, die gleich links neben der Treppe von Haus 87 liegt, führte in den Beddemakersgang. Wie eine Schneise teilt die viel befahrene Rozengracht den südlichen vom nördlichen Jordaan. Ende des 19. Jahrhunderts aus Hygienegründen zugeschüttet, bescherte sie dem Viertel durch eine Straßenbahnlinie erstmals eine direkte Verkehrsanbindung an das Stadtzentrum. Den großen überdachten Antiquitätenmarkt an der Elandsgracht kennen viele noch unter dem Namen »de Looier«. Seit über 30 Jahren gibt es hier Antiquitäten und Trödel aus allen Epochen. Wo die Elands- auf die Prinsengracht trifft, haben die Jordanezen 1994 dem berühmten Volkssänger Johnny Jordaan (1924–1989) und seiner Gesangspartnerin Tante Leen (1912–1992) ein Denkmal gesetzt. Mit ihren Herzschmerzliedern über das Leben, die Liebe und den Jordaan eroberten sie die Herzen. Inzwischen sind an dem kleinen Platz noch weitere Größen der Amsterdamer Volksmusik zu Denkmalehren gekommen.

Einfach gut !

KULINARISCHE ENTDECKUNGSREISE

Bequeme Schuhe und ein gesunder Appetit sind wichtige Voraussetzungen, um die »Eating Amsterdam Tours« so richtig zu genießen. In überschaubaren Gruppen geht es bei diesen englischsprachigen Stadtführungen zu Fuß kreuz und quer durch den Jordaan. Bei jedem Zwischenstopp gibt es etwas Leckeres zu entdecken: *Bitterballen* und Apfelkuchen, Hausmacherwurst und surinamische Spezialitäten, Hering und Bier. Die kenntnisreichen Guides kennen sich bestens in »ihrem« Viertel aus. Am schönsten (und teuersten) ist die Jordaan-Food-and-Canals-Tour: Dazu gehört eine Grachtenrundfahrt in einem historischen Rundfahrtboot, in dem bereits Winston Churchill und Königin Wilhelmina über die Kanäle schipperten.

Eating Amsterdam Tours. Jordaan-Food-and-Canals-Tour: Start am Café Papeneiland, März–Dez. Mo–Sa 10.30 Uhr, Dauer ca. 4 Stunden, Reservierung erforderlich, www.eatingamsterdamtours.com

Infos und Adressen

SEHENSWÜRDIGKEITEN

Jordaanmuseum. Die Stiftung Jordaanmuseum sammelt Dokumente und Gegenstände, die die Geschichte des Stadtteils widerspiegeln. Mangels eigener Räumlichkeiten wird die Ausstellung in einem Wohnheim gezeigt. Nach vorheriger Absprache können auch Rundgänge mit Einheimischen organisiert werden. Tgl. 10–16 Uhr, Vinkenstraat 185, 1013 JR Amsterdam, Tel. 020/624 46 95, www.jordaanmuseum.nl

Theo-Thijssen-Museum. Das kleine Museum erinnert an den Autor des Romans *Kees de jongen.* Do–So 12–17 Uhr, Eerste Leliedwarsstraat 16, 1015 TA Amsterdam, Tel. 020/420 71 19, www.theothijssenmuseum.nl

Open Ateliers Jordaan. Kunstbiennale im Jordaan: In geraden Jahren öffnen viele der im Jordaan ansässigen Künstler am Pfingstwochenende ihre Ateliers für Besucher. Nähere Infos unter www.openateliersjordaan.nl

ESSEN UND TRINKEN

Balthazars Keuken. In einer umgebauten ehemaligen Schmiede vermittelt dieses ungezwungene Restaurant beinahe das Gefühl, bei Freunden zu essen – Freunden, die jede Woche ein anderes leckeres Drei-Gänge-Menü kochen. Di–So 18–22.30 Uhr Restaurant (Reservierung erbeten), Elandsgracht 108, 1016 VA Amsterdam, Tel. 020/420 21 14, www.balthazarskeuken.nl

Restaurant de Reiger. In den 1980er-Jahren in ein hippes Café verwandelt, wurde es behutsam rückgebaut und hat jetzt wieder altmodisches Flair. Mo–Fr 17–23.30 Uhr, Sa 12–16 und 18–22.30 Uhr, So 16–22.30 Uhr, Nieuwe Leliestraat 34, 1015 ST Amsterdam, Tel. 020/624 74 26, www.dereigeramsterdam.nl

De Eetkamer van de Jordaan. Gemütliches Lokal mit leicht ramponiertem Charme, wo auch Einheimische essen. Tgl. 17.30–22 Uhr, Westerstraat 76, 1015 ML Amsterdam, Tel. 020/625 07 46

Japanese Pancake World. Ein Lokal mit Seltenheitswert – japanische Pfannkuchen gibt es außerhalb Japans kaum, hier aber in Vollendung. Mo, Di, Do–So 12–22 Uhr, Mi geschl., Tweede Egelantiersdwarsstraat 24 a, 1015 SC Amsterdam, Tel. 020/320 44 47, www.japanesepancakeworld.com

Nostalgie pur: Kirmesorgel beim Jordaanfestival

Salmuera. Das argentinische Restaurant mit dem schönen Innenhof serviert Köstlichkeiten vom Grill. Gut besucht, reservieren ratsam. Tgl. 17–1 Uhr, Rozengracht 106 h, 1016 Amsterdam, Tel. 020/624 57 52, www.sal-amsterdam.nl

Monte Pelmo. Die 1957 gegründete Eisfabrik im Jordaan verkauft ihre köstlichen Produkte hier gleich an Ort und Stelle. April–Sept. tgl. 13–22 Uhr, Tweede Anjeliersdwarsstraat 17, 1015 NS Amsterdam, Tel. 020/623 09 59, www.montepelmo.nl

ÜBERNACHTEN

Bed & Breakfast Jordaan. Die Gästezimmer (jedes mit eigenem Bad) liegen im Erdgeschoss und im ersten Stock des umfassend renovierten alten Handwerkerhauses, darüber wohnen die charmanten, sehr hilfsbereiten Gastgeber. Anjeliersstraat 197, 1015 NG Amsterdam, Tel. 020/638 37 60, www.amsterdam-bed-and-breakfast-jordaan.nl

Hotel van Onna/Mr. Jordaan. Seit über 40 Jahren existiert das einfache, preisgünstige Hotel Onna. Jetzt hat es einen schicken großen Bruder bekommen: Mr. Jordaan. Beide Unterkünfte überzeugen mit ihrer Lage in drei Grachtenhäusern an der malerischen Bloemgracht. Weitere Pluspunkte sind das ordentliche Frühstück, freies Wi-Fi und der freundliche Service. Bloemgracht 102/104/108, 1015 TN Amsterdam, Tel. 020/626 58 01, www.hotelvanonna.nl, www.mrjordaan.nl

EINKAUFEN

Antiekcentrum Amsterdam. Mehr als 50 Händler haben hier feste Stände in diesem überdachten Antiekzentrum, einem der größten der Niederlande. Mo–Fr 11–18 Uhr, Sa–So 11–17 Uhr, Di geschl., Mi, Sa und So zusätzlich von 11–17 Uhr Indoor-Trödelmarkt, Elandsgracht 109, 1016 TT Amsterdam, Tel. 020/624 90 38, www.antiekcentrumamsterdam.nl

Baobab. In dieser 1967 eröffneten Schatzhöhle gibt es Statuen, Schmuck, Möbel und Gebrauchs-

Rast unter Rosen

gegenstände aus Asien und Afrika. So–Mo 13–18 Uhr, Di–Fr 11–18 Uhr, Elandsgracht 105, 1016 TT Amsterdam, Tel. 020/626 83 98, www.baobab-aziatica.nl

Mipacha. So bunt! So bequem! Die in Peru handgefertigten Stoffschuhe machen gute Laune; die Firma orientiert sich an Fair-Trade-Kriterien. Mo–Mi, Fr 11–18 Uhr, Do bis 19 Uhr, Sa 10–18 Uhr, So 12–17 Uhr, Hazenstraat 67, 1016 SN Amsterdam, www.mipacha.com

AUSGEHEN

De Nieuwe Anita. Hippe junge Leute lümmeln sich auf alten geblümten Sofas in diesem gelungenen, alternativ angehauchten Mix aus Club, Theater und Bar. Mo und Fr von 10 bis 16 Uhr trimmt ein Barbier den Herren der Schöpfung hier auch Haare und Bart. Je nach Veranstaltung, Frederik Hendrikstraat 111, 1052 HN Amsterdam, www.denieuweanita.nl

DIE KRAKER KOMMEN
Hausbesetzer in Amsterdam

Eine eigene Gesellschaft, die Hausbesetzerszene in Amsterdam

Beim Stichwort »Hausbesetzer« denken viele an Krawall, an Ausschreitungen und dubiose Gestalten. In den Niederlanden aber war das Besetzen leer stehender Häuser mehr als drei Jahrzehnte lang geduldet. Und dass Amsterdam heute so aussieht, wie es aussieht, ist unter anderem zahllosen Hausbesetzern zu verdanken, die auf ihre Art einiges an historischer Bausubstanz vor dem Abriss bewahrt haben.

Nach dem Zweiten Weltkrieg wurden in Amsterdam Stadtentwicklungspläne aus der Schublade geholt, die noch aus der Zeit vor dem Krieg stammten. Am Stadtrand sollten neue, moderne Wohnquartiere entstehen, das Stadtzentrum zum Büroviertel werden, gut erreichbar über weitläufige Straßen, für deren Bau breite

Schneisen in die alte Bausubstanz geschlagen werden sollten. Es gab sogar Überlegungen, Grachten zuzuschütten, um an deren Stelle Straßen anzulegen. Für manche Stadtteile, darunter die Westlichen Hafeninseln und den Jordaan, gab es umfangreiche Abriss- und Neubaupläne. Etliche davon scheiterten glücklicherweise am erfolgreichen Widerstand der Bewohner.

Keine Wohnung, keine Krönung

Weil es an bezahlbarem Wohnraum stark mangelte, fingen in den 1960er-Jahren junge Leute an, leerstehende Wohnungen und Häuser zu besetzen. Als in den 1970er-Jahren für einen umstrittenen U-Bahn-Neubau der Abriss einer ganzen Reihe gut erhaltener Häuser gewaltsam durchgesetzt wurde, brachte das die Volksseele zum Kochen. Die Besetzung von Wohnraum, *kraken* genannt, wurde zum Ausdruck des politischen Protests. Zu Hochzeiten der Kraker-Bewegung waren bis zu 20 000 Wohnungen besetzt, im Stadtteil Staatsliedenbuurt zeitweilig fast jede zweite. 1980 rollten bei der Räumung eines besetzten Hauses sogar Panzer über die Vondelstraat. Wenig später überschatteten massive Ausschreitungen die Feierlichkeiten zur Thronbesteigung von Königin Beatrix. Unter der Parole »Geen woning, geen kroning« (»Keine Wohnung, keine Krö-

nung«) protestierten am Krönungstag Jugendliche zunächst friedlich, dann aber zunehmend auch gewalttätig gegen die Wohnungsnot.

Sprechstunde für Hausbesetzer

1981 wurde das *kraken* quasi legal: Die Besetzung von Gebäuden, die über ein Jahr leer stehen, wurde geduldet. Erst im Jahr 2010 verabschiedete das niederländische Parlament trotz heftiger Proteste ein Gesetz, das das Besetzen von Häusern unter Strafe stellt. Die Amsterdamer Hausbesetzerszene ist trotz des *kraakverbood* nach wie vor höchst lebendig: Anfang 2016 etwa wurde ein Haus am Wijde Heisteeg besetzt – Anlass war die Veröffentlichung eines praktischen Handbuchs: Darin wird detailliert beschrieben, wie man ein Haus besetzt. Infos bekommt man auf Wunsch auch in der Krakersprechstunde im Vondelbunker, die immer donnerstags von 19 bis 20.30 Uhr stattfindet (https://studentenkraakspreekuur.wordpress.com/). Auch die Justiz zeigt mitunter Verständnis: So entschied ein Richter 2016, dass die Bewohner das seit 1997 besetzte ADM-Terrain im Westlichen Hafengebiet nicht räumen müssen. Die Begründung dafür lautete: Die Belange der über 120 Bewohner seien wichtiger als die (wenig konkreten) Nutzungspläne des Eigentümers.

18 Rund um die Noorderkerk
Buntes Markttreiben vor historischer Kulisse

Schon Rembrandt van Rijn soll hier eingekauft haben. Bis heute ist der Markt auf dem Platz rund um die Noorderkerk ein Publikumsmagnet. Rund um die markante Noorderkerk drängen sich hübsche alte Häuser. Es gibt kaum etwas Schöneres, als sich vor oder nach dem Marktbummel auf einer der Caféterrassen niederzulassen und bei Kaffee und Apfelkuchen dem bunten Treiben zuzusehen.

Für die Bewohner des ringsum entstehenden Jordaan wurde ab 1620 die Noorderkerk errichtet, die dem Platz alsbald ihren Namen gab. Zeitgleich entstand für die Anwohner am vornehmen Grachtengürtel die Westerkerk – die sich im Laufe der Zeit zu einem Wahrzeichen des Jordaan mauserte, obwohl sie streng genommen außerhalb des Viertels liegt. Der Architekt Hendrick de Keyser (1565–1621) legte für die Noorderkerk einen revolutionären Entwurf vor: einen Grundriss in Form eines griechischen Kreuzes mit gleichlangen Armen. Dieser Grundriss fügte sich wie die Speichen eines Rades in eine gedachte Kreisform ein und der Kreis galt in der Renaissance als die ideale göttliche Form. Gleichzeitig entsprach der Grundriss auch besonders gut dem protestantischen Ritus, bei dem das Wort eine zentrale Rolle spielt: Von allen Kirchenbänken aus konnten die Gläubigen die zentrale Kanzel gut sehen. Die Innenausstattung war schlicht, nichts sollte die Gemeinde vom Wort Gottes ablenken. Ostern 1623 wurde das Gotteshaus in Gebrauch genommen. Heute wird die Kir-

Oben: Die Noorderkerk hat einen kreuzförmigen Grundriss.
Unten: Spontane Anprobe auf dem Noordermarkt

che immer noch für Gottesdienste, wegen ihrer hervorragenden Akustik aber auch für Musikveranstaltungen genutzt.

Nahe der Noorderkerk erinnert ein Denkmal mit drei weiblichen Figuren an den Jordaanaufruhr von 1934. Eine Gedenktafel an der Kirche hält die Erinnerung an den Februarstreik von 1941 wach, als viele Niederländer aus Protest gegen die Judenverfolgung in ihrem Land die Arbeit niederlegten.

Bio- und Trödelmarkt

Per Boot brachten die Bauern im 17. und 18. Jahrhundert ihre Waren auf den Noordermarkt, heute rollen die Marktbeschicker wie überall mit Lieferwagen an. Samstags von neun bis 17 Uhr gibt es hier auf dem beliebten Biomarkt frisches Obst und Gemüse, Brot, Käse und Wurst. Montags zwischen 9 und 13 Uhr ist auf der Westerstraat, die in den Noordermarkt einmündet, *Lapjesmarkt*: Stoffe, Vorhänge und Bettwäsche wurden hier ursprünglich gehandelt, inzwischen hat sich das Sortiment erweitert.

Das Neubaugebiet von einst ist mittlerweile längst denkmalwürdig: Rund um den Noordermarkt stehen mehr als 20 Gebäude unter Denkmalschutz. Ein schöner Giebelstein erzählt am Haus Noordermarkt 39/40 bildlich, wie die Krabbe mit einer List das Wettrennen gegen den Fuchs gewann. Sehens- und erhaltenswert ist auch der winzige Laden Flesch Records gleich hinter der Noorderkerk. Inhaber Herman Verkoop, ein passionierter Schallplattensammler, eröffnete ihn 1999. Im Angebot sind Schallplatten – vor allem klassische Musik, aber auch Jazz und Popmusik aus den 1960er- und 1970er-Jahren sowie alte Radios und Plattenspieler. Und damit sich das Ganze auch trägt, verkauft der Inhaber samstags zusätzlich noch Obst und Gemüse.

ESSEN UND TRINKEN

Café Restaurant Noordwest. Ultramodernes Lokal mit zwei Terrassen. Mo 9–1 Uhr, Di–Do und So 11–1 Uhr, Fr 11–3 Uhr, Sa 9–3 Uhr, Noordermarkt 42, 1015 NA Amsterdam, Tel. 020/624 36 89, www.restaurant-noordwest.nl

Winkel 43. Der Apfelkuchen ist legendär. Mo 7–1 Uhr, Di–Do 8–1 Uhr, Fr 8–3 Uhr, Sa 7–3 Uhr, So 10–1 Uhr, Noordermarkt 43, 1015 NA Amsterdam, Tel. 020/623 02 23, www.winkel43.nl

EINKAUFEN

de Weldaad. Alte Möbel und antike Baumaterialien. Mo, Sa 9–18 Uhr, Di–Fr 10–18 Uhr, So 13–17 Uhr, Noordermarkt 35–36, 1015 NA Amsterdam, Tel. 020/422 27 47, www.weldaad.com

Flesch Records. Schallplatten, Obst und Gemüse. Mo 11-15, Mi–Fr 13–17, Sa 10–18 Uhr geöffnet, Noorderkerkstraat 16, 1015 NB Amsterdam, Tel. 020/622 81 85

AKTIVITÄTEN

Noorderkerkconcerten. Programm und Tickets unter www.noorderkerkconcerten.nl

Kofferradios bei Flesch Records

Marnix-
pl.

Jordaan

Anjeliers-

Sloot str.
Tuin-
str.

Egelantiers-

Egelantiers

19
Hofjes

**Theo Thijssen
Museum**

Sozialer Wohnungsbau von einst:
der Karthuizerhof

19 Hofjes im Jordaan
Verborgene Idyllen

**Typisch für Amsterdam sind die _Hofjes_:
Eine Gruppe kleiner Häuser, die sich um
einen abgeschlossenen Innenhof gruppieren
und von der Straße aus nur durch einen
Tordurchgang zu erreichen sind. Die _Hofjes_
wurden in der Regel von vermögenden
Bürgern gestiftet, um Witwen, alleinstehenden Frauen oder bedürftigen alten
Menschen ein Dach über dem Kopf zu
bieten. Besonders viele dieser versteckten
Wohnidyllen gibt es im Jordaan.**

Im Jordaan, wo die Grundstücke billiger waren,
wurden zeitgleich zum Bau des Grachtengürtels
zahlreiche _Hofjes_ gestiftet. Als Stifter traten sowohl Glaubensgemeinschaften als auch wohlhabende Privatleute auf. Um in ein _Hofje_ aufgenommen zu werden, mussten Bewerber in der Regel
bestimmte Kriterien erfüllen: Neben der Bedürf-
tigkeit war dies oft ein Mindestalter, die Zugehö-
rigkeit zu einer bestimmten Konfession und ein
untadeliger Lebenswandel. Manche _Hofjes_ boten

GUT ZU WISSEN

BITTE RÜCKSICHT NEHMEN!

Die _Hofjes_ sind keine Freilichtmuseen, sondern in den
meisten Fällen bewohnte Privatwohnungen. Es ist die
reine Freundlichkeit der Bewohner, wenn sie tagsüber
die Zugangstür unverschlossen lassen, um Besuchern
einen Blick in ihr Hinterhofidyll zu ermöglichen. Sie
sind dazu nicht verpflichtet. Wenn Sie also ein offenes
Türchen finden, danken Sie den Bewohnern dieses
Entgegenkommen mit größtmöglicher Rücksichtnah-
me und respektieren Sie ihre Privatsphäre.

Hofjes-Rundgang durch den Jordaan

Etliche *Hofjes* sind auch heute noch tagsüber frei zugänglich. Wenn die Tür offen steht, kann man oft einen kurzen Blick hineinwerfen.

🅐 **Bossche Hofje** – Bossche Hofje und Raepenhofje teilen sich einen Innenhof. Dieser wurde 1648 gestiftet, Palmgracht 20–26.

🅑 **Raepenhofje** – Von 1648 Palmgracht 28–38.

🅒 **Constantiahofje** – Wohlhabende Privatiers stifteten im 19. Jahrhundert (1863–1864) das Constantiahofje, Willemsstraat 149–165.

🅓 **Lindenhofje** – 1616 erbaut. Heute ist es ein Kinderhospiz, Lindengracht 94–112.

🅔 **Suyckerhoff-Hofje** – Das Suyckerhoff-Hofje (1667) nahm nur Frauen mit friedlichem Gemüt auf, Lindengracht 149–163.

🅕 **Karthuizerhof** – Dieser Hof (1650) war für Witwen mit Kindern bestimmt, Karthuizerstraat 87–171.

🅖 **Broenshofje** – 1851 erbaut und heute in Privatbesitz, Boomstraat 52.

🅗 **Concordiahofje Noord** – 1864 erbaut, diente es als Unterkunft für alte Arbeiter, Westerstraat 221–289.

🅘 **Regenboogs-Liefdehofje** – 1806 erbaut, heute an Musikstudenten vermietet, Tuinstraat 100–102.

🅙 **Claes Claesz Hofje** – Die Anfänge des Claes Claesz Hofjes gehen bis ins Jahr 1616 zurück, Egelantiersstraat 28–54.

🅚 **Hofje De Zeven Keurvorsten** – Das Hofje (1645) bestand ursprünglich aus sieben Häuschen, Tuinstraat 197–225.

🅛 **Sint Andrieshofje** – Das Sint Andrieshofje ist eines der ältesten der Stadt (1614), Egelantiersgracht 107–141c.

🅜 **Huizen de Lely** – Die Huizen de Lely bilden seit 1965 eine Einheit mit dem Rijpenhofje. Erbaut wurden sie aber bereits 1872, Bloemstraat 129–141.

🅝 **Rijpenhofje** – 1736 erbaut, Rozengracht 116–138.

🅞 **Rozenhofje** – Von 1740, Rozengracht 147–181.

🅟 **Hofje Venetiae** – Vorbei am Rozenhofje geht es zum Hofje Venetiae (1650), in dem Hugenotten lebten, Elandsstraat 106–138.

🅠 **Hof van Parijs** – 1858 erbaut, diente es als Unterkunft für alte Arbeiter, Elandsstraat 158–178.

🅡 **Concordiahofje Zuid** – Zwischen 1858 und 1859 in der Elandsstraat 183–197 erbaut, diente es auch als Unterkunft für alte Arbeiter.

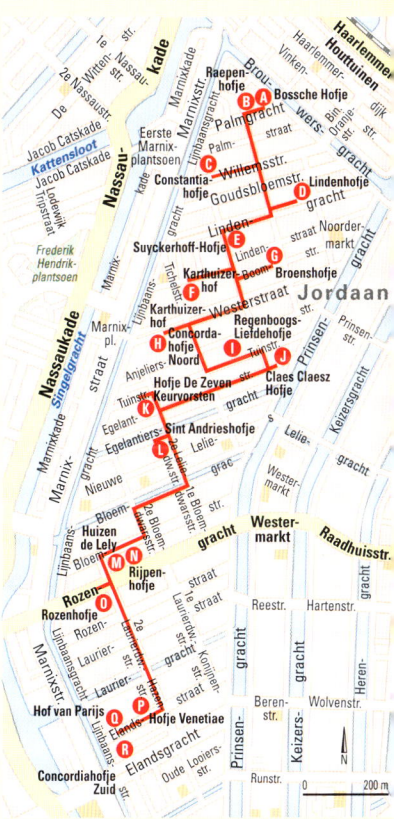

nur ein kostenloses Obdach, in anderen
gab es auch Lebensmittel, Heizmaterial
oder sogar finanzielle Zuwendungen.
Alle das Wohltaten musste man sich
jedoch verdienen. Das Leben in den *Hofjes*
unterlag meist einem strengen Reglement: Fluchen,
streiten und tratschen waren verboten, man musste
zu einer bestimmten Zeit zu Hause sein und zum
Teil an gemeinsamen Andachten teilnehmen.

Aufbau der Hofjes

Der Aufbau der *Hofjes* folgt meist dem gleichen
Grundprinzip: Um einen geschlossenen Innenhof
mit Wasserpumpe und Wiese zum Wäschebleichen
gruppieren sich kleine Wohnungen, manchmal mit
Kapelle. Die Eingänge zu den Wohnungen liegen
auf der Hofseite, der Hof selbst ist nur durch ein
Tor von der Straße aus zugänglich. Manchmal
verrät nut ein plötzlicher Sprung in den Hausnummern, dass sich hier ein *Hofje* verbirgt.

Hofjes-Rundgang

Der Giebelstein über der leuchtend rot gestriche-
nen Eingangstür des Raepenhofje (1648) erinnert
an dessen Stifter Pieter Adriaanszoon Raep: Unter
den Initialen PA prangt eine dicke Rübe (*raap*).

Das *Hofje* steht bis heute unter der Obhut eines Regenten aus der Familie des Stifters. Auch das Rozenhofje (1740) wird noch immer von der ursprünglichen Stiftung verwaltet. Das 1614 gestiftete St. Andrieshofje ist eines der ältesten noch bestehenden *Hofjes* in Amsterdam. Man erreicht es über einen mit alten Delfter Kacheln ausgekleideten Gang. Das Lindenhofje, 1616 von Mennoniten gestiftet, wechselte durch Verkauf 1801 die Konfession und beherbergte fortan ältere katholische Ehepaare. Heute dient der Gebäudekomplex als Kinderhospiz. Das Venetiahofje (1650) nahm ab 1685 hugenottische Flüchtlinge auf und wurde dafür im Gegenzug von städtischen Abgaben befreit.

Der große Karthuizerhof (1650) mit den markanten Trockengestellen vor den Fenstern ist eine städtische Gründung: Die für die Armenfürsorge zuständigen Huiszittenmeesters ließen diesen geräumigen Hof errichten. Er ersetzte eine Reihe kleinerer, über die ganze Stadt verteilter »Sozialwohnungen« und bot rund 100 Witwen mit Kindern und alleinstehenden Frauen Platz. Die Bewohnerinnen bekamen neben der kostenlosen Unterkunft wöchentlich einen Laib Brot, Käse und etwas Geld sowie einen Jahresvorrat an Torf.

Neueren Datums sind die Constantia-Wohnungen (1863–1864). Sie wurden im Zuge einer umfassenden Stadtsanierung im Jordaan von vermögenden Privatleuten gestiftet, die sich für bessere Lebensbedingungen für die Arbeiter engagierten. Auch die beiden Concordiahofjes und der Hof van Parijs gehen auf diesen »philantropischen Wohnungsbau« zurück und boten betagten Arbeitern eine kostenlose Unterkunft. Ein Beispiel für historisierende Stadterneuerung ist das Ensemble Claes Claeszhofje/Anslo's Hofje. Dessen Wurzeln gehen zwar auf das Jahr 1616 zurück, ein Teil der Gebäude stammt jedoch aus der zweiten Hälfte des 20. Jahrhunderts.

ESSEN UND TRINKEN

Café Hegeraad. Gemütliches Bruin Café. Mo–Do 8–1 Uhr, Fr, Sa 8–3 Uhr, So 11–1 Uhr, Noordermarkt 34, 1015 NA Amsterdam, Tel. 020/624 55 65

Café Thijssen. Ein prima Ausgangspunkt für eine Hofjestour. Mo–Do 8–1 Uhr, Fr 8–3 Uhr, Sa 7.30–3 Uhr, So 8–24 Uhr, Brouwersgracht 107, 1015 GD Amsterdam, Tel. 020/623 89 94, www.cafethijssen.nl

Moeders. Bilder von Müttern pflastern hier die Wände. Zur Eröffnung sollte jeder Gast ein Glas, Teller und Besteck mitbringen. Darauf wird bis heute bodenständige niederländische Küche serviert. Reservieren empfohlen. Mo–Fr 17–24 Uhr, Sa–So 12–24 Uhr (Küche bis 22.30 Uhr), Rozengracht 251, 1016 SX Amsterdam, Tel. 020/626 79 57, www.moeders.com

ÜBERNACHTEN

The Garden Bed & Breakfast. Intimes B&B mit nur einem Zimmer, ausgestattet mit Doppelbett, Kitchenette und einem Schlafsofa, auf dem auch zwei Kinder Platz finden. Egelantiersgracht 360, 1015 RR Amsterdam, www.thegardenbbamsterdam.nl

AKTIVITÄTEN

History trips. Murk Dijkstra führt durch den Jordaan. Termine nach Absprache von Mo bis Fr, Start: 14 Uhr am Haupteingang der Westerkerk, Kontaktadresse: St. Gilleshof 36, 1066 PZ Amsterdam, Reservierung per Tel. 066/42 53 10 61 oder E-Mail an info@historytrips.eu, www.historytrips.eu

20 Bruine Cafés
Eine Institution im Viertel

Der Jordaan ist berühmt für seine vielen Cafés. Die Eckkneipen dienten vielen Jordanezen als eine Art zweites Wohnzimmer, weil die kleinen Wohnungen den oftmals großen Familien wenig Platz boten. In den Bruine Cafés kam und kommt man nach der Arbeit *gezellig* zusammen – auch das stärkt das ausgeprägte Wir-Gefühl, das den Jordaan auszeichnet.

In den Bruine Cafés kommt seit jeher die Nachbarschaft zusammen – aber nicht zum Kaffeetrinken. Ein Café ist in Holland eine Kneipe, und getrunken wird hier eher ein *borreltje*, ein Genever, oder ein Bier. Dazu isst, wer mag, ein paar *borrelhapjes*: Gouda, herzhafte Wurst oder frittierte Bällchen aus Ragout, die *bitterballen* heißen. Bruine Cafés zeichnen sich häufig durch eine gleichmäßige, durch jahrzehntelangen Tabakkonsum erzielte Patina an Wänden und Decke aus.

Immer wieder gern diskutiert wird die Frage, welches der Cafés denn wohl das älteste ist. Ein aussichtsreicher Kandidat ist das »Café Chris« an der Bloemstraat, 1624 als eines der ersten Steinhäuser der Stadt erbaut. Beim Bau der Westerkerk sollen die Bauarbeiter hier ihren Lohn ausgezahlt bekommen haben. Nicht viel jünger ist das »Café Papeneiland«, das seit 1642 in einem der meistgemalten und -fotografierten Eckhäuser der Stadt ansässig ist. Durch die hohen Fenster fällt der Blick auf die Einmündung Brouwers-/Prinsengracht. Blau-weiße Kacheln an der Wand, ein schön verzierter gusseiserner Ofen und Teppiche auf den Tischen vermitteln das Flair längst vergangener Tage. Vom Keller aus soll früher ein

Oben: Im »Café de twee Zwaantjes« wird gern und oft gesungen.
Unten: Das »Café Papeneiland« steht unter Denkmalschutz.

Geheimgang zu einer katholischen Schlupfkirche in der Nachbarschaft geführt haben.

Eine echte *drankorgel* ziert noch die Theke des »Café 't Smalle« – so nannte man früher Zapfanlagen, aus denen man Hochprozentiges direkt aus dem Fass in von den Gästen mitgebrachte Flaschen abfüllen konnte. Tatsächlich befand sich an der Stelle des heutigen Cafés eine Brennerei. Neben der Wendeltreppe, die auf die Empore hinaufführt, und den Bleiglasfenstern sind noch viele alte Elemente erhalten geblieben. Der ehemalige Anleger dient heute als schwimmende Terrasse.

Das Levenslied

In manchen Kneipen im Jordaan wird noch immer die Tradition der Levenslieder hochgehalten. Diese auch *smartlappen* (»Schmachtfetzen«) genannten Schlager, die das Lebensgefühl der Jordanezen widerspiegelten, hatten ihre große Blütezeit in den 1950er-Jahren. In den Liedern geht es meist um Liebe, Sehnsucht, Heimweh und die alten Zeiten, als man noch in Wohl und Wehe zueinanderhielt. Stars wie Johnny Jordaan (1924–1989), Tante Leen (1912–1992) oder Willy Alberti (1926–1985) rührten damit ein großes Publikum.

Die Schnulzen werden in der Regel auf dem Akkordeon oder der Hammondorgel begleitet und haben bis heute ihren festen Platz in den traditionsbewussten Lokalen – im »Café de twee Zwaantjes« zum Beispiel ist regelmäßig ein Akkordeonspieler zu Gast. Musikalisch geht es auch im »Café Rooie Nelis« zu, dessen legendäre Wirtin, die »Blonde Sien«, von ihrem zehnten Lebensjahr an bis weit in ihre Achtziger dort hinterm Tresen stand. Hier war selbst Königin Beatrix schon zu Gast.

ESSEN UND TRINKEN

Café Chris Anno 1624. Bodenständig und gemütlich. Mo–Do 15–1 Uhr, Fr–Sa 15–2 Uhr, So 15–21 Uhr, Bloemstraat 42, 1016 LC Amsterdam, Tel. 020/624 59 42, www.cafechris.nl

Café de twee Zwaantjes. Hier wird noch oft und gern gesungen. So–Do 15–1 Uhr, Fr–Sa 15–3 Uhr, Prinsengracht 114, 1015 EA Amsterdam, Tel. 020/625 27 29, www.cafedetweezwaantjes.nl

Café Rooie Nelis. Typisch, urig, legendär. Mo–Do 12–1 Uhr, Fr–So 12–3 Uhr, Laurierstraat 101, 1016 PK Amsterdam, www.facebook.com/caferooienelis

Café Papeneiland. Traditionslokal unter Denkmalschutz. Mo–Do 12–1 Uhr, Fr, Sa 10–3 Uhr, So 12–1 Uhr, Prinsengracht 2, 1015 DV Amsterdam, Tel. 020/624 19 89, www.papeneiland.nl

Café 't Smalle. Direkt an der Gracht. Mo–Do, So 10–1 Uhr, Fr–Sa 10–2 Uhr, Egelantiersgracht 12, 1015 RL Amsterdam, Tel. 020/623 96 17, www.t-smalle.nl

Direkt an der Gracht: »Café 't Smalle«

21 Entlang der Haarlemmerstraat
Coffeeshops und schicke Lädchen

Die Haarlemmerbuurt, westlich des Hauptbahnhofs gelegen, hat sich in Teilen noch immer ihren dörflichen Charakter bewahrt. Wer denkt hier schon an New York? Und doch fiel hier, am beschaulichen Herenmarkt, im Jahre 1625 eine Entscheidung, die letztlich zur Gründung New Yorks führen sollte: Die Herren der West-Indischen Compagnie beschlossen, eine Siedlung auf der Insel Manhattan zu errichten.

In der Haarlemmerbuurt kennt man sich noch. Beim Metzger um die Ecke halten die Einheimischen ein gemütliches Schwätzchen. Das Viertel entlang der Haarlemmerstraat wirkt gemütlich und familiär, die Mischung aus alteingesessenen und neuen, individuellen Läden ist einfach unwiderstehlich: Die Haarlemmerstraat und ihre Verlängerung, der Haarlemmerdijk, wurden 2012 zur besten Einkaufs-

Oben: Beste Einkaufsstraße der Niederlande: die Haarlemmerstraat
Unten: Innenhof im Haus der West-Indischen Compagnie

GUT ZU WISSEN

KIFFER-PASS IST VOM TISCH

Harte Drogen sind in Holland verboten, weiche werden toleriert. Coffeeshops dürfen an Personen über 18 Jahre bis zu fünf Gramm Cannabis für den Eigenkonsum verkaufen. Überlegungen, den Zugang zu Coffeeshops nur noch Niederländern zu gestatten und dies per »Kiffer-Pass« zu kontrollieren, wurden in Amsterdam nicht umgesetzt. Übrigens: Für herkömmliche Zigaretten gilt auch in den Coffeeshops das allgemeine Rauchverbot …

straße der Niederlande gekürt. Schicke Cafés, trendige Modeboutiquen, Designerläden und traditionelle Einzelhändler üben sich hier in friedlicher Koexistenz; selbst die Coffeeshops stören hier nicht sonderlich, in denen der Verkauf und Genuss geringer Mengen von weichen Drogen wie Cannabis geduldet wird. Wer schon immer einmal Matjes probieren wollte: Der Heringsstand Stubbe's Haring am Singel gleich am Anfang der Haarlemmerstraat ist eine Institution.

Die West-Indische Compagnie

Am heutigen Herenmarkt stand früher ein Stadttor, die Haarlemmerpoort, durch das Waren und Menschen aus und nach Haarlem gelangten. Auf dem Herenmarkt, der damals noch Varkensmarkt (»Ferkelmarkt«) hieß, wurde 1617 ein ansehnliches Gebäude errichtet. Im Erdgeschoss verkauften Metzger Fleisch, im ersten Stock waren Räume für die Stadtwache.

Nur sechs Jahre später zog hier die 1621 gegründete West-Indische Compagnie (WIC) ein, die das holländische Handelsmonopol für die amerikanische Atlantikküste und Westafrika besaß. Sie war nach dem gleichen Prinzip wie die Oost-Indische Compagnie organisiert, mit einem Direktorium, welches das operative Geschäft betrieb. Diese »Heren XIX« beschlossen 1624, die Kolonie Nieuw Nederland zu gründen, zu der auch eine Niederlassung an der Südspitze der Insel Manhattan gehörte. Diese wurde ab 1625 ausgebaut, auf den Namen Nieuw Amsterdam getauft und erhielt sogar Stadtrechte. Unter der Ägide ihres letzten niederländischen Gouverneurs Pieter Stuyvesant (1612–1672), dessen Statue den Brunnen im Innenhof des West-Indisch Huis krönt, nahm die Kolonie einen raschen wirtschaftlichen Aufschwung, vor allem durch den Handel mit Tabak und Pelzen. Doch 1664 jagten

SCHÖNER WOHNEN FÜR ARBEITER

Wie ein Schiffsbug schiebt sich die imposante Backsteinfassade dem Betrachter entgegen. Der expressionistische Wohnblock steht im Stadtviertel Spaarndammerbuurt, das Ende des 19. Jahrhunderts als Arbeitersiedlung geplant wurde. Als letzten von drei Wohnblocks schuf Architekt Michiel de Klerk, ein Vertreter der Amsterdamer Schule, einen hochmodernen Komplex, der 102 Wohnungen, eine Grundschule und ein Postamt beherbergte. Er wurde aufgrund seiner Form »Het Ship« und aufgrund der architektonischen Grandezza *Arbeiderspaleis* (»Arbeiterpalast«) genannt. Im ehemaligen Postamt ist heute ein Museum untergebracht.

Museum Het Schip. Di–So 11– 17 Uhr, 1. Jan, 27. April und 25. Dez. geschl., Spaarndammerplantsoen 140, 1013 XT Amsterdam, Tel. 020/418 28 85, www.hetschip.nl

englische Truppen der WIC die Kolonie ab –
aus Nieuw Amsterdam wurde New York.

Der Reichtum der West-Indischen Compagnie
gründete sich anfangs nicht nur auf Handel. Ihre
Schiffe waren mit Kaperbriefen ausgestattet und
betrieben auch Piraterie. So machte der im Dienst
der WIC stehende Kapitän Piet Hein reiche Beute,
als ihm 1628 während eines Sturms ein Teil der
spanischen Schatzflotte mit einer gewaltigen Ladung Silber in die Hände fiel. Prächtig verdiente
die WIC auch am Sklavenhandel, und zwar dank
eines hochprofitablen Kreislaufs: Von Amsterdam
aus steuerten die Westindiensegler zunächst die
Küste Westafrikas an und nahmen dort Sklaven
an Bord, um sie anschließend an die Zuckerrohr-
plantagen in der Karibik zu verkaufen. Der Kauf-
preis war zum Teil in Zucker zu entrichten, der zusammen mit anderen Produkten aus den Kolonien
zurück nach Amsterdam transportiert wurde. Erst
1799, nach dem Verlust weiterer Kolonien, wurde
die West-Indische Compagnie schließlich aufgelöst.
Seit 1987 pflegt hier das John Adams Institute den
amerikanisch-niederländischen Kulturaustausch.

Posthoornkerk

Die erste Kirche, die der Architekt Petrus J. H.
Cuypers (1827–1921) in Amsterdam baute, stellte
ihn gleich vor eine beachtliche Herausforderung.
Das 1889 fertiggestellte Gotteshaus stand nicht
frei, sondern musste innerhalb einer bestehenden
Bebauung errichtet werden. Aus diesem Grund
wurde es sehr hoch ausgeführt, um über die umliegenden Häuser hinweg gut sichtbar zu sein.
Die Kirche löste eine Schlupfkirche in einer alten
Postkutschenstation ab und wird wie ihre Vorgän-
gerin Posthoornkerk genannt. Die heutige Haarlemmerpoort am Haarlemmerplein wurde 1840
errichtet und als Zollhaus genutzt.

Oben: Im Coffeeshop gibt's
Haschisch in kleinen Mengen.
Unten: Die elegante Fassade
der Posthoornkerk

Infos und Adressen

SEHENSWÜRDIGKEITEN

Posthoornkerk. Die Kirche wird heute für Veranstaltungen vermietet. Haarlemmerstraat 124–126, 1013 EX Amsterdam, www.stadsherstel.nl/68/posthoornkerk

ESSEN UND TRINKEN

De Belhamel. Gehobenes Mittags- und Abendlokal mit Art-déco-Interieur. Mittagessen tgl. 12–16 Uhr, Abendessen: So–Do 18–22 Uhr, Fr–Sa 18–22.30 Uhr, Brouwersgracht 60, 1013 GX Amsterdam, Tel. 020/622 10 95, www.belhamel.nl

Stubbe's Haring. Nur eine kleine Verkaufsbude, aber ideal für einen leckeren Happen unterwegs. Di–Sa 9–21 Uhr, Mo, So geschl., Singel/Haarlingersluis, 1013 GA Amsterdam

Vesper Bar. Charmante kleine Bar mit hervorragenden Cocktails. Di–Do 20–1 Uhr, Fr–Sa 17–3 Uhr, So geschl., Vinkenstraat 57, 1013 JM Amsterdam, www.vesperbar.nl

ÜBERNACHTEN

The Bank Hotel. Vier-Sterne-Hotel in einem alten Bankgebäude mit 24 Zimmern. Haarlemmerstraat 120, 1013 EX Amsterdam, Tel. 020/667 80 86, www.thebankhotelamsterdam.nll

Was dieser Küchenchef wohl empfiehlt?

Davon träumen Leckermäulchen …

EINKAUFEN

Caulils Delicatessen. Ausgezeichnetes Feinkostgeschäft, unbedingt die köstlichen Tostis probieren! Di–Fr 11–19 Uhr, Sa 9–18 Uhr, So, Mo geschl., Haarlemmerstraat 115, Tel. 020/412 00 27, www.caulils.com

Kinki. Schräg-schriller Frisör – in den 1980er-Jahren stylte man hier Punkfrisuren. Mo–Fr 9.30–18 Uhr, Do bis 21 Uhr, Sa 9.30–17.30 Uhr, So geschl., Haarlemmerdijk 17, 1013 JZ Amsterdam, Tel. 020/625 60 00, www.kinki.nl

Concrete matter. Ein toller Laden voller Jungssachen: Schiebermützen, Äxte, Globen, Sturmlaternen, Lederkoffer … Mo 13–18 Uhr, Di–Sa 10–18 Uhr, So 12–17 Uhr, Haarlemmerdijk 127, 1013 KE Amsterdam, Tel. 020/261 09 33, www.concrete-matter.com

Sukha. Stylisher Laden mit Mode und (Wohn-) Accessoires. Mo 11–18.30 Uhr, Di–Sa 10–18.30 Uhr, So 12–17 Uhr, Haarlemmerstraat 110, 1013 EW Amsterdam, Tel. 020/330 40 01, www.sukha-amsterdam.nl

AKTIVITÄTEN

The John Adams Institute. Interessantes Programm mit Lesungen und Vorträgen amerikanischer Autoren und Wissenschaftler an unterschiedlichen Orten in ganz Amsterdam. West-Indisch Huis, Herenmarkt 97, 1013 EC Amsterdam, Tel. 020/624 727 80, www.john-adams.nl

Oben: Geschickt umgenutzt:
von der Gas- zur Kulturfabrik
Unten: Spektakuläre Deckenkon-
struktion im alten Gasbehälter

22 Westerpark und Westergasfabriek
Kultur, Natur und Industrie-kulisse

Bis in die 1960er-Jahre hinein war dies das größte Gaswerk der Stadt. Heute ist es ein kultureller Hotspot, der mit einem vielfältigen Veranstaltungsprogramm und außergewöhnlichem Ambiente immer mehr Besucher anzieht. Auch die Industriebrache drumherum hat sich gemacht: Sie wurde zu einem weitläufigen Park umgestaltet, der mittlerweile mehrere internationale Auszeichnungen erhalten hat.

Das Gelände war günstig gelegen, zwischen dem Kanal und der Eisenbahn und mit einer guten Straßenanbindung. Darum baute die Imperial Continental Gas Association 1885 hier ihr neues Gaswerk, die Westergasfabriek. Amsterdam war ein modernes Gemeinwesen, erleuchtet durch Gaslampen und -laternen, und damit in der Stadt nicht die Lichter ausgingen, musste mehr und mehr Gas produziert werden. Dem Architekten der neuen Fabrik, Isaac Gosschalk (1838–1907) gelang es, mit einem streng auf Symmetrie beruhenden Entwurf im Stil der Holländischen Neorenaissance den funktionalen Charakter der Gebäude mit einem ansehnlichen Äußeren zu verbinden. Auch technisch war das Werk zu seiner Zeit auf dem allerneuesten Stand. Doch irgendwann war es rentabler, Gas aus Hochöfen und später auch Erdgas zu verwenden. Ende der 1960er-Jahre war Schluss mit der Gasproduktion.

Urban Park Laboratories

Als das Gelände 20 Jahre später schließlich ganz aufgegeben wurde, stellte sich die schwierige

(map labels:) straat · Westerpark · Stadsdeelkantoor Westerpark 22 · Haarlemmervaart · Van Hogendorppl. · V.d. Duijnstr. · ...enkade · Nassauplein · Wester...park

Frage: Wie nutzt man ein ehemaliges Industriegelände mit mutmaßlich belastetem Boden und denkmalgeschützten Gebäuden darauf? Ein Ideenwettbewerb wurde ausgerufen und damit die Industriedenkmäler während der Auswertungs- und Planungsphase nicht von Hausbesetzern übernommen wurden, stellte man sie auf der Basis von Einjahres-Mietverträgen verschiedenen Kulturprojekten zur Verfügung. Fast zehn Jahre dauerte diese Übergangzeit, in der geplant, verworfen und neu geplant wurde. Nach einer umfassenden Bodensanierung umgibt nun ein 14 Hektar großer Park die historischen Fabrikgebäude, der den Anwohnern der umliegenden Wohnviertel vielfältige Freizeitmöglichkeiten bietet. Eine tolle Idee sind die drei *Fluisterbanken* (»Flüsterbänke«), die auf dem Gelände der Westergasfabriek verteilt sind: Hier kann man den persönlichen Erzählungen anderer Parkbesucher lauschen oder selbst eine hinterlassen. Die Bänke sind Teil des Projekts »Urban Park Laboratories«, das den Park mithilfe mobiler digitaler Technologie für die Besucher nutzbar machen will – etwa mit einem »QR Parkleser«: Scannt man mit dem Smartphone einen der im Park und an den Gebäuden angebrachten Codes, erhält man nähere Informationen zu diesem Ort. Passend dazu gibt es einen kostenlosen Wi-Fi-Zugang auf dem gesamten Areal der Westergasfabriek.

Zuhause für Künstler

Mehr als 100 temporäre Mieter durchliefen binnen zehn Jahren die alte Gasfabrik, hunderte von Veranstaltungen fanden statt. Nach einer Renovierungspause sind nun aus vielen der temporären Nutzer dauerhafte Mieter geworden. Zusammen mit wechselnden Events (etwa einer BMX-Meisterschaft) und wiederkehrenden Highlights wie dem PITCH-Festival für elektronische Musik hat die

Westergasfabriek über die Jahre ein unverwechsel-
bares kulturelles Profil entwickelt und gilt heute
international als Musterbeispiel für eine gelungene
Umnutzung. Auch die Amsterdamer sind auf den
Geschmack gekommen – die Westergasfabriek ist
längst kein Geheimtipp mehr. Wer will, kann hier
einen kompletten Ausgehabend bestreiten: Verschiedene Restaurants stehen zur Auswahl. Sehr
beliebt sind die Dinnerkonzerte im »North Sea Jazz
Club«, in dem sich bekannte und aufstrebende
Musiker die Klinke in die Hand geben.

Het Ketelhuis

Das durch eine Stiftung getragene Arthouse-Kino
Het Ketelhuis wird landläufig »die Kantine des niederländischen Films« genannt. Eine Schar Freiwilli-
ger sorgt dafür, dass täglich ein anspruchsvolles
Programm aus vorwiegend niederländischen, aber
auch europäischen Produktionen zu sehen ist.
Regelmäßig finden hier Filmpremieren statt. Bei
Familien sehr beliebt ist die »Westergasterras« gleich
neben dem großen Gasometer mit herrlichem Blick
auf den Park und den Wassergarten.

Oben: Neue Musik in alten Mauern:
der »North Sea Jazz Club«
Unten: Kunst im Grünen: im Park
rund um die Westergasfabriek

Infos und Adressen

ESSEN UND TRINKEN

Pacific Park. Hier trifft man sich bei Kaffee und Kuchen auf der sonnigen Terrasse oder am Wochenende zum Tanzen. Mo–Mi 11–1 Uhr, Do ab 11 Uhr, Fr, Sa 11–3 Uhr, So 11–23 Uhr, Lunch 11.30–16 Uhr, Dinner 18–22 Uhr, Do, Fr, Sa Tanz ab 23 Uhr, Polonceaukade 23, 1014 DA Amsterdam, Tel. 020/488 77 78, www.pacificpark.nl

Westergasterras. Nach einem Umbau präsentiert sich das beliebte Lokal generalüberholt. Mo–Do 11–1 Uhr, Fr 11–3 Uhr, Sa 10–3 Uhr, So 10–1 Uhr, Küche tgl. 11–22 Uhr, Klönneplein 4–6, 1014 DD Amsterdam, Tel. 020/684 84 96, www.westergasterras.nl

ÜBERNACHTEN

Hotel De Windketel. Das kleine Türmchen beherbergte einst ein Druckausgleichsgefäß der Wasserwerke. Jetzt ist es eine ausgefallene Gästeunterkunft für zwei Personen (Reservierung über die Webseite). Watertorenplein 2–L, 1051 PA Amsterdam, info@windketel.nl, www.windketel.nl

AUSGEHEN

Het Ketelhuis. Das anspruchsvolle Programm lockt Filmliebhaber von weither. Das Café serviert ab 12 Uhr Suppen, Snacks und drei wechselnde Tagesgerichte. Pazzanistraat 4, 1014 DB Amsterdam, Tel. 020/684 00 90, www.ketelhuis.nl

North Sea Jazz Club. Café und Jazzclub unter einem Dach. Einlass bei Stehkonzerten ab 20 Uhr, bei Dinerkonzerten ab 19 Uhr zum Abendessen, Konzertbeginn jeweils um 21 Uhr, Mittwochs ab 20 Uhr Jam-Session in Billy's Bar im Hause (Eintritt frei), Pazzanistraat 1, 1014 DB Amsterdam, Tel. 020/722 09 80 (Club, Kartenbestellung), www.northseajazzclub.com

Anspruchsvolles Arthouse-Kino bietet Het Ketelhuis.

Eines der vielen Open-Air-Konzerte auf dem Dam vor dem königlichen Palast

Auch mit einem überschaubaren Reisebudget kann man in Amsterdam viel sehen und erleben. Das Angebot an kostenlosen Kulturevents ist beachtlich und auch für viele interessante und schöne Fleckchen muss kein Eintrittsgeld entrichtet werden. Wer sich zusätzlich noch eines der cleveren Spartickets besorgt, kann von zahlreichen Ermäßigungen profitieren und bekommt hie und da sogar ein kleines Geschenk.

Mit dem Kauf der I Amsterdam City Card bekommt man eine kostenlose Grachtenrundfahrt sowie freien oder ermäßigten Eintritt in viele Museen und kann die öffentlichen Verkehrsmittel unbegrenzt nutzen (Kosten: 55 Euro für 24 Stunden, 65 Euro/48 Stunden, 75 Euro/72 Stunden, 85 Euro/96 Stun-

den, Info und Onlinebuchung:
www.iamsterdam.com > City Card).
Für zehn Euro zusätzlich ist man mit
dem Amsterdam & Regio Travel Ticket
24 Stunden lang im Großraum Amsterdam mobil – ideal für Ausflüge in die
Umgebung (Infos unter www.iamsterdam.com > Besuchen > Transport >
Öffentlicher Nahverkehr).

Kultur im Überfluss

Im neuen Filmmuseum Eye kann man
kostenlos in 100 Jahren Filmgeschichte
stöbern (www.eyefilm.nl). Restplatzkarten für Theater und Konzerte gibt's online unter www.lastminuteticketshop.nl.
Kostenlose Lunchkonzerte veranstalten
das Muziektheater (Sept.–Mai, Di 12.30
Uhr, Info: www.operaballet.nl) und
das Concertgebouw (Mi 12.30 Uhr, Info:
www.concertgebouw.nl). Das Muziekgebouw aan't IJ kombiniert kostenlose
Führung und gratis Lunchkonzert
(Do 10.45 Uhr, Termine: www.muziekgebouw.nl). Im Bimhuis stehen oft kostenlose Workshops und Sessions auf dem
Programm (Info: www.bimhuis.com),
auch das Conservatorium van Amsterdam lockt mit Gratiskonzerten an
verschiedenen Spielorten (Info:
www.ahk.nl/conservatorium). Das Open-
Air-Theater im Vondelpark bietet an den
Sommerwochenenden ein kostenloses
Kulturprogramm (Info: www.openlucht-

theater.nl). Im August läutet der Uitmarkt die neue Kultursaison ein – mit
Gratisvorstellungen am Museumplein
und Leidseplein (www.uitmarkt.nl).
Kunstgenuss umsonst gibt's auch
beim jährlichen Grachtenfestival
(www.grachtenfestival.nl).

Schöne Aussichten

Wer mit der kostenlosen Pendelfähre
vom Hauptbahnhof nach Noord übersetzt, kann eine tolle Panoramasicht
genießen. Auch vom obersten Stockwerk der Stadtbibliothek am Oosterdok
(www.oba.nl) und von der Dachterrasse
des Museums NEMO hat man gratis
einen tollen Blick (www.e-nemo.nl).
Frei zugänglich sind auch die »Schatzkammer« im Stadtarchiv (www.amsterdam.nl/stadsarchief), der schön gestaltete Artisplein im Tierpark (www.artis.nl),
der Innenhof des Schifffahrtsmuseums
(www.hetscheepvaartmuseum.nl) und
die Gemäldegalerie Schuttersgalerij neben dem Stadtmuseum (www.amsterdammuseum.nl). Die Diamantschleiferei
Gassan veranstaltet täglich kostenlose
Führungen (vorab reservieren unter
www.gassan.com > Tours). Während der
»Restaurantweek« bieten viele Lokale alle
zwei Jahre im Frühjahr und im Herbst
spezielle Menüs zu einem sensationellen
Preis an (unbedingt frühzeitig reservieren, www.restaurantweek.nl).

23 Westliche Hafeninseln
Neues Leben für das westliche Hafengebiet

Kaum einen Steinwurf von der Innenstadt entfernt lagen die Westelijke Eilanden, die drei westlichen Hafeninseln, lange im Dornröschenschlaf. Jetzt sind sie wieder wach – und wie! Die Wohnungen in den alten Lagerhäusern sind heiß begehrt. In den spektakulären Neubauten auf dem Westerdokseiland und dem Silodam sind viele neue Wohnungen direkt am Wasser des IJ entstanden.

Zu Beginn des 17. Jahrhunderts florierte der Seehandel und der Hafen von Amsterdam platzte aus allen Nähten. Zwischen 1613 und 1615 wurden darum drei künstliche Inseln aufgeschüttet, um Raum für Schiffswerften und Lagerhäuser zu schaffen. Auf den Inseln, die durch hölzerne Hebebrücken miteinander verbunden wurden, siedelten sich Schiffswerften und Seilereien an. Hier wurde Teer gekocht und Fisch geräuchert. Auch die West-Indische Compagnie ließ hier Schiffe bauen.

Packhausflair

Fast 300 Jahre lang waren die westlichen Hafeninseln ein betriebsames Gewerbegebiet. Durch den Bau des 1889 fertiggestellten Hauptbahnhofs verlagerte sich der Hafenbetrieb. Mitte des 20. Jahrhunderts hatten die Westelijke Eilanden in wirtschaftlicher Hinsicht den Anschluss verloren. Die Gegend verfiel und verkam. Zuletzt lebten hier nur noch wenige Hundert Menschen.

Oben: Ehemalige Speicherhäuser auf dem Prinseneiland
Unten: Die »Drei-Herings-Brücke«

Rundgang über die Westlichen Hafeninseln

Ein beschaulicher Platz an der Sonne

A Haarlemmerplein – Vom Haarlemmerplein aus führt die rechte, schmalere Unterführung unter den Bahngleisen hindurch zum Ufer der Prinseneilandsgracht. Hier wurde einst Teer gekocht, wie der Straßenname Nieuwe Teertuinen erahnen lässt.

B Sloterdijkerbrug – Über die schmale Sloterdijkerbrug, eine doppelte Zugbrücke, gelangt man auf das Prinseneiland.

C Haus Prinseneiland Nr. 269–283 – Rechts und links sind einige besonders schöne Lagerhäuser zu sehen: Der Giebelstein am 1664 erbauten Haus Prinseneiland Nr. 269–283 zeigt das traditionelle Symbol aufopfernder Liebe: einen Pelikan, der seine drei Jungen mit seinem eigenen Blut füttert. Die zweiflügeligen Luken vor den Fensteröffnungen, die jetzt ständig offen stehen, wurden früher nur zum Be- und Entladen der Speicherhäuser geöffnet.

D Drieharingenbrug – Die schmale Drieharingenbrug führt über die von Booten gesäumte Rea-

lengracht. Am Zandhoek füllten die auslaufenden Schiffe einst Sand als Ballast in ihre Laderäume.

E Kaufmannshäuser – Die schönen Kaufmannshäuser sind mit Giebelsteinen geschmückt: Das Eckhaus Nr. 14 ziert ein goldener Real, eine schön gearbeitete Münze. An den Häusern Nr. 11 und 12 erinnern ein Anker und ein Schiff an die maritime Vergangenheit der Inseln und am Haus Nr. 4 gehen gerade einige Tiere an Bord der Arche Noah. Über die Zandhoeksbrug gelangt man hinüber nach Bickerseiland, wo in den 1960er-Jahren schon mit dem Abriss begonnen wurde.

F Kinderbauernhof – An der Bickersgracht liegt der beliebte Kinderbauernhof. Via Hendrik Jonkerplein, Blokmaker- und Ketelmakerstraat geht es unter den Bahngleisen hindurch und über die Westerdokskade zum Westerdoksplein. Die moderne, ziemlich steile Fußgänger- und Fahrradbrücke führt hinüber zum Westerdokseiland mit seiner modernen hochverdichteten Bebauung.

G Restaurant Wolf Atelier – Zur Rechten liegt eine umfunktionierte Drehbrücke, die jetzt das Restaurant »Wolf Atelier« beherbergt.

Ateliers und Werkstätten

Zunächst schien es so, als würde ein üblicher Gentrifizierungsprozess stattfinden: In einigen der leer stehenden Packhäuser richteten sich junge Künstler Atelierräume ein. Doch parallel dazu kauften Projektentwickler leer stehende Gebäude und auch die Stadt hatte andere Pläne. Die Inseln sollten mit Bürogebäuden komplett neu bebaut werden. Unter dem Motto »Kein Manhattan auf den Inseln« kämpften alteingesessene und neue Inselbewohner vehement gegen diese Pläne. Ein Bürokomplex wurde zwar dennoch errichtet, doch die Bewohner schafften es, den geplanten Kahlschlag zu stoppen und weite Teile der alten Bausubstanz zu erhalten. In den 1990er-Jahren entdeckten immer mehr gut situierte Amsterdamer das dörfliche Idyll direkt vor ihrer Haustür. Die meisten Werk-

Oben: Auf dem Realeneiland scheint die Zeit stillzustehen.
Unten: Extravagante Neubauten am Ufer des IJ

stätten und Lagerhäuser sind mittlerweile zu hochpreisigen Wohnungen umgebaut. Neubauprojekte, etwa der umstrittene Komplex Bickerswerf, kamen hinzu.

Bickerseiland

Jan Bicker (1595–1653), der einer reichen Kaufmannsfamilie entstammte, kaufte die größte der drei Inseln im Jahre 1631 und errichtete dort Speicher und Wohnhäuser. Am nördlichen Ende der Bickersgracht, wo in den 1960er-Jahren der geplante Abriss schon begonnen hatte, ist heute eine Mischung aus alten und neuen Häusern zu sehen. Heute ist kaum vorstellbar, dass für die liebevoll herausgeputzten Backsteinhäuschen vor 50 Jahren noch der Abriss als einzig mögliche Sanierung erschien. Grachtengärtchen säumen die Ufer, vor fast jedem Haus ist ein Boot vertäut. Mittendrin liegt die Kinderboerderij de Dierenkapel, ein Streichelzoo mit frei laufenden Hühnern, Gänsen, Ziegen und Kaninchen.

Prinsen- und Realeneiland

Auf dem Prinseneiland wurde erst 1623 mit dem Verkauf von Bauparzellen begonnen. Hier entstanden besonders viele Packhäuser. Einige besonders schöne sind entlang der Prinseneilandsgracht zu sehen.

Am Zandhoek wurde früher der Sand verkauft, den die auslaufenden Schiffe als Ballast an Bord nahmen. Die wunderschönen Grachtenhäuser entlang dieser Straße zeugen vom Wohlstand ihrer Erbauer. Von hier fällt der Blick hinüber auf das Westerdokseiland, einen ehemaligen Gleisdamm mit hochverdichteter, moderner Bebauung und sowie Silodam, eine ehemalige Kranspur, auf der sich ein spektakulärer zehngeschossiger Wohnkomplex mit kunterbunter Fassade erhebt.

ESSEN UND TRINKEN

Bickers aan de Werf. Schnörkelloses Café-Restaurant mit schönem Blick übers Wasser. Mi–Fr 12–22 Uhr, Sa–So 13–22 Uhr, Mo–Di geschl., Bickerswerf 2, 1013 KX Amsterdam, Tel. 020/320 29 51, www.bickersaandewerf.nl

Wolf Atelier. Im Restaurant auf einer ehemaligen Drehbrücke verwöhnt der Österreicher Michael Wolf seine Gäste. Mo–Sa Lunch 12–15 Uhr, Dinner 18–1 Uhr, Westerdoksplein 20-brug, 1013 AZ Amsterdam, Tel. 020/344 64 28, info@wolfatelier.nl, www.wolfatelier.nl

't Blaauwhooft. Gemütliches Café mit toller Terrasse und niederländischer Küche. So–Do 15–1 Uhr, Fr–Sa 15–2 Uhr, Küche abends 18–22 Uhr, Hendrik Jonkerplein 1, 1013 KM Amsterdam, Tel. 020/623 87 21, www.blaauwhooft.nl

ÜBERNACHTEN

Bickersbed Guestrooms. Hübsche Mini-Apartments, jeweils mit eigenem Bad und Küche, Bügeleisen und Föhn. Schiemanstraat 1, 1013 SN Amsterdam, www.bickersbed.nl

AKTIVITÄTEN

Kinderboerderij De Dierencapel. Tiere streicheln und füttern auf einem netten Kinderbauernhof. Di–So 9–17 Uhr, Bickersgracht 207, 1013 LH Amsterdam, Tel. 020/420 68 55, www.dedierencapel.nl

Pluk de Nacht. Sommerliches Open-Air-Kino am Stenen Hoofd/Westerdoksdijk, Infos und Termine unter www.plukdenacht.nl

OUD–ZUID UND DE PIJP

24 Ausgehmeile Leidseplein
Am Times Square von Amsterdam **138**

25 Museumplein und Spiegelkwartier
Kunst, Kunst, Kunst **144**

26 Rijksmuseum
Die Schatzkammer der Nation **148**

27 Van Gogh Museum
Sonnenblumen und noch mehr **154**

28 Stedelijk Museum
Moderne Kunst und
wegweisendes Design **158**

29 Vondelpark und Umgebung
Eine gutbürgerliche Oase **162**

30 De Pijp
Bunt, international und angesagt **170**

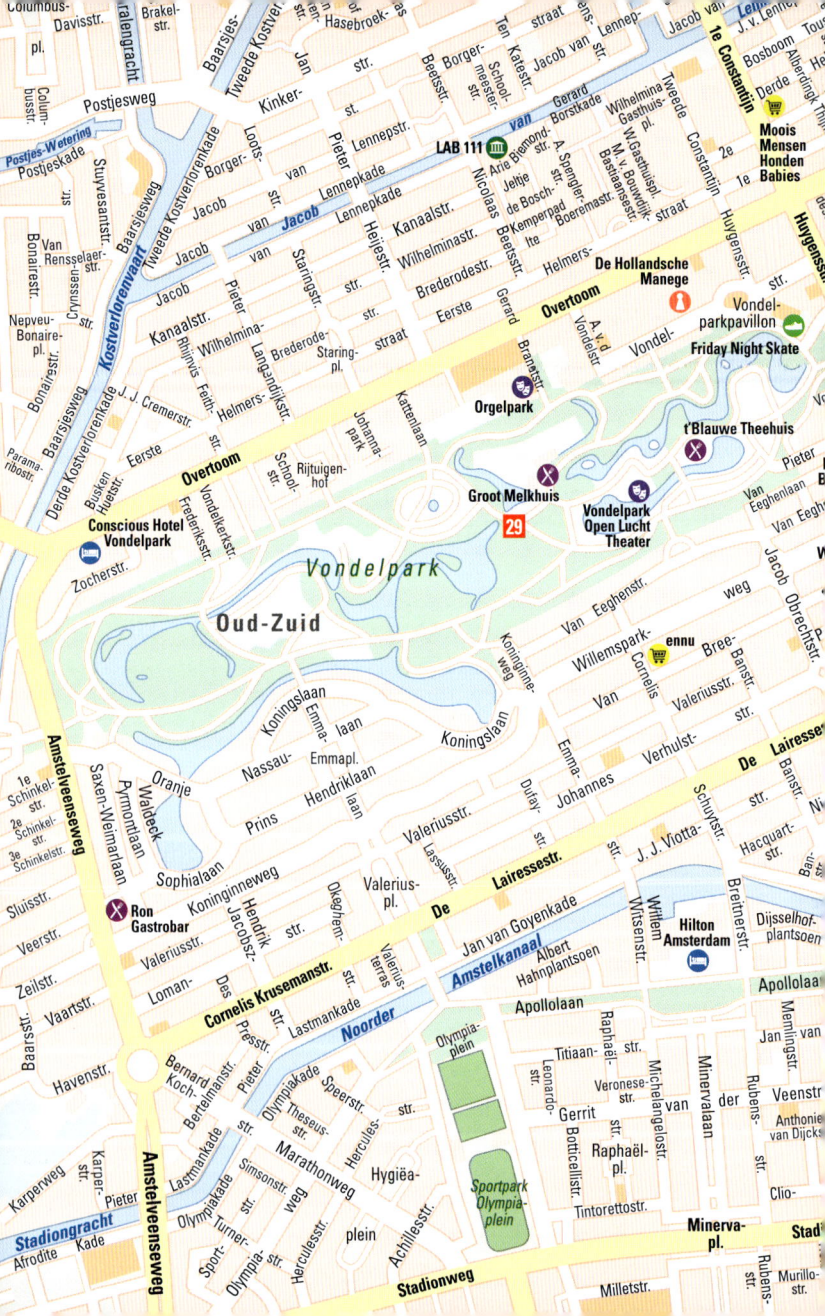

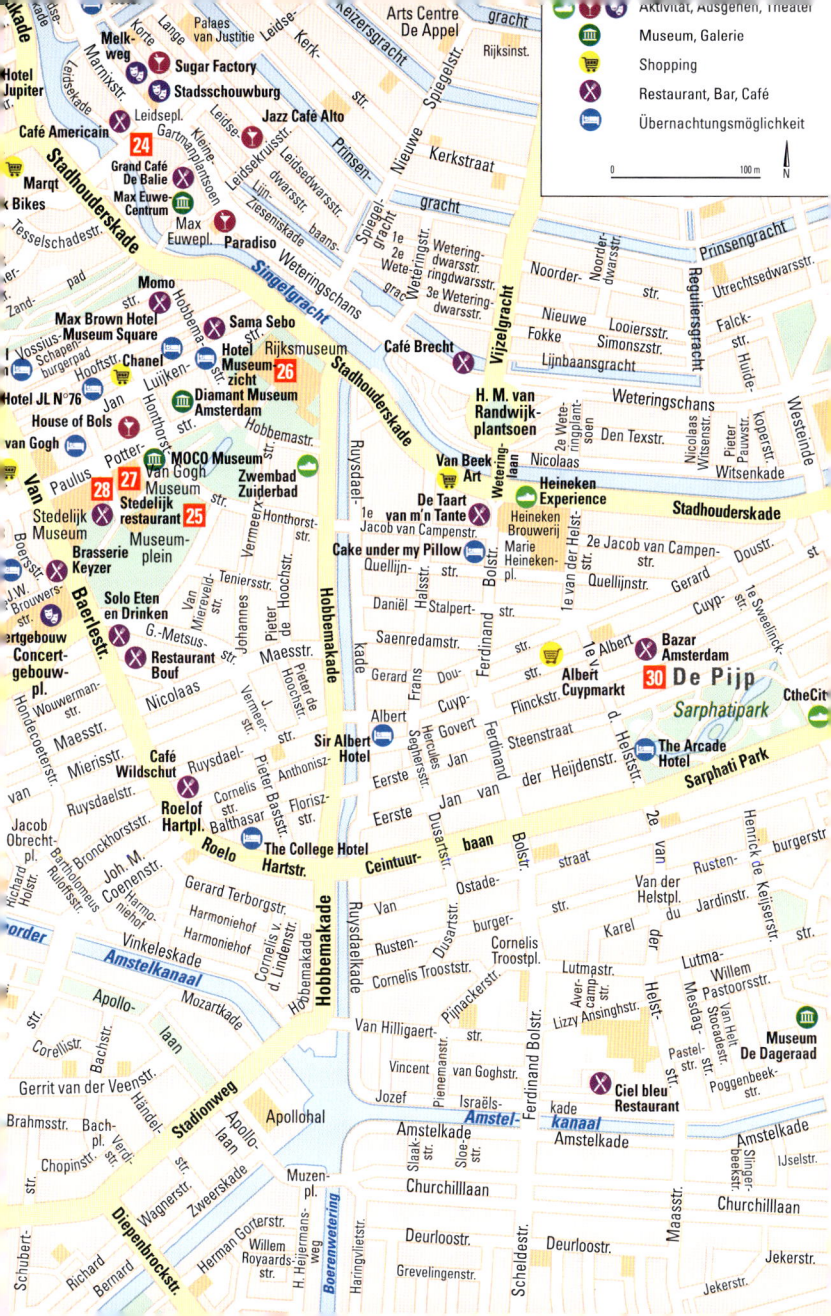

24 Ausgehmeile Leidseplein
Am Times Square von Amsterdam

Am quirligen Leidseplein ist immer eine Menge los. Tagsüber drängeln sich in den zahlreichen Cafés müde Schaufensterbummler von der Leidsestraat. Abends ist der Platz für viele Einheimische und Touristen der Startpunkt für einen ausgedehnten Ausflug ins Amsterdamer Nachtleben. Rund um den Platz liegen einige der bekanntesten Ausgehmöglichkeiten der Stadt, aber auch Theater und Kulturzentren.

Heute ist der Leidseplein ein Herzstück des Amsterdamer Nachtlebens. Begonnen hat er seine Karriere allerdings als Parkplatz: Im 17. Jahrhundert stellten die Bauern, die aus dem Umland in die Stadt kamen, hier ihre Karren ab. Das Verkehrsaufkommen ist auch heutzutage noch hoch; mehrere Straßenbahnlinien kreuzen den Platz, der im Sommer mit Caféhausterrassen und im Winter mit einer Schlittschuhbahn lockt.

Stadsschouwburg

Den Leidseplein dominiert die imposante Fassade der Stadsschouwburg, des Stadttheaters. Zu Beginn des 17. Jahrhunderts widmeten sich in *rederijkerskamers* (»Dichtergilden«) kunstsinnige Bürger der Dichtkunst. 1632 ließ eine solche Gruppe, die anstelle des üblichen Lateins die niederländische Sprache in den Mittelpunkt ihres Schaffens stellte, ein hölzernes Theater errichten. Zur Eröffnung 1638 verfasste Joost van den Vondel (1587–1679) sein berühmtes Stück *Gysbrecht van Aemstel*. Nach

Seite 136/137: Ein Highlight im Kulturleben der Stadt: die Stadsschouwburg
Oben: Das prachtvolle Stadttheater im Stil der Neorenaissance
Unten: Die Kellner auf dem Leidseplein haben alle Hände voll zu tun.

mehreren verheerenden Bränden entstand schließlich zwischen 1892 und 1894 die heutige Stadsschouwburg im prächtigen Neorenaissancestil. Auf dem großen Balkon zeigt sich nach wichtigen Siegen die Fußballmannschaft Ajax Amsterdam und lässt sich von ihren Fans feiern.

Ursprünglich hatte die Stadsschouwburg drei Eingänge. Der mittlere war für reiche Theaterbesucher bestimmt, die per Kutsche bis direkt vor die Tür fuhren. Zwei Nebeneingänge führten hinauf zum zweiten und dritten Balkon, wo es nur Holzstühle und Stehplätze gab. 2009 unterzog sich das traditionsreiche Haus einem umfangreichen Facelifting. Das umgestaltete Foyer beherbergt nun ein schickes Café, einen Theater- und Filmbuchladen und den AUB Ticketshop, wo man Karten für zahlreiche Theater, Museen und Konzerte in der ganzen Stadt bekommt. Das Programm der Stadsschouwburg reicht vom klassischen Schauspiel übers Kabarett bis hin zu Ballett und Tanztheater.

Kulturzentrum Melkweg

Gleich hinter der Stadsschouwburg liegt das legendäre Kulturzentrum Melkweg, in dem sich internationale Künstler von U2 bis Lady Gaga und von

Nicht verpassen

CAFÉ AMERICAIN
Im schönsten Art-déco-Stil präsentiert sich das berühmte »Café Americain« im »American Hotel«. Nach seiner Fertigstellung etablierte sich das Café rasch als Treffpunkt für Intellektuelle und Schriftsteller. Klaus Mann soll hier Teile seines *Mephisto* verfasst haben, auch der niederländische Autor Harry Mulisch war hier in den 1950er-Jahren beinahe täglich zu Gast. Der beliebte Lesetisch mit der aktuellen Tagespresse, der unter einem der großen Fenster steht, trägt inzwischen seinen Namen. Besonders beliebt ist der Jazz-Brunch mit Livemusik am ersten Sonntag jeden Monats (außer Juli und August).

Café Americain. Tgl. Frühstück 6.30–10.30 Uhr, Lunch 10.30–17 Uhr, Afternoon Tea 14–17 Uhr, Dinner 17–22.30 Uhr, Leidsekade 97, 1017 PN Amsterdam, Tel. 020/556 30 00, www.cafeamericain.nl

Jango Edwards bis Coldplay die Ehre geben. Im 18. Jahrhundert als Zuckerraffinerie erbaut, diente es von den 1920er-Jahren bis 1969 als Milchfabrik. 1970 übernahm eine Theatergruppe das leerstehende Gebäude und richtete dort einen Musik- und Theatersaal ein. Auf dem Höhepunkt der Hippiebewegung war Amsterdam so etwas wie das San Francisco Europas. Im nahegelegenen Vondelpark kampierten zahlreiche junge Leute, die den neuen Treffpunkt in der alten Milchfabrik begeistert annahmen. Ab 1973 subventionierte die Stadt den Ausbau des Jugendzentrums, das sich über die Jahre zu einer vielseitigen, allseits anerkannten Kultureinrichtung mit Konzerten, Kino, Theater- und Tanzaufführungen und Fotoausstellungen mauserte und 1996 um einen großen Konzertsaal erweitert wurde.

Moderne Theaterarchitektur

Die enge räumliche Nachbarschaft von Melkweg und Stadsschouwburg führte schließlich zu einem außergewöhnlichen Gemeinschaftsprojekt, dem 2009 eröffneten Rabozaal: Auf dem Grundstück zwischen beiden Häusern entstand ein zusätzlicher, von beiden Institutionen im Wechsel bespielter neuer Theatersaal mit modernster Technik und einer 25 mal 30 Meter großen Glaswand. Da die vorhandene Parzelle für ein Vorhaben dieser Größe eigentlich zu klein war, ging man in die Lüfte: Der Bühnensaal liegt 14 Meter über Straßenniveau und ragt bis weit über den Konzertsaal des Melkweg hinaus. Per Spezialaufzug können Lkws, die Bühnenbilder anliefern, bis auf das Saalniveau herauffahren.

Oben: Musikfans pilgern ins Paradiso, eine ehemalige Kirche.
Mitte: Schlichte Eleganz im »Grand Café de Balie«
Unten: Einladend ist dieses Café unweit des Leidseplein.

Gleich um die Ecke, in der Marnixstraat, gibt es einen weiteren kühnen »Lückenfüller«. Die knallrot akzentuierte Glasfront des Nieuwe-DeLaMar-Theaters (2010) überspannt die rekonstruierte Fassade eines ehemaligen Schulgebäudes, das hier ursprünglich stand und unter anderem als Kulissenlager für die Stadsshouwburg und während der deutschen Besatzung als Registrierungsstelle des Reichsarbeitsdienstes diente, bevor es 1947 zu einem Theater umgewandelt wurde.

Willkommen im Paradiso

Im früheren Gebäude des Amsterdamer Gerichtshofs (1891) bietet das Politik-, Kultur- und Medienzentrum De Balie seit 1982 ein anspruchsvolles Programm mit Theater- und Filmvorstellungen, Lesungen, Vorträgen und Seminaren. Das »Grand Café« im Hause ist ein beliebter Treffpunkt vor einem Theater- oder Kinoabend.

Nur ein paar Schritte entfernt zieht das Paradiso regelmäßig Zuschauerströme an. Wie im Melkweg, so liest sich auch hier die Liste der auftretenden Künstler wie ein Who's who der Pop- und Rockmusik: The Rolling Stones, Pink Floyd, David Bowie, U2, Prince, Eric Burdon, Suzanne Vega, Amy Winehouse – sie alle traten schon in der ehemaligen Kirche auf, die 1968 in ein Jugendzentrum umgewandelt wurde.

American Hotel

Ein Wahrzeichen des Leidseplein ist das »American Hotel«, ein architektonisches Juwel. Das Vier-Sterne-Hotel kann auf eine ereignisreiche Geschichte zurückblicken. Das erste »American Hotel«, das 1881 an der gleichen Stelle entstand, musste schon nach 20 Jahren einem Neubau weichen. Für den imposanten Bau mit dem markanten Uhrenturm zeichnete der Architekt Willem Kromhout (1864–1940), einer der Wegbereiter der Amsterdamer Schule, verantwortlich. Das 1902 fertiggestellte Jugendstilhotel beherbergte zahlreiche Prominente; 1990 wurde es zum Schauplatz des

Geheimtipp

ALL THAT JAZZ!
Schon von weitem grüßt ein riesiges Saxophon von der Fassade. An sieben Tagen in der Woche gibt es hier, in einem der ältesten Jazz-Cafés der Stadt und rund ums Jahr Live-Jazz von Top-Musikern und Nachwuchstalenten. Wer einen der begehrten Tische nahe der kleinen Bühne ergattern möchte, sollte früh hier sein. Nach einer aufwendigen Sanierung des Fundaments Anfang 2013 hat das Café nun wieder festen Boden unter den Füßen. Viele einheimische wie ausländische Jazz-Enthusiasten halten dem unprätentiösen Lokal seit Jahren die Treue – mittlerweile gibt es sogar Fan-T-Shirts zu kaufen.

Jazz Café Alto. Mo–Fr 21–3 Uhr, Sa–So 21–4 Uhr, Konzertbeginn immer um 22 Uhr, Korte Leidsedwarsstraat 115, 1017 PX Amsterdam, Tel. 020/626 32 49, www.jazz-cafe-alto.com

Mordes an einem britischen Drogenhändler. Eine der Suiten trägt den Namen der legendären Spionin Mata Hari (1876–1917), die als Margaretha Geertruida Zelle im friesischen Leeuwarden geboren wurde und 1885 während ihrer Hochzeitsreise im damaligen »Hotel Amsterdam« abstieg.

Hirschgebouw und TAA-Laden

Gleich zwei weltberühmte Marken haben sich im historischen Hirschgebouw – einst ein vornehmes Modehaus, in dem auch das Königshaus einkaufte – angesiedelt: Der Apple-Flagshipstore zieht viele Schaulustige an.

Im Kontrast zu diesen stylishen Konsumtempeln wirkt der TAA-Laden am Leidseplein Nr. 33 wie ein liebenswerter Anachronismus. Hier gibt es Kaffeewärmer und Kinderkleidchen, Kuscheltiere und bestickte Tischdecken – alles in liebevoller Handarbeit hergestellt. Tesselschade-Arbeid Adelt, kurz TAA, war die erste Frauenvereinigung der Niederlande. 1871 gegründet, um die wirtschaftliche Selbstständigkeit der weiblichen Bevölkerung zu fördern, bietet sie seitdem Frauen die Möglichkeit, durch den Verkauf selbstgemachter Handarbeiten eigenes Geld zu verdienen. Im nahegelegenen Max Euwe Centrum, benannt nach einem berühmten Schachspieler, kann man Schach spielen und ein Schachmuseum besuchen.

Oben: Eine Freiluftpartie Schach auf dem Max-Euwe-Plein
Unten: Der Uhrenturm des »American Hotel«

Infos und Adressen

SEHENSWÜRDIGKEITEN

Max Euwe Centrum. Die Welt des Schachspiels. Di–Fr sowie erster Sa im Monat 12–16 Uhr, Eintritt frei, Max Euweplein 30a, 1017 MB Amsterdam, Tel. 020/625 70 17, www.maxeuwe.nl

ESSEN UND TRINKEN

Grand Café De Balie. Stilvoller Start in den Ausgehabend. Mo–Do 9–1 Uhr, Fr 9–3 Uhr, Sa 10–3 Uhr, So 10–1 Uhr, Kleine Gartmanplantsoen 10, 1017 RR Amsterdam, Tel. 020/553 51 30, www.debalie.nl

ÜBERNACHTEN

Hampshire Hotel – Amsterdam American. Traditionsreiches Vier-Sterne-Hotel im Herzen der Stadt. Leidsekade 97, 1017 PN Amsterdam, Tel. 020/556 30 00, www.hampshire-hotels.com

Backstage Hotel. Das rockt! Die Zimmer sind wie Künstlergarderoben gestylt. Leidsegracht 114, 1016 CT Amsterdam, Tel. 020/624 40 44, www.backstagehotel.com

Ein Schmuckstück: das »American Hotel«

Straßenkünstler finden am Leidseplein ihr Publikum.

EINKAUFEN

TAA – Tesselschade-Arbeid Adelt. Selbst verdientes Geld macht Frauen unabhängig – dieser Gedanke steht hinter den TAA-Läden. Di–Fr 11–17.30 Uhr, Sa 10–17 Uhr, Leidseplein 33, 1017 PS, Tel. 020/623 66 65, www.tesselschade-arbeidadelt.nl

AUSGEHEN

Sugar Factory. Kleiner alternativer Club. Wechselnde Öffnungszeiten, Lijnbaansgracht 238, 1017 PH Amsterdam, Tel. 020/627 00 08, www.sugarfactory.nl

Jimmy Woo. Glamouröser Nachtclub. Do–So 23–4 Uhr, Korte Leidsedwarsstraat 18, 1017 JW Amsterdam, Tel. 020/626 31 50, www.jimmywoo.com

AKTIVITÄTEN

Melkweg. Das legendäre alternative Kulturzentrum. Wechselnde Öffnungszeiten, Lijnbaansgracht 234a, 1017 PH Amsterdam, Tel. 020/531 81 81, www.melkweg.nl

Paradiso. Neue Sounds in alter Kirche. Wechselnde Öffnungszeiten, Weteringschans 6–8, 1017 SG Amsterdam, Tel. 020/626 45 21, www.paradiso.nl

Stadsschouwburg. Stadttheater mit Tradition. Wechselnde Öffnungszeiten, Leidseplein 26, 1017 PT Amsterdam, Tel. (Kasse) 020/624 23 11, Kartenbestellung online unter www.ssba.nl

25 Museumplein und Spiegelkwartier
Kunst, Kunst, Kunst

Knallrot und strahlend weiß leuchten die Buchstaben in der Sonne: Der Schriftzug »I amsterdam« an der Rückfront des Rijksmuseums ist ein beliebtes Fotomotiv. Rund um den weitläufigen Museumplein gruppieren sich drei der wichtigsten Kunstmuseen Amsterdams: Das 2013 wieder eröffnete Rijks-, das Stedelijk- und das Van Gogh Museum. Viertes Gebäude ist das Concertgebouw mit seiner weltberühmten Akustik.

Der Weg ins Museumsviertel führt vom Stadtzentrum aus über die Nieuwe Spiegelstraat und die Spiegelgracht. Hier reihen sich gut 100 Galerien und Antiquitätengeschäfte aneinander. Die Nähe zum Rijksmuseum (s. S. 148) ist durchaus auch eine geschäftliche: Immer wieder hat das Museum hier, quasi direkt vor seiner Haustür, neue Stücke für seine Sammlung angekauft.

Geschichte des Museumplein

Die Geschichte des Museumplein beginnt 1883 mit der Weltausstellung, bei der unter anderem eine Weltneuheit aus Paris präsentiert wurde: der Lippenstift. Im Anschluss an die Ausstellung wandelte man das Areal in einen Platz um, an dem in rascher Folge das Rijksmuseum (1885), das Concertgebouw (1888) und das Stedelijk Museum (1895, s. S. 158) ihre Pforten öffneten – kurioserweise alle drei mit der Rückseite zum Platz. Im Winter wurde der Platz geflutet und in eine riesige Eisfläche verwandelt. Schnurrbarttragende Herren in Kniebundhosen trugen hier 1889 die erste Weltmeisterschaft im Eisschnelllauf aus.

Oben: Eine goldene Lyra leuchtet auf dem Dach des Concertgebouw.
Unten: Neue farbenfrohe Einblicke: der I-amsterdam-Schriftzug auf dem Museumplein

Museumsplein

Geheimtipp

Ab 1953 entstand in der Verlängerung des Durchgangs unter dem Rijksmuseum eine Straße aus Klinkersteinen, die sich über den Museumplein bis zum Concertgebouw erstreckte. Die schnurgerade Trasse lud geradezu zum Rasen ein und hatte rasch den Spitznamen »kürzeste Autobahn der Niederlande« weg. Mit der Eröffnung des Van Gogh Museums (s. S. 154) 1973 wurde der Platz um ein weiteres kulturelles Highlight reicher. Die Straße aber verschwand erst, als der Museumplein Ende der 1990er-Jahre nach Plänen des dänischen Architekten Sven-Ingvar Andersson umgestaltet wurde.

MOCO Amsterdam

Zu den drei Platzhirschen am Museumplein gesellte sich im Frühjahr 2016 ein weiterer Kunsttempel: In einem prächtigen Stadtpalais, der Villa Alsberg, haben die Galeristen Lionel und Kim Logchies das private Modern Contemporary (Moco) Museum Amsterdam eröffnet. Mit wechselnden Ausstellungen soll das Museum einem jüngeren Publikum die »Rockstars der Kunst« näherbringen.

Concertgebouw – ein Tempel für die Musik

Im Jahre 1881 beklagte eine Zeitung, dass Amsterdam keinen angemessenen Konzertsaal besitze. Die vorhandenen Säle seien entweder zu klein, zu unbequem oder hätten eine katastrophale Akustik. Das wollten sechs wohlhabende Bürger nicht auf ihrer Stadt sitzen lassen, gründeten eine Kommission und warben Gelder ein. Ein passendes Gelände fand sich etwas außerhalb der Stadt, ein Stück hinter dem gerade im Bau befindlichen Rijksmuseum. Architekt Adolf L. van Gendt

BAD MIT ALTMODISCHEM CHARME

Im Jahre 1897 als Fahrradschule gebaut, wurde das imposante Backsteingebäude 1912 in ein Schwimmbad umgewandelt. Vom damaligen Interieur ist noch viel erhalten geblieben, etwa die mit Mosaiksteinen verzierte Fontäne. Selbst die ursprüngliche Filteranlage mit vier Schichten Sand wird noch betrieben, ergänzt um moderne Technik. Das nostalgische Bad gleich hinter dem Rijksmuseum ist definitiv kein Erlebnisbad, doch viele Amsterdamer ziehen hier nach Büroschluss gern ein paar Bahnen.

Zwembad Zuiderbad. Wechselnde Öffnungszeiten, siehe Webseite, werktags von 12–12.45 Uhr Mittagsschwimmen mit ermäßigtem Eintritt, Hobbemastraat 26, 1071 ZC Amsterdam, Tel. 020/252 13 90, www.amsterdam.nl > Sport > Zwembaden > Zuiderbad

(1835–1901) entwarf ein imposantes Gebäude im historisierenden Stil mit einem säulengeschmückten, an einen Tempel erinnernden Eingangsbereich. Das Dach krönt eine goldene Lyra.

Das Geheimnis des Klangs

Weltweit berühmt ist das Concertgebouw für seine hervorragende Klangqualität. Der Dirigent Bernard Haitink bezeichnete die Akustik sogar einmal als »das beste Instrument im Concertgebouw-Orchester«. Berühmte Komponisten wie Gustav Mahler und Benjamin Britten ließen es sich nicht nehmen, hier ihre eigenen Werke zu dirigieren. Als das Gebäude errichtet wurde, gab es noch keine Methoden zur Schallmessung. Also orientierte man sich beim Bau an guten Vorbildern: Für den Kleinen Saal stand der ovale Saal im Kulturhaus Felix Meritis Pate, beim Großen diente hinsichtlich Formgebung und Materialauswahl der große Konzertsaal im Neuen Gewandhaus in Leipzig als Modell.

In den 1980er-Jahren mussten die Bagger anrollen, weil das Concertgebouw abzusacken drohte. Ohne den Konzertbetrieb dafür zu unterbrechen, wurden die verrotteten Balken des Unterbaus durch neue Metallstreben ersetzt. Der neue Seitenflügel ist bei den Amsterdamern bis heute umstritten.

Oben: Das Concertgebouw ist ein Genuss für Augen und Ohren.
Mitte: Relaxen zwischen Musentempeln
Unten: Wie Kunstwerke inszeniert die Brennerei Bols hier ihre Produkte.

Infos und Adressen

SEHENSWÜRDIGKEITEN

MOCO Museum. Moderne und zeitgenössische Kunst in wechselnden Ausstellungen. Tgl. 10–18 Uhr, Honthorststraat 20, 1071 DE Amsterdam, Tel. 020/370 19 97, www.mocomuseum.com

Diamant Museum Amsterdam. Ein interessanter Streifzug durch 400 Jahre Diamantschleiferei in Amsterdam. Tgl. 9–17 Uhr, Paulus Potterstraat 8, 1071 CZ Amsterdam, Tel. 020/305 53 00, www.diamantmuseumamsterdam.nl

ESSEN UND TRINKEN

Brasserie Keyzer. Spezialität des bei Konzertbesuchern und Musikern beliebten »Grand Cafés« ist die Seezunge Müllerinart. Tgl. ab 10 Uhr, Van Baerlestraat 96, 1071 BB Amsterdam, Tel. 020/675 18 66, www.brasseriekeyzer.nl

Café Wildschut. Das elegante Grand Café besticht mit stilvollem Interieur. Mo–Fr ab 9 Uhr, Sa–So ab 10 Uhr, Roelof Hartplein 1–3, 1071 TR Amsterdam, Tel. 020/676 82 20, www.cafewildschut.nl

Solo Eten en Drinken. In der ehemaligen Feuerwache wird französische Küche serviert. Di–So 12–1 Uhr, Küche bis 22.30 Uhr, Mo geschl., Van

Im Spiegelkwartier gibt's Kunst und Antiquitäten.

Baerlestraat 35–37, 1071 AP Amsterdam, Tel. 020/662 26 55, www.soloetenendrinken.nl

ÜBERNACHTEN

The College Hotel. Komfortables Boutiquehotel in einem prächtigen alten Schulgebäude, (fast) allein geführt von Hotelfachschülern. Roelof Hartstraat 1, 1071 VE Amsterdam, Tel. 020/571 15 11, www.thecollegehotel.com

AKTIVITÄTEN

Concertgebouw. Das Konzertprogramm ist hochklassig, selbst bei den kostenlosen Mittagskonzerten im Kleinen Saal (Mi 12.30 Uhr). Kasse: Mo–Fr 13–19 Uhr, Sa–So 10–19 Uhr (bei Abendkonzerten, sonst 17 Uhr), Concertgebouwplein 10, 1071 LN Amsterdam, Karten via Tel. 0900/671 83 45 (tgl. 10–17 Uhr) oder online unter www.concertgebouw.nl

Glamourös: das Diamant Museum Amsterdam

147

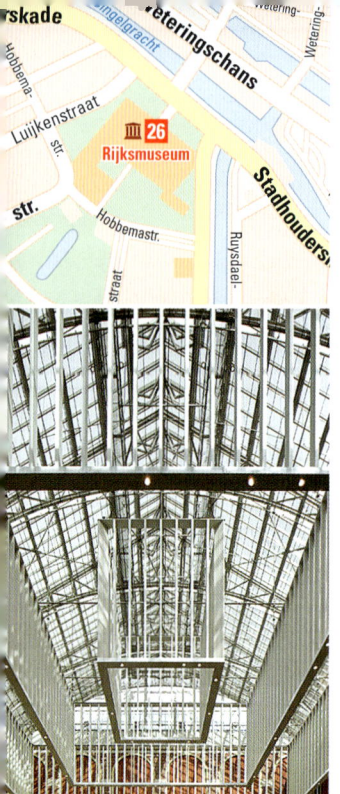

26 Rijksmuseum
Die Schatzkammer der Nation

Diesen Termin wollte sich Königin Beatrix nicht entgehen lassen: Bevor sie Ende April 2013 die Regentschaft an ihren Sohn übergab, weihte die Monarchin noch das umfassend renovierte Rijksmuseum ein. Zehn Jahre dauerte die Generalüberholung, die alle Zeit- und Kostenpläne sprengte. Herausgekommen ist ein Museum der Superlative, das sich zu entdecken lohnt.

Manche bezeichnen das Rijksmuseum als den Louvre der Niederlande. Tatsächlich ist dieses Museum, das neben den Künsten auch dem Handwerk und der Geschichte gewidmet ist, für viele Niederländer eine echte Herzensangelegenheit. Als das liebevoll »Rijks« genannte Museum 1885 eröffnet wurde, strömten innerhalb der ersten drei Monate 250 000 Menschen in die Ausstellungssäle – zu einer Zeit, als die Niederlande insgesamt nur rund vier Millionen Einwohner hatte. Nach der Wiedereröffnung im April 2013 geht man nun von rund zweieinhalb

GUT ZU WISSEN

WO KUNST ZUM ERLEBNIS WIRD

Zehn Jahre war das Rijksmuseum wegen Renovierung geschlossen. Kritiker beklagen, eine ganze Generation von Schülern sei ohne die unschätzbare Sammlung aufgewachsen. Doch das Warten hat sich gelohnt: Die neue Konzeption macht die niederländische Kultur und Geschichte in einer Weise erlebbar, die auch ein junges Publikum anzusprechen vermag. Und wer bisher auf einen Schulausflug zum Rijksmuseum verzichten musste, kann ihn jetzt nachholen: Für Besucher unter 18 Jahren ist der Eintritt frei.

Die filigrane Gitterstruktur scheint über dem neu geschaffenen Eingangsbereich zu schweben.

Das neu eröffnete Rijksmuseum

Millionen einheimischen und ausländischen Besuchern pro Jahr aus – schon im ersten Monat nach der Wiedereröffnung waren es über 300 000.

Einfach gut!

Eine Kathedrale für die Kunst

Der Entwurf für den prächtigen Bau stammte von Petrus J. H. Cuypers (1827–1921), der auch für den 1889 fertiggestellten Hauptbahnhof verantwortlich zeichnete. Die beiden Monumentalgebäude stellten imposante »Tore zur Stadt« dar. Architekt Cuypers hatte sich vor allem mit Sakralbauten einen Namen gemacht. Das neue Rijksmuseum inszenierte er als eine »Kathedrale der Kunst«, in der mit Mosaiken geschmückte Fußböden und Buntglasfenster, gotische Spitzbögen und farbenprächtige Wandmalereien eine weihevolle Atmosphäre schufen. Das stieß nicht überall auf Gegenliebe. Der protestantische König Wilhelm III. etwa schwor, niemals auch nur einen Fuß in dieses »katholische Bauwerk« zu setzen. Er sollte nicht der Einzige bleiben, der sich an dem prächtigen Gesamtkunstwerk störte.

RUHIG UND KOMFORTABEL

Das geschmackvoll ausgestattete Boutiquehotel mit eigenem Gärtchen ist in zwei Häusern aus dem 18. Jahrhundert untergebracht und liegt in einer ruhigen Seitenstraße unweit des Museumplein. Die Künstlerin Barbara Broekman entwarf für die insgesamt 39 Zimmer eine eigene farbenfrohe Tapetenkollektion. Das Hotel verfügt über ein kleines Restaurant, zusätzlich steht in der Lobby eine »Honesty Bar« zur Verfügung, in der man sich selbst ein Getränk oder einen Snack machen kann. Im Souterrain gibt es ein Familienzimmer.

Hotel JL N°76. Jan Luijkenstraat 76, 1071 CT Amsterdam, Tel. 020/348 55 55, www.hotelJLNo76.com

Zurück zur alten Pracht

Mehrere Generationen von Museumsdirektoren passten das Museum radikal dem zunehmend sachlichen Zeitgeschmack an. Wandmalereien wurden weiß übertüncht, der Terrazzoboden durch Linoleum ersetzt. Diverse Aus- und Umbauten verwandelten das Gebäude nach und nach in ein enges, dunkles Labyrinth. Asbestfunde führten im Jahr 2003 dazu, die überfällige Renovierung rasch in Angriff zu nehmen. Vier Jahre waren dafür ursprünglich veranschlagt, zehn wurden es am Ende. Die Kosten beliefen sich am Ende auf 375 Millionen Euro. Wie Archäologen legten die spanischen Architekten Antonio Ortiz und Antonio Cruz das gestalterische Erbe Cuypers wieder frei: Sie »reinigten« das Gebäude und die zugebauten Innenhöfe von nachträglichen Hinzufügungen. Anhand von Originalzeichnungen und Farbproben ließen sie die ursprüngliche Ausgestaltung von Sälen und Hallen rekonstruieren, Wandmalereien und Bodenmosaiken wiederherstellen. Gleichzeitig brachten sie das Haus auf den neuesten Stand der Technik.

Architektonische Highlights

Der ursprüngliche Plan, die beiden Innenhöfe unter Hinzunahme der dazwischenliegenden Passage zu verbinden, scheiterte am vehementen Widerstand der Fahrradfahrerlobby. Nach langen Debatten blieb den Radlern das Recht auf freie Fahrt quer durchs Museum erhalten. Stattdessen wurden die Böden der Atrien eine komplette Etage tiefergelegt, um die glasüberdachten Innenhöfe unter der Passage hindurch zu einem neuen, großzügigen Eingangsbereich verbinden zu können.

Im Inneren des Gebäudes bilden gedeckte Töne – Schiefergrau, Grün, Ocker, ein dunkles Rot – einen stimmungsvollen Rahmen für die gezeigten Schätze.

Oben: Die Renovierung gab dem Haus seinen ursprünglichen Glanz zurück.
Unten: Die *Milchmagd* von Jan Vermeer ist eines der Highlights im Rijksmuseum.

Besonders gelungen ist die Re-Inszenierung der Ehrengalerie, die wie ein dreischiffiger Kirchenraum anmutet. In den Seitennischen prangen die berühmten Werke niederländischer Meister aus dem 17. Jahrhundert, von Frans Hals (ca. 1580–1666) über Jan Steen (1625–1679) bis zu Jan Vermeer (1631–1675). Am Ende der Ruhmeshalle eröffnet ein Durchgang den Blick auf das Glanzstück des Museums: Rembrandts berühmtes Gemälde *Die Nachtwache*, das als einziges Werk nach der Renovierung an seinen ursprünglichen Platz zurückgekehrt ist.

Konzept des Museums

Parallel zu den umfassenden Arbeiten am Gebäude wurde auch das Konzept des Museums radikal umgekrempelt. Dabei erteilten die Kuratoren modernen Elementen wie Touchscreens und Animationen eine klare Absage. Stattdessen lassen sie die Exponate selbst erzählen. Anstatt die Kunstwerke klassisch nach Genres und Sparten zu sortieren, inszenierten die Museumsmacher sie als anschauliche Zeitreise. In den nach Epochen und Jahrhunderten geordneten Sälen werden Gemälde und Skulpturen, Möbel, Waffen, Kleidung und Kunsthandwerk gemeinsam präsentiert. In der Zusammenschau ergeben die sorgsam ausgewählten Exponate ein eindringliches Bild der Zeit, in der sie entstanden. In 80 Sälen verkörpern insgesamt 8000 Exponate 800 Jahre niederländische Geschichte. Der Besucher flaniert durch die Jahrhunderte – vom Mittelalter im Souterrain bis ins 20. Jahrhundert unterm Dach. Über 30 Säle sind allein dem 17. Jahrhundert, dem Goldenen Zeitalter, gewidmet.

Besondere Exponate

Zwischen wildbewegten Gemälden von Seeschlachten kann man anhand des riesigen, 1698 gefertig-

Nicht verpassen

KUNST IM TRANSITBEREICH

Seit mehr als zehn Jahren unterhielt das Rijksmuseum auf dem Flughafen Schiphol eine Dependance, untergebracht in einem goldglänzenden Kubus, der in der Abfertigungshalle zu schweben schien. Am 9. Dezember 2002 eröffnete der damalige Kronprinz Willem-Alexander dieses weltweit erste Museum auf einem Flughafen, das nur für Passagiere jenseits der Passkontrolle zugänglich war. Seit der Eröffnung nutzten jährlich bis zu 200 000 Menschen die Gelegenheit zu einem kurzen kulturellen Stopover im Transitbereich. Im Zuge eines umfangreichen Umbaus wurde die Flughafen-Dependance des Rijksmuseums vorübergehend geschlossen; bei Drucklegung war die Wiedereröffnung für Mai 2017 geplant.

Rijksmuseum Schiphol. Holland Boulevard im Flughafen Schiphol

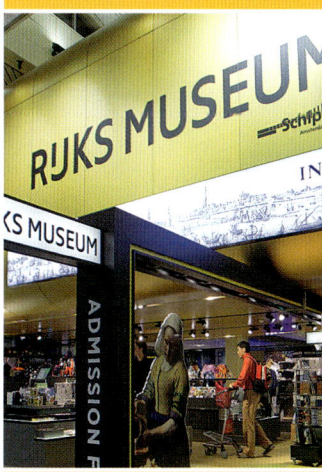

ten Schiffsmodells der »William Rex« mit eigenen Augen betrachten, wie solche Kriegsschiffe aussahen. Das reich ausgestattete Puppenhaus der Petronella Oortman spiegelt in originalgetreuen Miniaturnachbildungen das Leben der reichen Kaufleute wider – vom chinesischen Porzellanservice über die kostbaren Möbel bis zu den kunstvollen Gemälden im Salon.

Auf der Eingangsebene, die dem 18. und 19. Jahrhundert gewidmet ist, empfangen Werke von Francisco de Goya (1746–1828) und Vincent van Gogh (1853–1890), aber auch ein komplett eingerichteter klassizistischer Salon die Besucher. Auch die unrühmliche Kolonialzeit wird nicht ausgespart. Für das 20. Jahrhundert stehen unter anderem ein Stuhl des berühmten Designers Gerrit Rietveld (1888–1964), ein von Yves St. Laurent (1936–2008) entworfenes Kleid im Piet-Mondrian-Look, Gemälde des CoBrA-Künstlers Karel Appel (1921–2006) und ein komplettes Kampfflugzeug aus der Zeit des Ersten Weltkriegs. Beklemmende Zeitzeugnisse sind die Jacke einer KZ-Insassin und ein Schachspiel mit Soldatenfiguren, das SS-Führer Heinrich Himmler einst dem Chef der holländischen Nationalsozialisten schenkte.

Asiatischer Pavillon

Die Architekten Ortiz und Cruz hielten sich bei der Renovierung mit zusätzlichen Anbauten zurück. Neu ist der von Wasserflächen umgebene Asiatische Pavillon. Dessen einziges Manko besteht darin, dass hier versäumt wurde, die koloniale Herkunft der Exponate selbstkritisch in den historischen Kontext einzuordnen. Erstmals für die Öffentlichkeit zugänglich ist seit dem Umbau auch die weitgehend unverändert erhaltene, über vier Etagen reichende Bibliothek des Museums mit zierlichen Wandmalereien, Galerien und gusseiserner Wendeltreppe.

Oben: Schiffsmodelle wie dieses erinnern an das Goldene Zeitalter.
Unten: Auch diese junge Dame bezaubert die Besucher.

Infos und Adressen

SEHENSWÜRDIGKEITEN

Rijksmuseum. Die Schatzkammer der Nation erstrahlt in neuem altem Glanz. Auf der Internetseite des Museums findet man eine Fülle von Bildern zum kostenlosen Download. Wer die Warteschlange umgehen will, besorgt sich vorab online Tickets. Tgl. 9–17 Uhr, Museumstraat 1, 1071 CJ Amsterdam, Tel. 020/675 70 00, www.rijksmuseum.nl

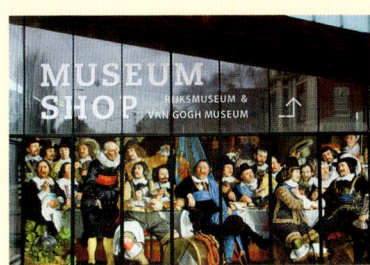

Einladend: der Museumsshop

ESSEN UND TRINKEN

Café Brecht. Das Lokal definiert sich als »Berliner Wohnzimmercafé«. In den betagten Polstersesseln nehmen vor allem junge Leute gern Platz. So–Do 12–1 Uhr, Fr–Sa 12–3 Uhr, Weteringschans 157, 1017 SE Amsterdam, Tel. 020/627 22 11, www.cafebrecht.nl

Momo. Der durchgestylte Mix aus Restaurant, Bar und Lounge mit asiatischer Fusion-Küche zieht ein großstädtisches Publikum über 30 an. Bar: So–Do 10–1 Uhr, Fr–Sa 10–2 Uhr, Lunch Mo–Fr 12–14.30 Uhr, Sa 12–15 Uhr, So 12–16 Uhr, Dinner So–Mi 18–23, So–Sa 18–23.30 Uhr, Hobbemastraat 1 (im Park Hotel), 1071 ZA Amsterdam, Tel. 020/671 74 74, www.momo-amsterdam.com

ÜBERNACHTEN

Hotel Museumzicht. 14 individuelle Zimmer mit altmodischem Charme, nicht alle mit eigenem Bad, im zweiten bis vierten Stock eines alten Eckhauses nahe Museumplein. Steile Treppen, kein Aufzug! Jan Luykenstraat 22, 1071 CN Amsterdam, Tel. 020/671 29 54, www.hotelmuseumzicht.nl

EINKAUFEN

Van Beek Art. Wer nach dem Museumsbummel selbst zum Pinsel greifen möchte, ist in diesem Fachgeschäft für Künstlerbedarf genau richtig. Mo 13–18 Uhr, Di–Fr 9–18 Uhr, Sa 10–17 Uhr, Stadhouderskade 62, 1072 AD Amsterdam, Tel. 020/662 16 70, www.vanbeekart.nl

Detail aus Rembrandts berühmtem Gemälde *Die Nachtwache* von 1642

27 Van Gogh Museum
Sonnenblumen und noch mehr

Das Van Gogh Museum, das die weltweit größte Sammlung von Werken des Malers sein Eigen nennt, zeichnet den Werdegang des faszinierenden Künstlers nach. Beim Gang durch die Ausstellung kann man die künstlerische Entwicklung Schritt für Schritt nachvollziehen, vom eher düsteren Frühwerk bis zu den leuchtenden Farben der späten Jahre. Das kommt an beim Publikum: Das Museum zählt zu den bestbesuchten der Welt.

Als Vincent van Gogh (1853–1890) an den Folgen einer Schussverletzung starb, die er sich selbst zugefügt hatte, war er gerade einmal 37 Jahre alt. Der Künstler, der als Begründer der modernen Malerei gefeiert wird und dessen Werke Höchstpreise erzielen, war seiner Zeit so weit voraus, dass seine Arbeiten zu Lebzeiten fast unverkäuflich waren.

Umwege zur Kunst

Der Pfarrerssohn van Gogh begann 1869 eine Ausbildung in der Kunsthandlung Goupil und arbeitete später in deren Niederlassungen in London und Paris. Nachdem man ihm dort im Frühjahr die Kündigung nahelegte, versuchte sich van Gogh in verschiedenen Berufen: Er arbeitete in einer Buchhandlung, besuchte zeitweise ein Seminar für Laienprediger und landete schließlich als Hilfsgeistlicher in einem belgischen Kohlerevier.

Mit 27 Jahren schlug er schließlich eine künstlerische Laufbahn ein. Sein jüngerer Bruder Theo, inzwischen ebenfalls Kunsthändler, kam fortan für seinen Lebensunterhalt auf und erhielt dafür

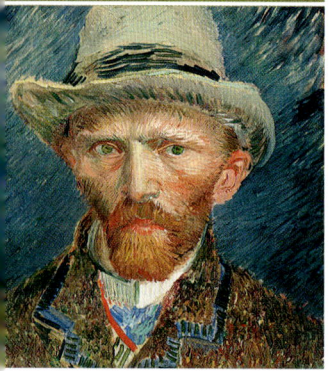

Oben: Ein stilvoller Rahmen für die ungezähmte Kunst van Goghs
Unten: Das Museum besitzt eine Reihe von Selbstportraits des Künstlers.

einen Großteil seiner Werke. Van Gogh war Autodidakt, nahm aber hin und wieder Unterricht und war zeitweise an der Kunstakademie in Antwerpen eingeschrieben. 1886 übersiedelte er nach Paris, wo die Bekanntschaft mit zeitgenössischen Künstlern wie Paul Gauguin (1848–1903) und Henri de Toulouse-Lautrec (1864–1901) ihm neue Impulse gab.

Flucht aufs Land

Sein Versuch, in Südfrankreich eine Künstlerkommune zu gründen, schlug fehl. Zwar war die Zeit in Arles eine sehr produktive, doch setzten dort wohl auch die Wahnvorstellungen ein, die sein restliches Leben überschatteten. Nach einem heftigen Streit mit Paul Gauguin schnitt van Gogh sich einen Teil seines linken Ohres ab. Nach einem längeren Aufenthalt in einer Nervenheilanstalt übersiedelte er nach Auvers, wo er seinem Leben schließlich ein Ende setzte.

Faszinierende Werkschau

Gerade einmal zehn Jahre dauerte van Goghs künstlerische Schaffensphase. Doch in dieser Zeit schuf er fast 900 Gemälde und weit über 1000 Zeichnungen. Van Goghs Familie brachte den umfangreichen Nachlass des Künstlers – rund 200 Gemälde, 400 Zeichnungen und 700 Briefe – in eine Stiftung ein. Das Van Gogh Museum verfügt damit bis heute über die weltweit größte Sammlung von Werken des Künstlers.

Zu den Highlights der ständigen Ausstellung gehören unter anderem *Die Kartoffelesser* aus den Anfangsjahren von van Goghs künstlerischem Schaffen, das heitere, farbenfrohe *Schlafzimmer in Arles*, eine Version der berühmten *Sonnenblumen* und auch eines seiner letzten Bilder, das bedrückende

Einfach gut!

COCKTAILS IM MUSEUM

Jeden Freitagabend heißt es im Van Gogh Museum: Bühne frei! In der großen Eingangshalle gibt es dann Cocktails, Häppchen und Livemusik, Disc- und Videojockeys legen auf. Wer mag, kann sich einer kostenlosen Führung anschließen oder in einem der Museumssäle zeichnen. Am letzten Freitag im Monat gibt es unter dem Motto »Vincent op vrijdag« ein abwechslungsreiches Programm in Zusammenarbeit mit jungen kreativen Künstlern oder Initiativen. Weil auch die Ausstellungsräume am langen Freitagabend bis 22 Uhr geöffnet sind, kann man auf eine sehr entspannte Art Kunst und Ausgehen miteinander verbinden: erst im Museum in Kultur schwelgen und anschließend rund um den nur wenige Minuten Fußweg entfernten Leidseplein weiterfeiern!

Van Gogh Museum. Jeweils Freitagabend von 19–22 Uhr, Paulus Potterstraat 7, 1071 CX Amsterdam, Tel. 020/570 52 00, www.vangoghmuseum.nl

Kornfeld mit Krähen. Weil er sich keine Modelle leisten konnte, malte van Gogh immer wieder Selbstportraits. Im Rückblick dokumentieren diese seine künstlerische Entwicklung: Die frühesten sind noch in dunklen erdigen Tönen gehalten, die späteren zunehmend impressionistischer, mit hellen Farben und luftigem Pinselstrich. Ergänzt wird die Werkschau durch eine umfangreiche Kollektion von Werken von Zeitgenossen und Freunden van Goghs.

Stilvoller Rahmen

Sehenswert ist auch das Museum selbst. Den ersten Entwurf für das 1973 eröffnete Hauptgebäude, einen nüchtern-strengen Betonquader mit einem markanten Treppenhaus und einem lichtdurchfluteten Inneren, skizzierte De-Stijl-Architekt Gerrit Rietveld (1888–1964). Nach seinem Tod erarbeiteten seine Kompagnons Johan van Tricht und Joan van Dillen auf dieser Grundlage die Pläne. 1999 erhielt das Museum einen modernen Flügel für wechselnde Ausstellungen. Das elliptische Gebäude, das an eine leicht geöffnete Konservendose erinnert, stammt vom japanischen Architekten Kisho Kurokawa. Seit dem Herbst 2015 verfügt das Museum über einen großzügigen neuen gläsernen Eingangsbereich, dank dem es nun endlich auch vom Museumplein aus zugänglich ist.

Oben: Bilder aus van Goghs produktivster Phase, der Zeit in Arles
Unten: De-Stijl-Architekt Gerrit Rietveld entwarf das Museum.

Infos und Adressen

SEHENSWÜRDIGKEITEN

Van Gogh Museum. Das Museum stellt das Leben und Werk van Goghs und die Kunst seiner Zeit in den Mittelpunkt. Das gesamte Gebäude ist behindertengerecht gestaltet. Sa–Do 9–17 Uhr, zeitweise auch bis 18 Uhr, Fr bis 22 Uhr, Museumplein 6, 1071 DJ Amsterdam, Tel. 020/570 52 00, www.vangoghmuseum.nl

ÜBERNACHTEN

B&B Willemspark. Schöne Lage zwischen Vondelpark und Museumplein, mit eigener Dachterrasse und hellen Zimmern im Obergeschoss. Achtung, steile Treppen! Willemsparkweg 75-1, 1071 GT Amsterdam, www.willemsparkbnb.com

Hotel van Gogh. Gleich beim Van Gogh Museum liegt dieses moderne, einfache Hotel mit angeschlossenem Youth Hostel in einem separaten Nebengebäude. Das überwiegend junge Publikum dort schätzt die moderaten Preise für ein Mehrbettzimmer oder auch ein Bett im Schlafsaal. Van de Veldestraat 5, 1071 CW Amsterdam, Tel. 020/262 92 00, www.hotelvangogh.nl

AKTIVITÄTEN

House of Bols Cocktail & Genever Experience. Bis 1575 reichen die Wurzeln der Geneverbrennerei Bols zurück. Die Tour durch das House of Bols führt durch Firmengeschichte und -sortiment und endet mit einem individuell gemixten Cocktail. Die angeschlossene Bols Bartending Academy bietet Mix-Workshops und Kurse für Anfänger und Fortgeschrittene an. Zugang erst ab 18 Jahren, verbilligte Tickets online, So–Do 13–18.30 Uhr, Fr–Sa 13–21 Uhr (Kasse schließt eine Stunde früher), Paulus Potterstraat 14, 1071 CZ Amsterdam, Tel. 020/570 85 75,www.bols.com

Kurse für angehende Barkeeper offeriert die Brennerei Bols.

28 Stedelijk Museum
Moderne Kunst und wegweisendes Design

Am Anbau des Stedelijk Museums scheiden sich die Geister. Wie eine riesige Badewanne thront der futuristische weiße Baukörper neben dem alten Museum. Der Umbau bescherte dem Stedelijk Museum über 100 Jahre nach seiner Eröffnung auch endlich einen Eingang zum Museumplein. Das Museum ist der modernen Kunst gewidmet und deckt die Zeitspanne von der Mitte des 19. Jahrhunderts bis zur Gegenwart ab.

In den Anfangsjahren waren in dem 1895 eröffneten Gebäude am Museumplein verschiedene Privatsammlungen – Münzen, Schmuck, Uhren und anderes – zu besichtigen. Adriaan Willem Weissman (1858–1923) entwarf den mit Türmchen geschmückten Bau im Neorenaissancestil. Die rote Backsteinfassade durchziehen helle Streifen aus Sandstein – Fassaden wie diese werden darum auch *Spekreepjes* (Speckstreifen) genannt. 1934 wurde in den Räumen des Stedelijk Museums ein Museum für moderne angewandte Kunst ins Leben gerufen, das nach dem Zweiten Weltkrieg im Stedelijk Museum aufging. Seine Bestände bildeten die Grundlage für die umfangreiche Designsammlung des Hauses.

Oben: Moderne Kunst im modernen Rahmen
Unten: *The Beanery* von Ed Kienholz

Eine Heimat für die Moderne

Unter der Ägide von Willem Sandberg (1897–1984), der das Haus von 1938 bis 1962 zunächst als Kurator, dann als Direktor prägte, entwickelte sich das Stedelijk Museum zu einer der weltweit führenden Adressen für moderne und zeitgenössi-

Als »Badewanne« wird der hypermoderne Museumsanbau verspottet.

sche Kunst. Sandberg kaufte Werke der klassischen Moderne und Arbeiten der niederländischen Künstlervereinigung CoBrA an und erweiterte die Kollektion um die Bereiche Fotografie, Design und Grafik. Darüber hinaus unterzog Sandberg auch das Innere des Museums einer Radikalkur: Er ließ die Innenräume konsequent weiß streichen. Ein »White Cube« sollte das Museumsinnere sein, in dem die Exponate umso besser zur Geltung kämen.

In den folgenden Jahrzehnten wuchs die Sammlung durch immer neue Ankäufe. Die Liste der hier vertretenen Künstler liest sich wie ein Who's who der modernen Kunstgeschichte und Gegenwartskunst: Fotokunst von Man Ray (1890–1976), Möbel von Gerrit Rietveld (1888–1965), verspielte Objekte von Jean Tinguely (1925–1991), Skulpturen von Ernst Ludwig Kirchner (1880–1938), Arbeiten von Marc Chagall (1887–1985), Henri Matisse (1869–1954), Pablo Picasso (1881–1973), Kurt Schwitters (1887–1948), Robert Rauschenberg (1925–2008), Andy Warhol (1928–1987), Claes Oldenburg (1929), Videokunst von Nam June Paik (1932–2006) – die Liste ließe sich ewig fortsetzen.

Geheimtipp

NACHTS IM MUSEUM

Berührungsängste kennt man hier nicht – im Gegenteil: Freitags ist das Museum bis 22 Uhr geöffnet und bietet dann jeweils einen »kulturellen Kickstart ins Wochenende«. Die Veranstalter greifen tief in die kulturelle Wundertüte: Jeder Freitag hat ein anderes Programm, von Vorträgen oder Podiumsdiskussionen über Performances, Ausstellungseröffnungen und Filmvorführungen bis hin zu Workshops oder Preisverleihungen. Wer zuvor einen Drink nehmen möchte: Das nur mit einer Museumseintrittskarte zugängliche »Café Zadelhoff« im ersten Stock des alten Gebäudeteils hat von 18.30 bis 19.30 Uhr Happy Hour.

Stedelijk Museum. Jeden Freitagabend, wechselnde Anfangszeiten je nach Programm (meist zwischen 19 und 20 Uhr), Termine/Programm auf der Museumshomepage unter www.stedelijk.nl

Oben: Der großzügige Treppenaufgang im alten Teil des Museums
Mitte: Die weißen Innenräume bringen die Kunstwerke zum Leuchten.
Unten: Design pur: das *Harrenstein-Zimmer* von Gerrit Rietveld

Umstrittener Anbau

Um die Jahrtausendwende platzte das alte Museum aus allen Nähten. Ein moderner Erweiterungsbau musste her, der bei seiner Eröffnung 2012 allerdings mit sehr gemischten Gefühlen aufgenommen wurde. Zu groß, zu spät, zu teuer – so lässt sich die Kritik am Umbau des Stedelijk Museums zusammenfassen. Geplant in wirtschaftlich guten Zeiten, fiel seine Fertigstellung jedoch mitten in die Eurokrise. Eine Badewanne, überlaufend vor lauter Hochmut – so bezeichnete ein Leitartikel das Bauprojekt, das mit satten 123 Millionen Euro deutlich mehr kostete als geplant und wegen Baufehlern, insolventen Baufirmen und randalierenden Fussballfans auch noch mit mehreren Jahren Verspätung fertiggestellt wurde.

Die Architekten des Architekturbüros Benthem Crouwel ließen bei ihrem Entwurf Alt und Neu bewusst aufeinanderprallen. Der gewaltige neue Flügel ruht auf einem transparenten Sockel, das Obergeschoss ist mit einem fugenlosen, hochglänzenden weißen Kunststoffmantel umgeben – 100 Meter lang und 18 Meter hoch. Ein verglaster Spalt zwischen dem alten und neuen Baukörper betont nach außen hin die Eigenständigkeit der beiden Gebäude. Durch das rundum verglaste Entree zieht sich eine leuchtend gelbe Tunnelröhre mit einer Rolltreppe darin. An die historische Backsteinwand des alten Gebäudes, die zur Innenwand mutiert ist, docken in luftiger Höhe tunnelförmige Übergänge an.

Die Ausstellungsfläche hat sich durch den An- und Umbau fast verdoppelt und umfasst jetzt stolze 10 000 Quadratmeter. Im alten Gebäude werden die Schätze der ständigen Sammlung gezeigt, während der neue Flügel ein Forum für die ebenfalls viel beachteten Sonderausstellungen des Stedelijk Museum und Platz für einen Buchladen, ein Restaurant, eine Bibliothek und die Verwaltung bietet. Kurz vor Drucklegung gab das Museum bekannt, dass die Innenaufteilung verändert und die Präsentation der ständigen Sammlung überdacht werden solle.

Ein Schlafzimmer vom Reißbrett

Davon betroffen wäre möglicherweise auch das größte Objekt des Museums: Ein komplettes Schlafzimmer, das Architekt und Designer Gerrit Rietveld (1888–1964) im Jahre 1926 für den Amsterdamer Kinderarzt Rein Harrenstein und dessen Frau An entwarf. Im Haus der Harrensteins an der Weteringschans ging zu jener Zeit die künstlerische Avantgarde ein und aus. Rietveld designte für die Harrensteins mehrere Räume. Einzig das Schlafzimmer mit seinen klaren, geometrischen Formen und den für die Kunstrichtung De Stijl typischen Farben Schwarz, Weiß, Gelb und Rot ist vollständig erhalten und nun als »Raum im Raum« im Stedelijk zu sehen.

SEHENSWÜRDIGKEITEN
Stedelijk Museum. Den Finger stets am Puls der Zeit – für Freunde moderner Kunst ist dieses Museum ein Muss. Sonntags gibt es zwei kostenlose Führungen: um 14.15 Uhr auf Niederländisch, um 15.45 Uhr auf Englisch. Tgl. 10–18 Uhr, Fr bis 22 Uhr, Museumplein 10, 1071 DJ Amsterdam, Tel. 020/573 29 11, www.stedelijk.nl

ESSEN UND TRINKEN
Restaurant Bouf. Die nette Brasserie ist bekannt für ihre gute Küche und das freundliche, aufmerksame Personal. Tgl. 11–22.30 Uhr (Küche), Van Baerlestraat 51, 1071 AP Amsterdam, Tel. 020/673 62 22, www.bouf.nl

Stedelijk Restaurant. Hier, im Erdgeschoss des neuen Museumsflügels, verschwimmen die Grenzen zwischen innen und außen. Lange weiße Betonbänke mit roten Sitzen scheinen sich durch die riesigen Fenster zu bohren. Sehr trendy. Tgl. 8.30–24 Uhr, Küche bis 22, Fr bis 23 Uhr, Museumplein 10, 1071 DJ Amsterdam, Tel. 020/573 26 51, www.stedelijk.nl

ÜBERNACHTEN
Max Brown Hotel Museum Square. In einer ruhigen Seitenstraße liegt dieses modern bis hip ausgestattete Hotel mit Zimmergrößen von winzig bis extragroß. Jan Luijkenstraat 40–46, 1071 CR Amsterdam, Tel. 020/662 05 26, www.maxbrownhotels.com

29 Vondelpark und Umgebung
Eine gutbürgerliche Oase

Eigentlich sollte inmitten der sumpfigen Wiesen westlich der Singelgracht eine Gasfabrik entstehen. Doch eine Gruppe wohlhabender Amsterdamer Bürger hatte andere Pläne. Sie sammelten Geld, kauften das Gelände und 1865 konnten die ersten Spaziergänger durch den nagelneuen Stadtpark flanieren. Rund um diese grüne Lunge entstand ein elegantes Wohnviertel mit schönen Villen und exklusiven Geschäften.

In der zweiten Hälfte des 19. Jahrhunderts erlebte Amsterdam im Zuge der industriellen Revolution eine zweite wirtschaftliche Blütezeit. Zwischen 1850 und 1900 verdoppelte sich die Zahl der Einwohner auf mehr als eine halbe Million. Hatte bis dahin die Singelgracht die Außengrenze Amsterdams markiert, so entstanden nun überall am Stadtrand neue Quartiere für die zahlreichen Industriearbeiter.

Früherer Nieuwe Park

Auch das begüterte Bürgertum zog es hinaus ins Grüne. Die Gründer des heutigen Vondelparks, der anfangs schlicht Nieuwe Park hieß, waren echte Trendsetter, als sie das Projekt eines Parks zum Spazierenfahren und -gehen am Stadtrand in Angriff nahmen. Auf einer zunächst acht Hektar großen Fläche legte in ihrem Auftrag der Landschaftsarchitekt Jan David Zocher (1791–1870) gemeinsam mit seinem Sohn Louis Paul (1820–1915) einen Park im englischen Landschaftsstil an, mit gewundenen Wegen, sanften Wiesen und malerischen Weihern. Das Ergebnis gefiel den Komiteemitgliedern so gut, dass

Oben: Viele Amsterdamer genießen die grüne Oase vor ihrer Haustür.
Unten: Frühlingsgefühle im Park

sie eifrig weiter Spenden sammelten.
Durch geschickte Zukäufe erreichte der
Park schließlich seine heutige Fläche von
47 Hektar. 1867 wurde das große Standbild
des Schriftstellers Joost van den Vondel (1587–
1679) aufgestellt, seitdem trägt die grüne Oase
den Namen des »niederländischen Shakespeare«.

Wohnstätte der Hippies

Ursprünglich war der Park den wohlhabenden Anwohnern vorbehalten, später pilgerten auch Arbei-
terfamilien zum Picknick hierher. Während der be-
wegten 1960er-Jahre richteten sich Hippies im Park
häuslich ein. Anfangs duldete die Stadtverwaltung
die wilden Camper und stellte sogar Toilettenhäus-
chen zur Verfügung. Seit Mitte der 1970er-Jahre
die letzten Hippielager aufgelöst wurden, ist das
Nächtigen im Vondelpark aber verboten.

Im nahegelegenen Hotel »Hilton« gingen John
Lennon und seine frisch angetraute Frau Yoko
Ono am Abend des 25. März 1969 ins Bett – und
blieben dort eine Woche lang. Als Demonstration
für den Weltfrieden wollten die beiden ihr »Bed-
In for Peace« verstanden wissen, bei dem sie sich
in adretten Schlafanzügen der Weltpresse stellten.
Die damalige Suite Nr. 902, die seit einer Moder-
nisierung des Hotels die Nummer 702 trägt, ist
zur Erinnerung an das Happening im Stil der
1960er-Jahre gestaltet und mit Slogans und
Pressefotos von damals geschmückt.

't Blauwe Teehuis und das Groot Melkhuis

Zwischen 1999 und 2009 wurde der 1,5 Kilometer
lange Park schrittweise renoviert. Heute nutzen
viele Amsterdamer ihn als Naherholungsgebiet
direkt vor der Haustür. Jahr für Jahr strömen Mil-

Nicht verpassen

FREILUFTTHEATER IM PARK

Große Kunst auf grünem Rasen: Jeden Freitag, Samstag und Sonntag gibt es von An-
fang Juni bis Ende August ein abwechslungsreiches Programm auf
der Freilichtbühne im Vondelpark:
Jazzkonzerte und Kabarett, Modern
Dance, Kindertheater und klassische
Musik wechseln sich ab, gestandene
Bühnengrößen treten ebenso auf wie
junge Nachwuchstalente. Besonders
schön ist die ungezwungene Atmosphäre. An einem Kiosk kann man
Essen und Getränke kaufen, viele Familien bringen aber auch einen eigenen, wohlgefüllten Picknickkorb mit.
Auch bei schlechtem Wetter finden
die Aufführungen statt – dann hüllen
sich Künstler wie Publikum stoisch in
Regenkleidung. Die Aufführungen
finden seit den 1970er-Jahren statt
und sind stets kostenlos.

Vondelpark.Open.Lucht.Theater.
Infos zu allen Terminen und Veranstaltungen auf der Freilichtbühne
gibt es im Internet unter
www.openluchttheater.nl.

lionen von Besuchern in den Park, joggen, bevölkern die Spielplätze, führen ihre Hunde aus, musizieren oder genießen einfach die Sonne. Im Parkgelände laden das »'t Blauwe Teehuis« und das »Groot Melkhuis« zu einer Rast ein.

Vondelparkpavillon

Die Fassade des 1881 im italienischen Renaissancestil erbauten Vondelparkpavillons ist mit den Figuren zweier Göttinnen geschmückt: Pomona ist die Göttin der Früchte und Gärten, Flora die des Frühlings und der Blumen. Nach wechselnden Nutzungen beherbergte der Pavillon ab 1975 das Filmmuseum, das Anfang 2012 in einen spektakulären Neubau in Amsterdam Noord umzog. Unter der Brücke, die unweit des Pavillons den Park überquert, befindet sich der Vondelbunker, ein ehemaliger Atomschutzraum, der heute als alternatives Kulturzentrum dient.

Rechts neben dem Pavillon führt die Roemer Visscherstraat aus dem Park hinaus. Hier ließ sich der Bankier Samuel van Eeghen 1894 eine Art Miniaturwelt erbauen: die Zevenlandenhuizen, eine Zeile mit sieben Häusern, die die Baustile aus sieben verschiedenen Ländern widerspiegeln. Zwiebeltürmchen und Fachwerk, maurische Hufeisen- und gotisch anmutende Spitzbogenfenster stehen hier einträchtig nebeneinander. Wie mit Siebenmeilenstiefeln geht die Reise von Deutschland (Hausnr. 20) über Frank-

Oben: Ganz entspannt im Hier und Jetzt
Mitte: Weltreise en miniature: die Zevenlandenhuizen
Unten: Naturschönheiten, gepflanzt von Menschenhand

reich (Nr. 22), Spanien (Nr. 24), Italien (Nr. 26), Russland (Nr. 28) und die Niederlande (Nr. 30) bis nach England (Nr. 30 a).

Vondelstraat und Vondelkerk

Rund um den Park siedelte sich im ausgehenden 19. Jahrhundert die Hautevolee Amsterdams an und ließ sich repräsentative Wohnhäuser inmitten großzügiger Gärten errichten. Die erste Straße, die entlang des Parks angelegt wurde, war die Vondelstraat. Sie trägt die Handschrift des Architekten Petrus J. H. Cuypers (1827–1921), der etliche der prachtvollen Bauten entlang der Straße entwarf, so zum Beispiel das Gebäude der 1910 gegründeten Freimaurerloge (Nr. 39–41). Cuypers selbst bewohnte zunächst die mit Türmchen verzierte Villa Nieuw Leyerhoven in der Vondelstraat 75 und übersiedelte später in die Nachbarvilla (Nr. 77–79).

Von seinem Haus aus hatte der Architekt einen guten Blick auf die von ihm entworfene neogotische Vondelkerk (1880) mit ihren vielen Seitenkapellchen. Cuypers platzierte die Kirche an zentraler Stelle und führte die Straße in zwei Bögen rechts und links um das Gotteshaus herum. Um das Geld für den Bau der Vondelkerk aufzubringen, wurde eine Lotterie veranstaltet, für die auch der damalige Papst Pius IX. stiftete. 1977 wurde die inzwischen baufällige Kirche für den symbolischen Preis von einem Gulden an einen Investor verkauft, 1982 sollte das Gotteshaus schließlich einem Apartmenthaus weichen. Den drohenden Abriss verhinderte eine eigens gegründete Stiftung, die das Baudenkmal kaufte und wieder instand setzte.

Straßenschlacht im Villenviertel

Schlendert man die Vondelstraat entlang, kann man sich kaum vorstellen, dass hier 1980 Straßen-

Geheimtipp

SKATERTOUR DURCH AMSTERDAM

Yuri, Chris und Alice waren die ersten, die sich 1997 regelmäßig mit Freunden im Vondelpark trafen, um auf unterschiedlichen Routen durch die Stadt zu skaten. Aus dem Freizeitspaß wurde rasch eine große Sache: Bis zu 3000 Skater rollten schon gemeinsam durch die nächtliche Stadt. Inzwischen werden die Ausflüge von der Stiftung Skate! organisiert. Treffpunkt ist die runde Bank in der Nähe des Vondelparkpavillons (Vondelpark 3), jeden Freitagabend um 20 Uhr, im Winter um 20.15 Uhr. Die Tour beginnt um 20.30 Uhr und dauert etwa zwei Stunden. Mitfahren dürfen nur geübte Skater, Schutzkleidung wird empfohlen. Die Teilnahme ist kostenlos.

Friday Night Skate. Wenn die Tour wegen schlechten Wetters ausfällt, wird das auf der Webseite der Stiftung Skate! bekanntgegeben. Anfragen an: Stichting Skate!, Binnenkadijk 235, 1018 ZG Amsterdam, www.fridaynightskate.com

schlachten tobten. Seit den 1970er-Jahren gab es in Amsterdam eine sehr aktive Hausbesetzerbewegung. Die *Kraker* ließen sich als Reaktion auf die Wohnungsnot in der Stadt in leer stehenden Gebäuden nieder. Im Februar 1980 besetzten *Kraker* eine Villa in der Vondelstraat 72. Als das Haus geräumt werden sollte, kam es zu heftigen Auseinandersetzungen zwischen Besetzern und der Polizei. Barrikaden brannten, ja sogar Panzerwagen rollten durch die vornehme Wohngegend. Am Ende räumten die *Kraker* das Feld.

Hollandsche Manege

Versteckt zwischen Vondelstraat und Overtoom liegt die älteste Reitschule der Niederlande, die Hollandsche Manege, die 1881 nach dem Vorbild der Spanischen Hofreitschule in Wien entstand. Vom ehemaligen Orchesterbalkon aus hat man einen schönen Blick auf die prächtige Reithalle und die elegante Dachkonstruktion. Bis heute findet hier, in bester Citylage, Reitunterricht statt.

Der Overtoom, der entlang der Rückfront verläuft, war bis 1904 ein Kanal namens Overtoomse Vaart. Entlang seiner Ufer errichteten wohlhabende Amsterdamer Bürger im 18. Jahrhundert Landsitze, um in den Sommermonaten der Hitze in der Stadt zu

Oben: Im Vondelparkpavillon residierte lange das Filmmuseum.
Mitte: Die P. C. Hooftstraat ist ein ausgesprochen teures Pflaster.
Unten: Schöne Fassaden am Overtoom, einst eine elegante Wohnstraße

entfliehen. Später kamen ganzjährig bewohnte Villen hinzu. Inzwischen ist der Overtoom eine lebendige Geschäftsstraße, an der sich zahlreiche Einrichtungs- und Designgeschäfte niedergelassen haben.

Wilhelmina Gasthuis

Über die Tweede Constantijn Huygensstraat erreicht man in wenigen Minuten das Gelände des Wilhelmina Gasthuis, bei dem es sich mitnichten um ein Gast-, sondern vielmehr um ein (ehemaliges) Krankenhaus handelt. Im 17. Jahrhundert stand hier, weit draußen vor den Toren der Stadt, das Pesthuys. Dort wurden Pestkranke und Patienten mit anderen ansteckenden Krankheiten gepflegt, die man lieber nicht in der Stadt versorgen wollte.

Ende des 19. Jahrhunderts entstand auf dem Areal ein für damalige Zeiten hochmodernes neues Krankenhaus (1893) mit luftigen freistehenden Pavillons. Fast 100 Jahre lang diente der von einer hohen Mauer umschlossene Komplex als Krankenhaus. Jetzt haben sich hier kleine Unternehmen, Künstler und soziale Organisationen niedergelassen. Das ehemalige pathologische Labor beherbergt heute ein Programmkino. Hier gibt es in wechselnden Ausstellungen immer etwas zu entdecken: Malerei, Fotografie, bildende und Videokunst.

P. C. Hooftstraat

Die P. C. Hooftstraat ist eine der berühmtesten und teuersten Einkaufsstraßen in den Niederlanden. Viele Nobelmarken unterhalten hier Niederlassungen, von Gucci bis Chanel, von Louis Vuitton bis Armani, von Tiffany & Co. bis Cartier. Sehen und gesehen werden heißt darum hier und in der quer kreuzenden Van Baerlestraat die Devise.

Nicht verpassen

TRANSPARENT GEMACHT

Wer im Glashaus sitzt, sollte nicht mit Steinen werfen – dieses Sprichwort dürfte so manchem Passanten durch den Kopf gehen, der am neuen Chanel-Flagshipstore an der P. C. Hooftstraat vorbeischlendert. Das renommierte Architekturbüro MVRDV bildete dafür die historische Backsteinfassade des Hauses, das zuvor an dieser Stelle stand, in vergrößerter Form aus Glassteinen nach. Die Wirkung ist verblüffend: Die Grenzen zwischen drinnen und draußen verschwimmen, die oberen, aus Backsteinen gemauerten Geschosse scheinen zu schweben. Bei den Kosten für den extravaganten Bau hört die Transparenz übrigens auf: Die bleiben geheim.

Chanel. Flagshipstore des französischen Modelabels. Mo 12–18 Uhr, Di–Sa 10–18 Uhr, erster So im Monat 12–17 Uhr, P. C. Hooftstraat 94–96, 1071 CA Amsterdam, Tel. 020/305 37 77, www.chanel.com

Infos und Adressen

SEHENSWÜRDIGKEITEN

De Hollandsche Manege. Die älteste Reitschule der Niederlande. Tgl. 10–17 Uhr, Vondelstraat 140, 1054 GT Amsterdam, Tel. 020/618 09 42, www.dehollandschemanege.nl

Vondelkerk. Die Kirche dient heute als Bürogebäude und kann nur von außen besichtigt werden. Vondelstraat 120 d, 1054 GS Amsterdam, www.vondelkerk.nl

Vor dem Abriss gerettet: die Vondelkerk

ESSEN UND TRINKEN

Groot Melkhuis. Ein familienfreundliches, gemütliches Lokal direkt am Wasser, mit Selbstbedienung und einem großen Kinderspielplatz. Tgl. ab 10 Uhr, Vondelpark 2, 1071 AA Amsterdam, Tel. 020/612 96 74, info@grootmelkhuis.nl, www.grootmelkhuis.nl

Ron Gastrobar. Der bekannte Sternekoch Ron Blaauw gab im April 2013 seine beiden Michelin-Sterne zurück und wandelte seinen Gourmettempel in ein einfaches Bistro um. Auf der Karte stehen nun rund 20 Gerichte zu je 15 Euro, Di–Fr Mittagessen 12–14.30 Uhr, Abendessen ab 17.30 Uhr, Sa ab 15 Uhr, So ab 11 Uhr, Sophialaan 55 hs, 1075 BP Amsterdam, Tel. 020/496 19 43, info@ronblaauw.nl, www.rongastrobar.nl

Sama Sebo. Das älteste indonesische Spezialitätenrestaurant der Niederlande serviert die traditionelle indonesische Reistafel. Mo–Sa 9–1 Uhr (Lunch 12–15, Dinner 17–22 Uhr), So geschl., unbedingt reservieren, P. C. Hooftstraat 27, 1071, BL Amsterdam, Tel. 020/662 81 46, www.samasebo.nl

't Blauwe Theehuis. Das mitten im Vondelpark gelegene, 1937 aus Stahl, Glas und Beton erbaute Teehaus hat eine riesige Terrasse mit 700 Plätzen. Tgl. 9–22 Uhr, Vondelpark 5, 1071 AA Amsterdam, Tel. 020/662 02 54, www.blauwetheehuis.nl

ÜBERNACHTEN

Conscious Hotel Vondelpark. Öko-Designhotel mit 81 geräumigen Zimmern (eines davon behindertengerecht), mit Energiesparlampen, Möbeln aus Recyclingmaterial und Ladestation für Elektroautos. Overtoom 519, 1054 LH Amsterdam, Tel. 020/820 33 33, www.conscioushotels.com

Hilton Amsterdam. In dieser Nobelherberge blieb John Lennon eine Woche lang im Bett – für Normalbürger wäre das absolut unerschwinglich. Apollolaan 138, 1077 BG Amsterdam, Tel. 020/710 60 00, www.hilton.de/Amsterdam

Hotel Jupiter. Kleines, familiengeführtes Drei-Sterne-Hotel in einer ruhigen Seitenstraße. Die Zimmer sind einfach und eher zweckmäßig eingerichtet. Tweede Helmersstraat 14, 1054 CJ Amsterdam, Tel. 020/618 71 32, www.jupiterhotel.nl

Hotel Piet Hein. Trendiges Lounge-Hotel in einer schönen alten Villa, eingerichtet mit Designermöbeln und maritimem Touch. Vossiusstraat 53, 1071 AK Amsterdam, Tel. 020/662 72 05, www.hotelpiethein.com

EINKAUFEN

ennu. Exklusive Boutique mit Haute Couture und hochkarätiger Designermode. Mo 13–18 Uhr, Di–Fr 10–18 Uhr, Sa 10–17 Uhr, So geschl., Cornelis Schuytstraat 15, 1071 JC Amsterdam, Tel. 020/673 52 65, www.ennu.nl

Fred de la Bretoniere. Seit über 40 Jahren ein Name für hochwertige Lederschuhe, von denen einige bereits in Designmuseen stehen. Mo 13–18 Uhr, Di, Mi, Fr, Sa 10–18 Uhr, Do 10–21 Uhr, So 12–17 Uhr, Van Baerlestraat 34, 1071 AX Amsterdam, Tel. 020/470 93 20, www.bretoniere.nl

Marqt. Lebensmitteleinkauf als Erlebnis: In trendiger Atmosphäre gibt es hier »echte Nahrungsmittel«: frisch, ohne Zusatzstoffe, aus regionalem (Bio-)Anbau. Mo–So 9–21 Uhr, Overtoom 21, 1054 HA Amsterdam, Tel. 020/820 82 92, www.marqt.com

Fahrradwerkstatt am Overtoom

Rollschuhfahren im Vondelpark

Moois. Mensen. Honden. Babies. Trendige Designerkleidung für Zwei- und Vierbeiner. Mo–Sa 11–18 Uhr, So 12–17 Uhr, Eerste Constantijn Huygensstraat 31, 1054 BR Amsterdam, Tel. 020/489 10 60, www.ilovemoois.nl

VERANSTALTUNGEN

LAB 111. Programmkino, Café, Kulturzentrum und Nachbarschaftstreff in einem ehemaligen Krankenhaus. Arie Biemondstraat 111, 1054 PD Amsterdam, Tel. 020/616 99 94, www.lab111.nl

Orgelpark. Die prachtvoll restaurierte Parkkerk ist heute ein Konzertsaal für Orgelkonzerte. Kasse: An Konzerttagen eineinviertel Stunde vor Konzertbeginn, Gerard Brandtstraat 26, 1054 JK Amsterdam, Tel. 020/515 81 11 (Di–Fr 14–17 Uhr), www.orgelpark.nl

AKTIVITÄTEN

Black Bikes Amsterdam. Verleiht Fahrräder aller Größen, Tandems und *Bakfiets* in neutralem Schwarz. Auch Tourenvorschläge. Rückgabe nach Belieben an einem von 12 Standorten im Stadtgebiet. Mo–Fr 8–20 Uhr, Sa–So 9–19 Uhr, Eerste Constantijn Huygenstaat 88, 1054 BX Amsterdam Tel. 085 273 74 54, www.black-bikes.com

Doupl.

★ **Albert**
Cuypmarkt

Albert

Tweed

De Pijp

30

Tw

Sarphatipark

Sarphatipzark

2e

Henri

30 De Pijp
Bunt, international und angesagt

Zu Beginn des 20. Jahrhunderts hatte der Stadtteil De Pijp einen ausgesprochen schlechten Ruf. Heute dagegen gehört das »Quartier Latin« von Amsterdam zu einer der beliebtesten Wohnlagen der Stadt. Vor allem der tägliche Markt auf der Albert Cuypstraat zieht viele Einheimische und Schaulustige an. Rund um das bunte Marktgeschehen findet man in diesem Multikulti-Viertel viele hübsche kleine Läden, Imbisse und Lokale.

Mit seinen über 250 Ständen ist der Albert Cuypmarkt das Herz des Viertels und einer der größten Märkte der Niederlande. Zu seinem hundertjährigen Bestehen ging 2005 sogar Königin Beatrix hier bummeln. Dass De Pijp ein multikulturelles Viertel ist, in dem über 140 Nationalitäten vertreten sind, spiegelt sich im Warenangebot auf dem Markt und in den zahlreichen Restaurants unterschiedlichster Couleur wider.

Albert Cuypstraat

Wo heute die Albert Cuypstraat verläuft, zog sich im 19. Jahrhundert ein schmaler Graben, die Zaagmolensloot, entlang. Sägemühlen säumten die Ufer. Diesem Graben, der lang und schmal wie ein Pfeifenhals war, verdankt das Viertel wahrscheinlich seinen Namen: *de Pijp* heißt »die Pfeife«. Hier, in der Polderlandschaft am Stadtrand, wurde zu dieser Zeit ein neuer Arbeiterstadtteil aus dem Boden gestampft, dessen enge Straßen dem Verlauf der Entwässerungsgräben folgten. Entlang dieser wurden Mietskasernen aus billigstem Baumaterial

Oben: Auf dem Albert Cuypmarkt gibt es (fast) alles.
Unten: Ein Denkmal erinnert im Sarphatipark an den gleichnamigen Wohltäter.

hochgezogen und zimmerweise zu Wucherpreisen an einfache Arbeiter, Künstler und Studenten vermietet.

Auch verschiedene Betriebe siedelten sich hier an. So errichtete beispielsweise Gerard Adrianus Heineken um die Mitte des 19. Jahrhunderts hier am südlichen Stadtrand eine Bierbrauerei. Gebraut wird an diesem Standort aber schon seit über 20 Jahren nicht mehr, stattdessen lockt in dem Brauereikomplex jetzt eine Art Bier-Erlebnispark namens Heineken Experience zahlreiche Besucher an.

Sarphatipark

Wer heute durch das hippe Viertel flaniert, kann sich die elenden Lebensverhältnisse der einfachen Arbeiter im ausgehenden 19. Jahrhundert kaum vorstellen. Sozialreformer wie der wohlhabende jüdische Arzt Samuel Sarphati (1813–1866) taten damals ihr Bestes, um die Not zu lindern. Sarphati rief eine Müllabfuhr ins Leben, initiierte den Bau öffentlicher Toiletten und errichtete eine Großbäckerei, die die Armen mit preiswertem Brot versorgte. In Anerkennung seiner Verdienste wurde dem visionären Sozialreformer 1886 in dem nach ihm benannten Sarphatipark ein Denkmal gesetzt. Rund um diesen Park entstanden schöne Häuser

Einfach gut!

DIE TORTE MEINER TANTE

Schon ein Blick ins Schaufenster lässt einem das Wasser im Munde zusammenlaufen: Das exzentrisch-kitschige Café »De Taart van m'n Tante« ist weit über die Grenzen des Viertels hinaus bekannt – der quietschbunte Schlemmertempel in einem hübschen Eckhaus ist ein beliebter Treffpunkt für Jung und Alt, Einheimische und Touristen. Über dem Café gibt es auch noch ein ausgesprochen nettes Bed & Breakfast mit drei individuell eingerichteten Zimmern, einer kompletten Küche und einem gemeinsamen Wohnzimmer.

De Taart van m'n Tante. Tgl. 10–18 Uhr, Ferdinand Bolstraat 10, 1072 LJ Amsterdam, Tel. 020/776 46 00, www.detaart.com

Cake under my pillow. Individuelles Bed & Breakfast oberhalb des Cafés. Eerste Jacob van Campenstraat 66, 1072 BH Amsterdam, Tel. 020/751 09 36, www.cakeundermypillow.com

mit aufwendigen Fassaden. Doch der wohlanständige Schein trog zuweilen: Um die Jahrhundertwende war in De Pijp die Prostitution an der Tagesordnung. Rund um den Sarphatipark gab es sogenannte Rendezvoushäuser, die stundenweise Zimmer vermieteten. Im Eckhaus zur Eerste van der Helststraat betrieb eine Wirtin namens »Vlaamse Jet« ein florierendes Bordell. Und nicht wenige Herren aus dem schicken Viertel Oud-Zuid unterhielten im benachbarten De Pijp eine Mätresse.

Wibauts Wohnungsbau

Im frühen 20. Jahrhundert sollte eine groß angelegte Stadterweiterung namens Plan Zuid die elenden Lebensbedingungen der Arbeiter in Amsterdam verbessern. Allen voran war der sozialdemokratische Stadtrat Florentinus Wibaut (1859–1936) die treibende Kraft hinter dem flächendeckenden Volkswohnungsbau, was sich in dem geflügelten Wort »Wer baut? Wibaut!« niederschlug. Im Rahmen dieser Stadtausbreitung entstand auch das Stadtviertel De Nieuwe Pijp mit dem 1923 fertiggestellten Wohnblock De Dageraad (»Die Morgenröte«). Die expressionistischen Backsteingebäude stellen einen der Höhepunkte der Amsterdamer Schule dar: Geschwungene Fassaden, Fensterbänder, gemauerte Verzierungen in den Backsteinwänden, Kunstwerke und ein durchgängiges Design bis hin zu Briefkästen und Hausnummern machen den von Piet Kra-

Oben: Terrassencafé am Gerard Douplein im In-Viertel De Pijp
Unten: Dachreiter der besonderen Art: ein Ball spielender Kobold

Spaziergang durch De Pijp

Der Rundgang beginnt im ältesten Teil des Viertels: An der Stadhouderskade siedelte sich Mitte des 19. Jahrhunderts die Brauerei Heineken an, die einer der wichtigsten Arbeitgeber im Viertel wurde.

Ⓐ Heineken Experience – Brauerei.

Ⓑ Café De Taart van m'n Tante – Über die Ferdinand Bolstraat geht es vorbei am angesagten 'Café »De Taart van m'n Tante«.

Ⓒ Albert Cuypstraat – Dann nach links in die Albert Cuypstraat mit ihrem berühmten Straßenmarkt.

Ⓓ Sarphatipark – Über die Eerste van Sweelinckstraat erreicht man den Park, den man vorbei am Sarphatidenkmal durchquert und durch den Ausgang beim Kinderspielplatz verlässt.

Ⓔ De Dageraad – Durch ruhige Wohnstraßen führt der Weg zu einem Meisterwerk der Amsterdamer Schule.

Ⓕ Ehemalige Diamantschleiferei Asscher – Entlang der Tolstraat.

Ⓖ Diamantstraat – An dieser Straße stehen noch die Häuschen früherer Diamantenschleifer.

Ⓗ Rathaus – Wo die Tolstraat auf das Amstelufer trifft, erhebt sich das imposante Rathaus der ehemaligen Gemeinde Nieuwer Amstel.

Ⓘ Haus mit den Kobolden – Das 1884 erbaute Haus ist ein interessanter architektonischer Stilmix und oben auf dem Dachgesimse hocken zwei grüne Kobolde mit roten Hosen und Zipfelmützen, die ganz in ein fröhliches Ballspiel vertieft sind.

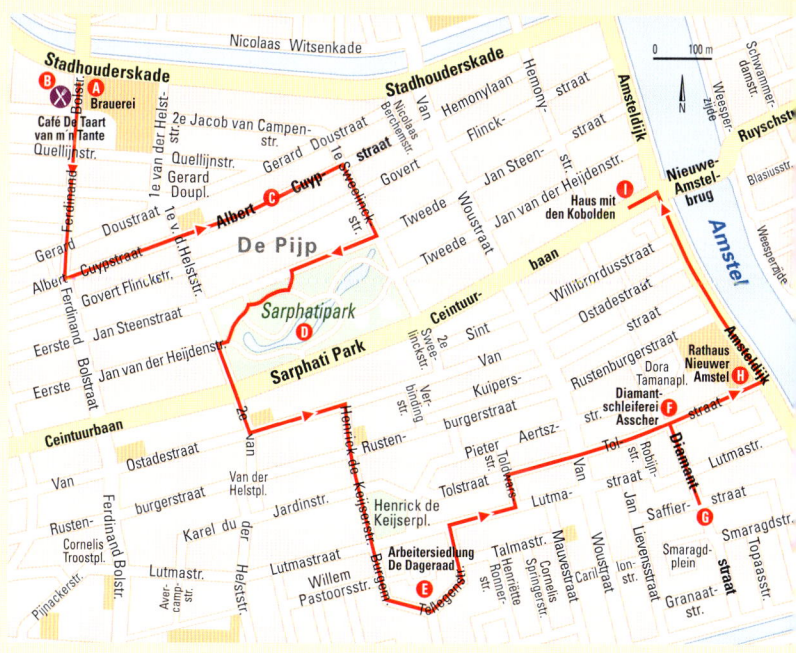

mer (1881–1961) und Michel de Klerk (1884–1923) entworfenen Komplex so besonders. Durch das Bauprojekt sollten in erster Linie gute und bezahlbare Arbeiterwohnungen bereitgestellt werden. Gleichzeitig verfolgten die Erbauer aber auch erzieherische Absichten: So waren beispielsweise die Küchen sehr klein, weil sich die Arbeiter nach der Schicht aus Hygienegründen nicht am Spülbecken waschen sollten.

Asscher und Ceintuurbaan

Abraham Asscher (1880–1950), der Leiter des traditionsreichen Diamantenhauses Asscher, ließ 1907 an der Tolstraße einen neuen Firmensitz bauen. Das mächtige Gebäude erinnert an eine mittelalterliche Burg, seine vielen Fenster sorgten für das nötige Licht an den Arbeitsplätzen der Diamantschleifer, von denen das Unternehmen zu Spitzenzeiten bis zu 300 beschäftigte. Rund um die Fabrik entstand ein Wohnviertel für die Arbeiter; einige der kleinen Häuschen sind noch in der Diamantstraat zu sehen. Asscher war seinerzeit ein Unternehmen von Weltruf: 1908 erhielt die Firma den Auftrag, einen riesigen Rohdiamanten, den berühmten Cullinan, zu spalten und zu schleifen. Die größten Teile zieren die britischen Kronjuwelen.

Rund um die Hemonylaan war einst die »bessere Gegend« des Viertels, was sich an der Größe der Häuser und den schön verzierten Giebeln ablesen lässt. Die Ceintuurbaan, heute eine lebhafte Straße, bildete lange die Stadtgrenze zur Nachbargemeinde Nieuwer Amstel. Hier steht das Huis met de Kabouters, das »Haus mit den Kobolden« (Nr. 251): Auf dem Dachsims des üppig verzierten Doppelhauses hocken zwei grüne Kobolde. Einer von ihnen hält einen roten Ball in der Hand, den er der Legende zufolge alle vier Jahre, in der Nacht des 29. Februar, seinem Gegenüber zuwirft…

Wie erlebt ein Blinder Amsterdam? Wer sich auf das Abenteuer CtheCity einlässt, durchwandert in einem großen, stockdunklen Raum verschiedene alltägliche Situationen: auf der Straße, im Park, im Rotlichtviertel, im Pub. Ein blinder Guide führt durch diese dunkle Welt, »zeigt« und erklärt Ihnen seine Version der Stadt. Es ist eine spannende Erfahrung, was die anderen Sinne in völliger Dunkelheit alles wahrnehmen. Wer möchte, kann anschließend im nahe gelegenen Dunkelrestaurant »Ctaste« in totaler Finsternis dinieren. Günstige Kombitickets online erhältlich.

CtheCity. Mi–So 11–19 Uhr, Mo, Di geschl., Amsteldijk 52, 1074 HX Amsterdam, Tel. 020/675 35 17, www.cthecity.nl

Ctaste. Dinieren, ohne etwas zu sehen. Mi–Sa ab 16 Uhr, So ab 11 Uhr. Amsteldijk 55, 1074 HX Amsterdam, Tel. 020/675 28 31, www.ctaste.nl

Infos und Adressen

SEHENSWÜRDIGKEITEN

De Dageraad. Das Museum Het Schip unterhält hier ein kleines Besucherzentrum. Jeweils zur vollen Stunde werden dann Führungen angeboten. Do–So 11–17 Uhr, Burgemeester Tellegenstraat 128, 1073 KG Amsterdam. Nähere Infos auf der Webseite des Museums Het Ship: www.hetschip.nl, Stichpunkt De Dageraad

Heineken Experience. Ein interaktiver Rundgang durch die ehemalige Brauerei; Tickets gibt's online zum Vorzugspreis. Mo–Do 10.30–19.30 Uhr (Einlass bis 17.30 Uhr), Fr–So 10.30–21 Uhr (Einlass bis 19 Uhr), 1. Jan., 27. April und 25. Dez. geschl., Stadhouderskade 78, 1072 AE Amsterdam, www.heineken.com/experience

ESSEN UND TRINKEN

Ciel bleu Restaurant. Zwei Michelin-Sterne locken im 23. Stock des Okura-Hotels. Reservierung

Die Arbeiter-Mustersiedlung De Dageraad

ratsam! Mo–Sa 18.30–22.30 Uhr, Ferdinand Bolstraat 333, 1072 LH Amsterdam, Tel. 020/678 74 50, cielbleu@okura.nl, www.cielbleu.nl

Bazar Amsterdam. Orientalische Küche in einer ehemaligen Kirche. Tgl. 10–24 Uhr, Albert Cuypstraat 182, 1073 BL Amsterdam, Tel. 020/675 05 44 (Reservierung), www.bazaramsterdam.nl

ÜBERNACHTEN

Sir Albert Hotel. Nobles Boutiquehotel in einer ehemaligen Diamantenfabrik. Albert Cuypstraat 2–6, 1072 CT Amsterdam, Tel. 020/305 30 20, www.siralberthotel.com

EINKAUFEN

Albert Cuypmarkt. Der berühmteste Straßenmarkt in Amsterdam. Mo–Sa 9–17 Uhr, Albert Cuypstraat, www.albertcuyp.nl

International geht es zu auf dem Albert Cuypmarkt.

JÜDISCHES VIERTEL

31 Vom Nieuwmarkt bis zur Oudeschans
Buntes Treiben rund um die alte Waage **180**

32 Rembrandt-Haus
Rembrandts beste Jahre **184**

33 Rund um den Waterlooplein
Das Herz des alten jüdischen Viertels **186**

34 Mr. Visserplein und Jonas Daniël Meijerplein
Am Platz der Synagogen **192**

35 Jüdisches Museum
Auf den Spuren der Vergangenheit **196**

36 De Plantage
Wo das jüdische Bürgertum wohnte **198**

37 Hortus Botanicus Amsterdam
Im Zaubergarten **208**

38 Natura Artis Magistra
Ein Zoo mit Tradition **210**

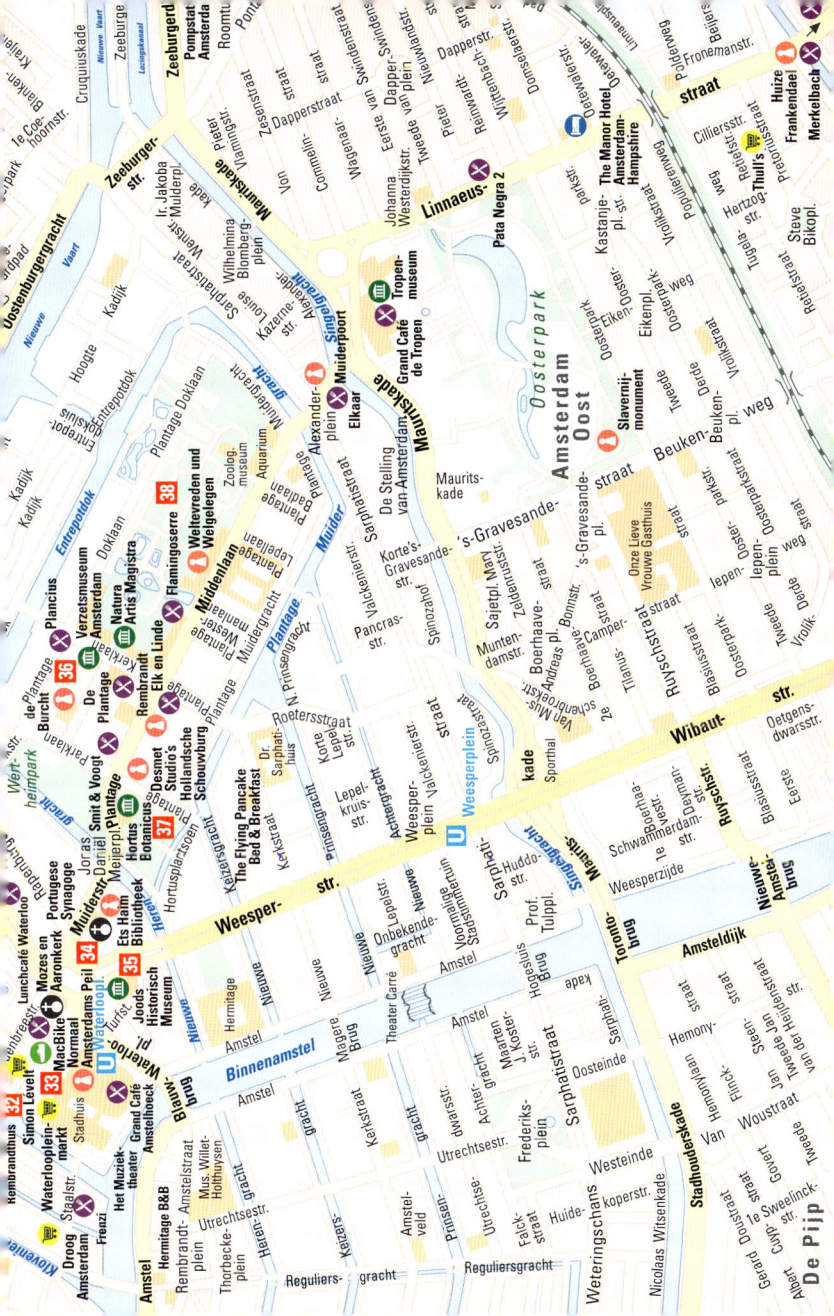

31 Vom Nieuwmarkt bis zur Oudeschans
Buntes Treiben rund um die alte Waage

Rund um Nieuwmarkt und Waterlooplein spielte sich über mehrere Jahrhunderte das jüdische Leben der Stadt ab. Davon sind nur noch wenige Spuren übrig geblieben. Gegen den massiven Widerstand vieler Bürger fielen dem Modernisierungsstreben in den 1970er-Jahren ganze Straßenzüge des früheren jüdischen Viertels zum Opfer. Mit ihrem Protest konnten die Demonstranten nur die allerschlimmsten Auswüchse des Autowahns abwenden.

Abreißen und neu bauen lautete in den 1970er-Jahren die stadtplanerische Maxime für diesen Teil der Stadt. Ursprünglich war sogar eine vierspurige Schnellstraße mitten durch das Nieuwmarktviertel geplant. Gebaut wurde nach massiven Protesten

Seite 178/179: Der berühmte Flohmarkt auf dem Waterlooplein
Oben: Das imposante Waaggebouw begann seine Karriere als Stadttor.
Unten: Sehen und gesehen werden: Im Sommer wird der Nieuwmarkt zur Bühne.

GUT ZU WISSEN

LINIE 8 FÄHRT NICHT MEHR
Die Straßenbahnlinie 8 verband bis 1942 die Stadtteile Amsterdams, in denen der Großteil der jüdischen Bevölkerung lebte. Nachdem Juden keine öffentlichen Verkehrsmittel mehr benutzen durften, wurde die im Volksmund »Judentram« genannte Linie offiziell eingestellt. Manchen Quellen zufolge wurde sie danach auch dazu benutzt, verhaftete Juden zum Bahnhof zu transportieren, von wo ihr Weg in die Vernichtungslager führte. Als 1997 eine neue Tramlinie die Ziffer 8 erhalten sollte, brach daher ein Sturm der Entrüstung los. Der Vorschlag wurde zurückgezogen. Eine Linie 8 wird es in Amsterdam wohl nie mehr geben.

zwar letztlich nur ein U-Bahn-Tunnel, doch auch dieser ging mit einem flächendeckenden Abriss entlang der Sint Antoniesbreestraat einher. Die teils sogar blutigen Krawalle gingen als die *Nieuwmarktrellen* in die Stadtgeschichte ein. In der U-Bahn-Station Nieuwmarkt erinnern Fotos von damals an die Proteste.

Vom Stadttor zur Stadtwaage

Das markante Gebäude der Waage, das den Nieuwmarkt dominiert, wurde 1488 als Stadttor errichtet und trug ursprünglich den Namen Sint Antoniespoort. Durch die Stadterweiterung im 17. Jahrhundert verlor der massige Backsteinbau seine ursprüngliche Funktion; er wurde in eine öffentliche Waage für schwere Güter umgewidmet. Im Obergeschoss hatten verschiedene Zünfte – Schmiede, Maurer, Maler – ihre Versammlungsräume. Die Amsterdamer Chirurgen unterhielten hier einen Vorlesungssaal, das Theatrum Anatomicum. Der Maler Rembrandt van Rijn (1606–1669), der in der nahegelegenen Jodenbreestraat wohnte (s. S. 184), machte hier Vorstudien für sein berühmtes Gemälde *Die anatomische Vorlesung des Dr. Tulp*. Heute ist in der alten Waage ein stimmungsvolles Restaurant untergebracht (s. Autorentipp). Rund um den Nieuwmarkt reihen sich schöne Patrizierhäuser aneinander und an den meisten Tagen herrscht hier lebhaftes Markttreiben. Wer an einem sonnigen Sommertag über den Platz schlendert, kann sich kaum vorstellen, dass während der deutschen Besatzung hier die mit Stacheldraht abgeriegelte Grenze des Ghettos verlief.

Huis de Pinto

Im Zuge der Sanierung sollte auch das elegante Huis de Pinto an der Sint Antoniesbreestraat dem Erdboden gleichgemacht werden. Nachdem der

Einfach gut!

ROMANTISCH SPEISEN BEI KERZENSCHEIN

Das prächtige alte Gebäude der Stadtwaage mitten auf dem Neumarkt beherbergt ein beliebtes Café und Restaurant. Die geschichtsträchtigen Räumlichkeiten werden durch 300 Kerzen in großen Kronleuchtern stimmungsvoll erhellt. Schlichte hölzerne Tische und der leicht unebene Boden aus alten Backsteinen zaubern ein gemütliches Flair. Auf der Speisekarte stehen internationale Gerichte, zubereitet aus regionalen Lebensmitteln. Nachmittags wird ein gediegener High Tea serviert. Im Sommer lockt die schöne Terrasse mit Blick auf das lebendige Treiben.

Restaurant-Café In de Waag. Tgl. ab 9 Uhr, Lunch 10–16 Uhr, Dinner 17–22.30 Uhr), Nieuwmarkt 4, 1012 CR Amsterdam, Tel. 020/422 77 72, www.indewaag.nl

Plan für die Schnellstraße mit einer Stimme Mehrheit abgelehnt worden war, wurden entlang des ursprünglichen Straßenzugs Sozialwohnungen errichtet. Das prachtvolle, im 17. Jahrhundert für den jüdischen Bankier Isaac de Pinto und seine Familie erbaute Haus ist schon deshalb etwas Besonderes, weil es nicht wie vergleichbar gediegene Häuser an einer der vornehmen Grachten, sondern in einer schlichten Wohnstraße liegt. Jahrelang war im Pintohaus eine Zweigstelle der Amsterdamer Stadtbücherei untergebracht, sodass die prächtige Innenausstattung, vor allem die herrlichen Deckengemälde, besichtigt werden konnten. Die Bibliothek schloss Mitte November 2012 ihre Pforten; heute ist hier ein Kultur- und Literaturzentrum untergebracht.

Die Zuiderkerk

Auf der anderen Straßenseite hat ein weiteres Bauwerk aus dem 17. Jahrhundert den U-Bahn-Bau überlebt. Durch eine kleine Pforte betritt man den ehemaligen Kirchhof der Zuiderkerk, der heute zu einer Piazza umgestaltet ist. Die 1611 geweihte Kirche im Renaissancestil war die erste für Protestanten gebaute in Amsterdam. Für ihren Bau wurden Steine aus dem Abbruch der alten Stadtmauer verwendet. Hendrick de Keyser entwarf das Gotteshaus ganz traditionell als dreischiffige Basilika. 1929 wurde in der Zuiderkerk der letzte Gottesdienst abgehalten. Heute kann sie für Veranstaltungen gemietet werden.

Die unweit der Kirche abzweigenden Straßen Nieuwe und Oude Hoogstraat lohnen einen kleinen Abstecher; hier reihen sich viele nette kleine Lädchen aneinander. Nur einen kurzen Spaziergang entfernt liegt die ehemals mit Dampfmaschinen betriebene Diamantschleiferei der Gebrüder Boas auf der Insel Uilenburg.

Oben: Aus der Ferne grüßt der Turm der Zuiderkerk.
Unten: Zunftzeichen der St.-Lucas-Gilde am Waaggebouw

Infos und Adressen

SEHENSWÜRDIGKEITEN

Huis de Pinto. In dem Literatur- und Kulturzentrum gibt es Lesungen, Ausstellungen und Musikmatinéen, außerdem eine Büchertausch- und -leihbibliothek. Mo–Fr 10.30–17.30 Uhr, Sa 10–17 Uhr, So geschl., Sint Antoniesbreestraat 69, 1011 HB Amsterdam, Tel. 020/370 02 10, www.huisdepinto.nl

Zuiderkerk. Die ehemalige Kirche wird jetzt für Veranstaltungen vermietet und kann nicht besichtigt werden. Zuiderkerkhof 72, 1011 WB Amsterdam, www.zuiderkerkamsterdam.nl

ESSEN UND TRINKEN

Betty Blue. Herzhafte Snacks, verlockende Kuchen und unwiderstehliche Törtchen in einem loftartigen Ambiente. Mo–Sa 8.30–18 Uhr, So 9.30–18 Uhr, Snoekjessteeg 1–3, 1011 HA Amsterdam, Tel. 020/810 09 24, www.bettyblueamsterdam.nl

EINKAUFEN

A. Boeken Stoffen- en Fourniturenwinkel. Seit 1920 findet man in dem kleinen, vollgestopften Laden alles, was man zum Nähen und Verzieren braucht. Mo 12–18 Uhr, Di, Mi, Fr 10–18 Uhr, Do 10–20 Uhr, Sa 10–17 Uhr, So geschl., Nieuwe Hoogstraat 31, 1011 HD Amsterdam, Tel. 020/626 72 05, www.aboeken.nl

Simon Lévelt. Seit 1817 handelt diese Firma mit Kaffee und Tee; die Auswahl in der hellen, modernen Filiale an der Jodenbreestraat ist beeindruckend. Mo 12–18 Uhr, Di–Fr 10–18 Uhr, Sa 10–17 Uhr, verkaufsoffene Sonntage 13–17 Uhr, Jodenbreestraat 20, 1011 NK Amsterdam, Tel. 020/330 79 29, www.simonlevelt.nl

AKTIVITÄTEN

Gassan Diamonds. Einmal den Diamantschleifern bei der Arbeit zusehen. Die rund 40-minütige Führung wird in 27 Sprachen angeboten. Eine vorherige Anmeldung via Webseite ist erforderlich. Tgl. 9–17 Uhr, Nieuwe Uilenburgerstraat 173–175, 1011 LN Amsterdam, www.gassan.com > Tours

Temperamentvolle Darbietung unter freiem Himmel

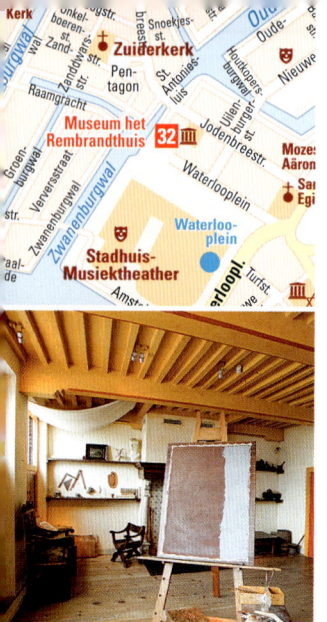

32 Rembrandt-Haus
Rembrandts beste Jahre

In diesem Haus verbrachte der berühmte Maler Rembrandt die wohl glücklichste Zeit seines Lebens, bevor er Bankrott ging und das prächtige Gebäude mit allem Inventar verkaufen musste. Das liebevoll rekonstruierte Innere des Hauses vermittelt heutigen Besuchern das Gefühl, beim Meister persönlich zu Gast zu sein.

Die Leinwand steht auf der Staffelei nahe der großen Fensterfront, durch die gleichmäßiges Licht in den Raum fällt. Auf dem Tisch liegen die Farbpigmente bereit. Es sieht so aus, als wäre der Maler nur kurz aus dem Zimmer gegangen – vielleicht in seine »Wunderkammer«, in der eine große Sammlung von Kunstgegenständen, Büsten, Muscheln und exotischen Pflanzen darauf warten, auf einem Gemälde verewigt zu werden?

Glückliche Jahre

Als Rembrandt Harmenszoon van Rijn (1606–1669) im Jahre 1639 das stattliche Haus kaufte, stand er auf dem Höhepunkt seiner Karriere. Der in Leiden geborene Künstler war als junger Mann nach Amsterdam übersiedelt, wo er sich rasch einen Namen machte und 1634 Saskia van Uylenburgh, die Nichte seines Kunsthändlers, heiratete. 1641 kam Sohn Titus zur Welt. Mit seiner kleinen Familie richtete sich Rembrandt im neuen Domizil behaglich ein. Ein repräsentativer Raum im Erdgeschoss diente als Präsentations- und Verkaufsraum für die Gemälde, mit denen Rembrandt handelte. Im ersten Stock hatte der Maler sein Atelier und unterm Dach arbeiteten die Schüler und Gesellen. Rembrandt wandte sich der Landschaftsmalerei zu.

Oben: Als wäre er nur kurz malweg-ein Blick in Rembrandts Atelier
Unten: Versonnen blickt das Denkmal auf dem Rembrandtplein.

Der tiefe Fall

Doch schon 1642 – im gleichen Jahr, in dem der Maler sein wohl berühmtestes Gemälde *Die Nachtwache* vollendete – starb seine Frau Saskia. Nach diesem schweren Schicksalsschlag ging Rembrandts Schaffenskraft merklich zurück. In Hendrickje Stoffels fand er zwar einige Jahre später eine neue Partnerin, heiratete sie aber nicht – was ihr 1654 eine Vorladung beim Amsterdamer Kirchenrat eintrug. Wenig später stellte sich heraus, dass Rembrandt sich mit dem Kauf des Hauses finanziell übernommen hatte. Trotz aller Anstrengungen war es ihm all die Jahre nicht gelungen, den Kredit zurückzuzahlen. 1656 musste er Konkurs anmelden.

Auf Rembrandts Spuren

Das Haus, in das Rembrandt einst so hoffnungsvoll eingezogen war, wurde schon 1911 in ein Museum umgewandelt und 1999 im Zuge einer umfassenden Renovierung so gut wie möglich in den Originalzustand zurückversetzt. Das detaillierte Inventar, das ein Notar anlässlich des Konkurses aufgenommen hatte, war dabei eine wertvolle Hilfe. Links neben dem alten Haus beherbergt ein moderner Anbau die weltweit größte Sammlung von grafischen Arbeiten Rembrandts. An den Vitrinen sind Lupen befestigt, mit denen man die hauchfeinen Linien der Arbeiten detailliert betrachten kann. Ein Raum im Altbau ist als Werkstatt hergerichtet, in dem die Technik der Radierung regelmäßig vorgeführt wird.

Von seinem Haus aus hatte Rembrandt einen guten Blick auf die 1602 erbaute Sint Antoniesluis und das kleine, malerisch schiefe Schleusenwärterhäuschen – ein Anblick, der ihn zu einer Zeichnung inspirierte. Der Blick von der Schleuse hinüber zum Montelbaanstoren ist immer noch wunderschön.

SEHENSWÜRDIGKEITEN

Museum Het Rembrandthuis. Eine spannende Reise durch Leben und Werk des Künstlers; ein Audioguide ist im Eintrittspreis enthalten. Ein Anbau ist dem grafischen Werk Rembrandts gewidmet. Tgl. 10–18 Uhr, 25. Dez. und Koningsdag geschl., Jodenbreestraat 4, 1011 NK Amsterdam, Tel. 020/520 04 00, www.rembrandthuis.nl

ESSEN UND TRINKEN

Café de Sluyswacht. Hübsches Café in einem urigen Schleusenwärterhäuschen. Mo–Do 12.30–1 Uhr, Fr–Sa 12.30–3 Uhr, So 12.30–19 Uhr, Jodenbreestraat 1, 1011 NG Amsterdam, Tel. 020/625 76 11, www.sluyswacht.nl

Café Restaurant Orff. Im Erdgeschoss der Theaterhochschule; mit gemütlichen Sitzsäcken auf der sonnigen Terrasse. Tgl. 9–1 Uhr, Küche von 11–20 Uhr (Winter/Ferien geänderte Zeiten), Jodenbreestraat 3, 1011 NG Amsterdam, Tel. 020/330 01 62, www.orff.nl

Anatomische Vorlesung des Dr. Deyman

33 Rund um den Waterlooplein
Das Herz des alten jüdischen Viertels

Kaum ein Bauvorhaben in Amsterdam war so umstritten wie der Gebäudekomplex der Stopera, für den jede Menge alte Bausubstanz, darunter auch die letzten Reste des alten jüdischen Viertels, abgerissen wurden. Der Waterlooplein dient bereits seit 1882 als Marktplatz. Heute findet hier täglich außer sonntags ein sehr beliebter Flohmarkt statt. Das Angebot ist überwältigend – es gibt wohl nichts, was es hier nicht gibt.

Das alte jüdische Viertel rund um den heutigen Waterlooplein entstand in den ersten Jahrzehnten des 17. Jahrhunderts, als Amsterdam zum Zufluchtsort für Tausende jüdischer Flüchtlinge aus Süd-, Ost- und Mitteleuropa wurde. Zwar hatten die jüdischen Einwanderer auch hier lange Zeit keine Bürgerrechte; viele Berufe und die Handwerkszünfte blieben ihnen versperrt. Doch im Gegensatz zu ihren Herkunftsländern war ihnen hier die Ausübung ihrer Religion gestattet und sie mussten nicht in einem Ghetto leben, anders als in vielen anderen europäischen Städten dieser Zeit.

Vlooyenburg, Uilenburg, Rapenburg

Schon um 1590 war in der Amstel an dieser Stelle eine künstliche Insel aufgeschüttet worden, die den Namen Vlooyenburg erhielt. Zu Beginn des 17. Jahrhunderts strömten Tausende von Sephardim, jüdische Glaubensflüchtlinge aus Portugal

Lebhaft wird auf dem Waterlooplein gefeilscht.

und Spanien, nach Amsterdam. Viele von ihnen siedelten sich hier an. Auf Vlooyenburg, in den umliegenden Straßen und auf den benachbarten Inseln Rapenburg und Uilenburg bildete sich rasch eine eigene jüdische Infrastruktur mit Talmudschulen, Synagogen und Schlachthäusern für koscheres Fleisch heraus. Weil Juden keine Läden besitzen durften, blühte vor allem entlang der Jodenbreestraat der Straßenhandel. Immer mehr Flüchtlinge ließen sich in dem Areal zwischen Nieuwmarkt und dem heutigen Waterlooplein nieder.

Jodenbuurts berühmter Anwohner Spinoza

In dem Jodenbuurt genannten Wohnviertel lebten zu dieser Zeit sowohl vermögende als auch arme jüdische Bürger. Auch die Familie des berühmten Philosophen Baruch de Spinoza (1632–1677) war hier ansässig. Sein Geburtshaus stand unweit der monumentalen Mozes en Aäronkerk. Spinoza gilt als Vordenker der Aufklärung und Begründer der modernen Bibelkritik. Schon als junger Mann geriet der religionskritische Denker in Konflikt mit der jüdischen Gemeinde. Die Auseinandersetzung gipfelte schließlich in seinem Ausschluss im Jahre 1656. Zu Spinozas berühmtesten Werken zählen sein 1670 anonym veröffentlichter *Tractatus theologico-politicus* und die erst nach seinem Tod publizierte *Ethica*. Ein Denkmal am Amstelufer gleich neben dem Stadthaus erinnert an den kritischen Denker.

Markt auf dem Waterlooplein

In der zweiten Hälfte des 17. Jahrhunderts wanderten die wohlhabenderen Familien nach und nach in bessere Wohnlagen ab. Aschkenasische Juden, die vor Verfolgung und Unterdrückung aus Osteuropa flohen, rückten nach. Der wirtschaftliche Ab-

schwung, der ganz Amsterdam im 18. Jahrhundert erfasste, schlug sich auch im jüdischen Viertel spürbar nieder. Die Gegend verarmte und erholte sich nur langsam. Gleichzeitig aber bekamen im ausgehenden 18. Jahrhundert die jüdischen Bewohner die gleichen Rechte wie die übrigen Amsterdamer. 1882 wurden auf Geheiß des Magistrats zwei Grachten auf der Insel Vlooyenburg zugeschüttet und der Waterlooplein als neuer Marktplatz etabliert, wo ab 1893 täglich außer am Samstag (Sabbat) viele Händler ihre Waren feilboten.

Vor dem Zweiten Weltkrieg war der Markt auf dem Waterlooplein einer der größten und bestsortierten in ganz Amsterdam. Diese Ära war mit der deutschen Besatzung unwiederbringlich vorbei. In den 1970er-Jahren erlebte der Platz eine neue Blütezeit, als die Hippiebewegung den hier abgehaltenen Flohmarkt für sich entdeckte. Heute stöbern sowohl Touristen als auch Einheimische auf der Suche nach Schnäppchen zwischen den rund 300 Ständen – man findet eigentlich immer etwas…

Die Schreckensjahre

Kurz vor dem Zweiten Weltkrieg machte die jüdische Gemeinschaft gut ein Zehntel der Gesamtbevölkerung Amsterdams aus. Aufgrund des blühenden Gemeindelebens trug die Stadt damals den Beinamen »Jerusalem des Westens«. Auch aus die-

Oben: Orangefarbenes Fahrradtaxi auf der Blauwbrug
Mitte: Ein Denkmal für Baruch Spinoza, den berühmten Denker
Unten: Der Amsterdamer Pegel

sem Grund flohen seit den 1930er-Jahren viele Juden vor der Verfolgung durch die Nationalsozialisten nach Amsterdam. Doch im Mai 1940 besetzten deutsche Truppen die Niederlande, 1941 wurde das Viertel rund um den Waterlooplein zum Ghetto erklärt. Alle jüdischen Bürgerinnen und Bürger mussten sich registrieren lassen. Systematisch deportierten die deutschen Besatzer die jüdischen Bewohner, ganze Straßenzüge blieben komplett entvölkert zurück. Wo Amstel und Zwanenburgwal zusammentreffen, erinnert seit 1988 eine glatte schwarze Granitsäule an die Helden des jüdischen Widerstands.

Zankapfel Stopera

Das beherrschende Gebäude am Waterlooplein ist heute die multifunktionelle Stopera (Stopera ist eine Wortschöpfung aus *stadhuis* und *opera*). Als in den 1980er-Jahren die Pläne für den geplanten Neubau dieses kombinierten Stadtverwaltungs- und Musiktheater-/Opernhauses bekannt wurden, formierte sich unter der Devise »Stopera = Stop Opera!« umgehend der Widerstand. Der Protest richtete sich gegen die Kosten, vor allem aber dagegen, dass dem Bauvorhaben der größte Teil der noch erhalten gebliebenen historischen Gebäude des alten jüdischen Viertels geopfert werden sollte. Am Ende setzten sich die Befürworter durch und das umstrittene Mammutprojekt wurde 1986 eröffnet – begleitet von Hohn und Spott.

Normalnull auf Augenhöhe

Um künftig vor Überschwemmungen sicher zu sein, wurde im Jahr 1684 ein amtlicher Nullpunkt festgelegt, der zehn Zentimeter über dem mittleren Wasserspiegel der Zuiderzee lag. Neue Bebauungsgebiete mussten fortan mindestens 70 Zentimeter über diesem Nullpunkt, dem

Einfach gut!

DROOG DESIGN
Im stattlichen alten Haus der Tuchhändlergilde residiert das international renommierte, 1993 gegründete Designkollektiv Droog Design. Unter der Leitung der Mitgründerin Renny Ramakers werden Designermöbel und Wohnaccessoires weitab des Mainstreams präsentiert. Auch Designermode und einen Beautystore findet man unter dem gleichen Dach. Im rückwärtigen Gebäudeteil gibt es das »Café Droog«, wo man mit Blick auf einen Innenhof namens Märchengarten essen kann. Ein weiterer Bestandteil des Gesamtkonzepts ist das »Hotel Droog«. Hoch oben über den Dächern der Stadt bietet ein Raum mit großen Sprossenfenstern einen wunderbaren Ausblick; dort liegt auch das einzige Schlafzimmer des sogenannten Hotels – sehr zutreffend beschrieben als »the one and only bedroom«…

Droog Amsterdam. Tgl. 9–19 Uhr, Staalstraat 7B, 1011 JJ Amsterdam, Tel. 020/523 50 59, www.droog.com

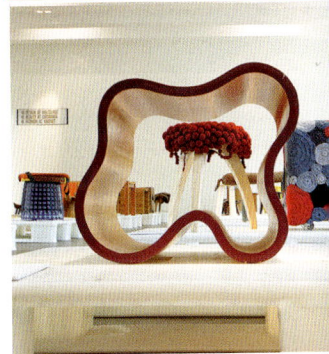

Normaal Amsterdams Peil (NAP), liegen. Der gedachte Punkt legte eine beachtliche Karriere hin: Bis heute ist er unter der Bezeichnung »Normalnull« in vielen europäischen Ländern der amtliche Bezugspunkt für Höhenmessungen. Im Gebäudekomplex der Stopera kann man diesen Nullpunkt sogar anfassen: In der Passage zwischen Stadhuis und Muziektheater ist er durch einen Bolzen aus Bronze dargestellt. Daneben zeigt eine Wassersäule den Höchststand der verheerenden Sturmflut von 1953, die in Holland mehr als 1800 Menschenleben forderte.

Im Foyer des Muziektheaters ist eine interessante Skulptur zu sehen: Kopf, Arm und Instrument eines Geigers, der aus dem Fußboden emporzubrechen scheint. Der Schöpfer dieses und einer Reihe weiterer Kunstwerke, die unverhofft im Stadtgebiet auftauchten, blieb anonym. Immer wieder wurden Stimmen laut, Königin Beatrix habe die Werke geschaffen – vor allem, weil der Geiger in der Stopera eine große Ähnlichkeit mit Prinzgemahl Claus aufweisen soll...

Mozes en Aäronkerk

Die Mozes en Aäronkerk (1841) mit ihrem säulengeschmückten Eingangsportal wirkt zwischen der modernen Stopera und der vielbefahrenen Straße fast wie ein Fremdkörper. Im 17. Jahrhundert, als der Katholizismus in Amsterdam nicht mehr öffentlich praktiziert werden durfte, unterhielten hier Franziskaner eine Geheimkirche in zwei benachbarten Häusern namens »Mozes« und »Aaron«. Als die katholischen Gläubigen wieder mehr Rechte genossen, wurde 1841 die heutige Kirche gebaut. Nachdem die Kirche jahrelang als Begegnungsstätte diente, wurde sie 2014 erneut geweiht und wird heute von der katholischen Laienvereinigung Sant'Egidio genutzt.

Oben: Rund um die Stopera herrscht oft buntes Treiben.
Unten: Die Mozes en Aäronkerk ist dem Heiligen Antonius geweiht.

Infos und Adressen

SEHENSWÜRDIGKEITEN

Mozes en Aäronkerk. Im Sommer kann die Kirche meist Sa 13–16 Uhr besichtigt werden. Waterlooplein 207, 1011 PG Amsterdam, www.santegidio.nl

Normaal Amsterdams Peil. Besucherzentrum zum Amsterdamer Pegel in der Stopera. Mo–Fr 9–18 Uhr, Sa, So und Feiertag geschl., Amstel 1, 1000 AE Amsterdam, www.normaalamsterdamspeil.nl

ESSEN UND TRINKEN

Frenzi Restaurant. Gemütliches Lokal mit gehobener Bioküche und Live-Jazz am letzten So im Monat (15–18 Uhr). Tgl. 10–1 Uhr, Zwanenburgwal 232, 1011 JH Amsterdam, Tel. 020/423 51 12, www.frenzi-restaurant.nl

Grand Café Amstelhoeck. Modernes, großzügiges Café mit schönem Amstelblick im Gebäude des Stadthauses. Mo–Fr ab 9 Uhr, Sa, So ab

Logenplatz: An der Blaubrug gibt es viele Cafés.

10 Uhr, Amstel 1, 1011 PN Amsterdam, Tel. 020/620 90 39, www.amstelhoeck.nl

Lunchcafé Waterloo. Mit einem der leckeren belegten *broodjes* kann man sich gut für den Flohmarktbummel stärken. Mo–Sa 7–20 Uhr, So 10–18 Uhr, Waterlooplein 181, 1011 PG Amsterdam, Tel. 020/624 98 31, www.cafewaterloo.nl

ÜBERNACHTEN

Hermitage B&B. Nur einen Steinwurf von der Stopera entfernt bietet dieses B&B ein Zimmer mit Amstelblick und ein Apartment für Selbstversorger. Buchung online, Amstel 35, 1011 PT Amsterdam, www.amsterdamhermitagebnb.com

EINKAUFEN

Waterloopleinmarkt. Der bekannte Flohmarkt ist ein echter Publikumsmagnet. Mo–Sa 9.30–18 Uhr, So geschl., Waterlooplein, 1011 NZ Amsterdam, www.waterlooplein.amsterdam

AKTIVITÄTEN

Het Muziektheater. Kasse: Mo–Fr 12–18 Uhr, Sa, So und Feiertag nur bei Vorstellungen 12–15 Uhr, Amstel 3, 1011 PN Amsterdam, Tel. 020/625 54 55, www.het-muziektheater.nl

Rundfahrtboot vor der Stopera

Oben: Die Portugiesische Synagoge wird mit Hunderten von Kerzen beleuchtet.
Unten: Der Eingang zur Synagoge

34 Mr. Visserplein und Jonas Daniël Meijerplein
Am Platz der Synagogen

Der Mr. Visserplein, zwischen Waterloo- und Daniël Meijerplein gelegen, ist ein abschreckendes Beispiel für die autofreundliche Stadtplanung der 1960er- und 1970er-Jahre. Hier und am benachbarten Jonas Daniël Meijerplein lag einst der religiöse Mittelpunkt des jüdischen Viertels. Gleich fünf Synagogen stehen hier; vier davon beherbergen heute das Jüdische Museum. In der fünften werden noch immer Gottesdienste gefeiert.

Der viel befahrene Kreisverkehr gleich neben dem Waterlooplein trägt den Namen von Lodewijk Ernst Visser (1871–1942), dem ersten jüdischen Präsidenten des Obersten Gerichtshofs. Nachdem ihn die Nationalsozialisten aus dem Amt gejagt hatten, setzte er sich als Vorsitzender der Jüdischen Koordinationskommission für die Belange der jüdischen Bewohner der Stadt ein. Außerdem arbeitete er für die illegale Tageszeitung *Het Parool*.

Die Portugiesische Synagoge

Das auffallendste Gebäude an diesem Platz ist die Portugiesische Synagoge, die zwischen 1672 und 1675 im Auftrag der sephardischen Gemeinde erbaut wurde. Das hohe, streng symmetrisch gebaute Gotteshaus ist dem Salomontempel in Jerusalem nachempfunden. Eine Reihe niedrigerer Gebäude umgibt die Synagoge; darin sind unter anderem das Rabbinat, die Mikwe (Badehaus), die in der kalten Jahreszeit genutzte, beheizbare Wintersynagoge und die weltberühmte Ets-Haim-Bibliothek (s. Autorentipp) untergebracht. Vergoldete hebräische Buchstaben über dem Eingang bilden die Jahreszahl 1672 – das ist das Jahr, in dem das auch *Snoge* genannte Gotteshaus eigentlich fertiggestellt werden sollte. Doch der Ausbruch des Krieges zwischen Holland auf der einen und Frankreich und England auf der anderen Seite führte dazu, dass die Arbeiten zeitweilig unterbrochen werden mussten. Erst mit dreijähriger Verspätung konnte das Gotteshaus schließlich eröffnet werden. Zweihundert Jahre lang war die Portugese Synagoge die größte der Welt.

Der Boden der Snoge wird bis heute traditionell mit feinem Sand bestreut, der Feuchtigkeit und Straßenschmutz aufnimmt. Das große Synagogengebäude verfügt weder über eine Heizung noch über elektrischen Strom. Während der Gottesdienste tauchen über tausend Kerzen in riesigen Kronleuchtern und kupfernen Kerzenhaltern den Innenraum in ein märchenhaftes Licht. Erstaunlicherweise überstand die Portugese Synagoge die Besatzungs- und Kriegszeit unbeschadet. Nach einer umfassenden Renovierung können die Synagoge und die Nebengebäude heute nahezu vollständig besichtigt werden. In den Prunkräumen ist das reiche kulturelle Erbe der Gemeinde zu bewundern: Thorarollen und Silberobjekte, Textilien und liturgische Gegenstände. Sehenswert sind auch die Gewölbe, die das Gotteshaus tragen.

Das Dokwerker-Denkmal

Neben der Synagoge steht das Standbild eines stämmigen Mannes mit aufgekrempelten Ärmeln. Das 1952 geschaffene Denkmal *De Dokwerker* erinnert an den Februarstreik der Amsterdamer Hafenarbeiter, die damit im Jahre 1941 vergeblich gegen die Deportation von 425 jüdischen Männern protestierten. Der Jonas Daniël Meijerplein, auf dem das Denkmal steht, verdankt seinen Namen

Geheimtipp

DIE BIBLIOTHEK ETS HAIM

Der Name der 1616 gegründeten Bibliothek bedeutet »Baum des Lebens«. Sie gilt als eine der bedeutendsten jüdischen Bibliotheken weltweit. Der Bestand der Bibliothek, die seit 2003 zum UNESCO-Welterbe zählt, vergrößerte sich 1891 schlagartig, als der Mäzen David Montezinos ihr seine Privatsammlung übereignete. Der Bestand umfasst heute rund 30 000 gedruckte Bände, der älteste stammt aus dem Jahre 1484. Hinzu kommen rund 500 Handschriften, die älteste von 1282. Zusammen mit den weitgehend im Orginalzustand erhaltenen Räumlichkeiten ist dies ein beeindruckender Hort des Wissens. Die Bibliothek kann nur im Rahmen von Führungen und nach vorheriger Anmeldung besichtigt werden.

Ets Haim Bibliotheek. Termine für Führungen stehen auf der Homepage. Mr. Visserplein 3, 1011 RD Amsterdam. Buchung und nähere Informationen unter Tel. 020/531 03 80, www.etshaim.nl

einem weiteren herausragenden Juristen jüdischen Glaubens: Jonas Daniël Meijer (1780–1834) war der erste jüdische Rechtsanwalt der Niederlande.

Het Arsenaal

In einem Ensemble von vier ehemaligen Synagogen ist heute das beeindruckende Joods Historisch Museum untergebracht (s. S. 196). Gegenüber liegt ein stattliches Ensemble von Packhäusern, die zwischen 1610 und 1613 im Auftrag des für die Sozialfürsorge in der Stadt zuständigen Ausschusses, des Collegium der Huiszittenmeesters, erbaut wurden. Gleich daneben hatte das Collegium seinen Sitz. In den Lagerhäusern wurden Torf, Butter und Getreide gelagert, die im Zuge der Armenunterstützung an Bedürftige verteilt wurden. Bis ins 19. Jahrhundert hinein diente der Komplex als Lagerhaus. Ab 1808 wurden die historischen Gebäude von der Armee als Waffenlager genutzt – aus dieser Zeit stammt die Bezeichnung Het Arsenaal. Nach dem Zweiten Weltkrieg bezog die Akademie für Baukunst das Ensemble. Die zur Nieuwe Amstelstraat gelegene Seite beherbergt seit 1987 Büroräume des Jüdischen Museums.

Infos und Adressen

SEHENSWÜRDIGKEITEN

Portugese Synagoge. Das imposante Gotteshaus kann nach einer umfassenden Renovierung nun weitgehend besichtigt werden. So–Do 10–17, Dez./Jan. bis 16 Uhr, Fr 10–14, März/Apr. und Sept./Okt. bis 16, Mai–Aug. bis 17 Uhr. Die Kasse schließt eine halbe Stunde früher. Geschlossen am Sa und an jüdischen Festtagen (Termine siehe Webseite), Mr. Visserplein 3, 1011 RD Amsterdam, Tel. 020/531 03 80, www.portugesesynagoge.nl

ESSEN UND TRINKEN

Restaurant Olijfje. Von außen eher unscheinbar, bietet aber eine überraschende Speisekarte rund ums Mittelmeer. Di–So 16–23.30 Uhr, Mo geschl., Valkenburgerstraat 223D, 1011 MJ Amsterdam, Tel. 020/330 44 44, www.restaurantolijfje.nl

Café Filter. Altes Schulmobiliar, lange Tische, köstlicher Möhrenkuchen. Die Bilder an den Wänden kann man kaufen. Mo–Fr 8–17 Uhr, Sa–So 9–18 Uhr, Valkenburgerstraat 124, 1011 NA Amsterdam, www.filteramsterdam.nl

ÜBERNACHTEN

Ecomama. Grün-nachhaltiges Boutiqueho(s)tel mit Gemeinschaftsküche, Schaukeln im Haus,

Die monumentale Portugiesische Synagoge

Tipi im Garten, einem Familienzimmer und einem Schlafsaal nur für Frauen. Ein Teil der eingenommenen Übernachtungskosten wird außerdem gespendet. Valkenburgerstraat 124, 1011 NA Amsterdam, Tel. 020/770 95 29, www.ecomamahotel.com

Hotel Ibis Amsterdam City Stopera. Zwei der 207 Nichtraucherzimmer in diesem Drei-Sterne-Hotel sind für Gäste mit eingeschränkter Mobilität geeignet. Valkenburgerstraat 68, 1011 LZ Amsterdam, Tel. 020/721 91 73, H3044-RE@accor.com, www.ibis.com

Auf die Räder, fertig, los!

Oben: Aufbruch zu einer Reise durch das jüdische Amsterdam
Unten: Das Jüdische Museum ist in vier ehemaligen Synagogen untergebracht.

35 Jüdisches Museum
Auf den Spuren der Vergangenheit

Das Joods Historisch Museum ist in vier ehemaligen Synagogen aus dem 17. und 18. Jahrhundert untergebracht, die durch eine moderne Konstruktion aus Stahl, Beton und Glas miteinander verbunden wurden. Es gilt als das bedeutendste jüdische Museum außerhalb Israels und wurde 1987 in Anwesenheit der damaligen Königin Beatrix eröffnet. Ausgewählte Exponate vermitteln intensive Einblicke in die jüdische Kultur und Geschichte.

Obwohl schon ab 1635 aus Osteuropa stammende aschkenasische Juden in Amsterdam lebten, wurden erst in der zweiten Hälfte des 17. Jahrhunderts die ersten aschkenasischen Synagogen errichtet. Der Gebäudekomplex am Jonas Daniël Meijerplein ist der größte in ganz Europa und besteht aus insgesamt vier Synagogen.

Vier Synagogen

Die älteste von ihnen ist die 1671 erbaute Grote Sjoel (»Große Schule«). Für den Entwurf, der dem damaligen Zeitgeschmack entsprechend die Grundform eines griechischen Kreuzes hatte, zeichneten die Stadtbaumeister Daniël Stalpaert (1615–1676) und Elias Bouman (1636–1686) verantwortlich – letzterer baute auch die nahe gelegene Portugese Synagoge (s. S. 192). Der Bau wurde zum Teil durch ein Darlehen der Stadt Amsterdam, zum Teil durch den Verkauf vererbbarer Sitzplätze finanziert. Dieses erste Gotteshaus wurde bald zu klein für die stetig wachsende Gemeinde. In rascher Folge kamen drei weitere Synagogen hinzu: 1688 die über einer koscheren Fleischhalle gelegene Obbene Sjoel (»Obere Schule«), 1700 die Dritt Sjoel (»Dritte Schule«). Die 1730 fertiggestellte Neie Sjoel (»Neue Schule«) musste 1752 einem noch größeren Neubau weichen, der mit einer Kuppel gekrönt und mit einem säulengeschmückten Eingang versehen wurde.

Neubeginn als Museum

Rund zweihundert Jahre lang taten die Gotteshäuser Dienst, bis sie auf Anordnung der deutschen Besatzung im Jahr 1943 geschlossen und später geplündert wurden. Nach dem Krieg war die jüdische Gemeinde Amsterdams nahezu ausgelöscht; die zum Teil schwer beschädigten Synagogen wurden nicht wieder in Gebrauch genommen. Die Gemeinde Amsterdam, die das Ensemble ab 1954 verwaltete, verkaufte es 20 Jahre später für den symbolischen Preis von einem Gulden an das Joods Historisch Museum. Die Synagogen wurden so weit wie möglich in den Ursprungszustand zurückversetzt und durch Gänge miteinander verbunden. Diese modernen Konstruktionen aus Glas, Stahl und Beton symbolisieren den historischen Bruch, den die heutige Nutzung der Räume darstellt.

Erklärtes Ziel des Museums ist es, das Verständnis für die jüdische Religion und Kultur zu fördern. In den ständigen Ausstellungen wird anhand zahlreicher Exponate die Geschichte des jüdischen Volkes nachgezeichnet und ein lebendiges Bild der Traditionen und des Alltagslebens entworfen. Der Bestand des Museums umfasst mehr als 14 000 Kunstwerke und historische Gegenstände, rund 12 000 Fotos und etwa 15 000 historische Dokumente. Nur ein Bruchteil davon kann in den ständigen Ausstellungen gezeigt werden; sie sind jedoch in einem Onlinekatalog auf der Museumsseite zugänglich. Viele Eindrücke vermittelt auch der Besuch des Kindermuseums.

INFORMATION

Joods Historisch Museum. Das Jüdische Museum kommt auch bei seinen Besuchern gut an: Im April 2013 bekam es auf der Basis einer Publikumsabstimmung den Museumspreis 2013. Im Museumsladen findet man unter anderem eine reiche Auswahl an CDs mit jüdischer Musik, Kunstbücher und Kataloge zur Sammlung und den Wechselausstellungen. Das koschere Museumscafé ist in einem Anbau untergebracht und unabhängig von einem Museumsbesuch zugänglich. Auf der Karte stehen verschiedene Klassiker der niederländisch-jüdischen Küche. Die Eintrittskarte ist einen Monat lang gültig und berechtigt auch zum Besuch der Portugese Synagoge (s. S. 192) und der Hollandsche Schouwburg (s. S. 202). Tgl. 11–17 Uhr (Kasse bis 16.30 Uhr), geschl. an jüdischen Festtagen (siehe Webseite), Nieuwe Amstelstraat 1, 1011 PL Amsterdam, Tel. 020/531 03 80 (Führungen), www.jhm.nl

Blau wie der Himmel …

36 De Plantage
Wo das jüdische Bürgertum wohnte

Heute zählt das Plantagenviertel zu den schönsten und grünsten Wohnlagen der Stadt. Als es im ausgehenden 17. Jahrhundert angelegt wurde, war es zunächst einmal ein Flop. Die Grundstücke waren nur schwer verkäuflich. Nach einem Intermezzo als Naherholungsgebiet und Vergnügungsviertel mauserte es sich im 19. Jahrhundert schließlich doch noch zu einem eleganten Wohnviertel, wo sich viele wohlhabende jüdische Familien niederließen.

Im 17. Jahrhundert war Amsterdam die am schnellsten wachsende Stadt Europas. Der Bedarf an neuem Wohnraum war enorm und so beschlossen die Stadtväter, den Grachtengürtel jenseits der Amstel fortzusetzen. Um das Jahr 1680 stellte sich aber heraus, dass die Pläne wohl doch zu optimistisch gewesen waren. Das Projekt wurde abgebrochen. Weil auch der Verkauf der Grundstücke nur

Oben: An der Plantage Kerklaan wohnten wohlhabende jüdische Bürger.
Unten: Ein Jogger dreht seine Morgenrunde im Oosterpark.
S. 203: In der Gedenkstätte Hollandsche Schouwburg

GUT ZU WISSEN

HUNDEHALTER AUFGEPASST!

Wie in vielen anderen (Groß-)Städten funktioniert auch in Amsterdam das Zusammenleben von Mensch und Hund nicht immer reibungslos. Der Stadtverwaltung zufolge zählen die zahlreichen Hundehaufen zu den größten Ärgernissen der Amsterdammer. Dabei sind die Regeln eigentlich klar: Hunden gehören außerhalb von Freilaufflächen an die Leine – insbesondere dort, wo Kinder spielen – und die Hinterlassenschaften des Vierbeiners müssen überall umgehend aufgesammelt und entsorgt werden. Wer sich nicht daran hält, riskiert Bußgelder bis zu 150 Euro.

schleppend verlief, wurden einige Parzellen im südlichen Teil mildtätigen Stiftungen als Bauland überlassen. Der Rest wurde zu einem Naherholungsgebiet umgebaut, in dem die Bürger fern vom Lärm und Schmutz der Stadt Gartengrundstücke pachten konnten. Auf diesen Parzellen durften nur kleine Häuschen errichtet werden. Zwei davon, Welte-vreden (»Wohlzufrieden«, Nr. 47) und Welgelegen (»Wohlgelegen«, Nr. 49), sind an der Plantage Middenlaan noch erhalten geblieben.

Vergnügungsviertel im Grünen

Als Ausflugsziel wurde die Gegend rasch ein voller Erfolg: In Scharen strömten die Erholungssuchenden aus der dicht bevölkerten Innenstadt ins Grüne. Teehäuser, Schänken und Tanzsäle entstanden und auch die Prostitution blühte. Mitte des 18. Jahrhunderts war der Ruf dieser »liederlichen« Gegend so schlecht, dass die Obrigkeit sich zum Eingreifen gezwungen sah. Die Ausschankgenehmigungen wurden widerrufen, der Verkauf hochprozentiger Getränke unter Strafe gestellt und eigens für dieses Viertel ein Polizist eingeteilt.

Plantage Middenlaan

1837 erwarb die Zoologische Gesellschaft Natura Artis Magistra zwei Grundstücke an der Plantage Middenlaan und legte damit die Grundlage für den heutigen Tierpark (s. S. 210), der sich rasch zu einem Publikumsmagneten entwickelte. Außerdem siedelten sich diverse Theater an. Angesichts der wieder zunehmenden Wohnungsnot in Amsterdam hob die Stadt 1858 das Bebauungsverbot für das Areal auf. Die bislang verpachteten Parzellen wurden nun mit Wohnhäusern für gut situierte Bürger bebaut. Das Plantagenviertel mauserte sich in der zweiten Hälfte des 19. Jahrhunderts zu einem ge-

Nicht verpassen

EXOTISCHE WELTEN IM TROPENMUSEUM

Das Museum wurde 1926 errichtet, um »niederländische Besitztümer aus Übersee« auszustellen. Vom Geist der Kolonialzeit ist nichts mehr übrig geblieben: Das Tropenmuseum präsentiert sich heute als modernes, weltoffenes Museum, das zu einer unvergesslichen Entdeckungsreise durch verschiedenste Länder und Kulturen einlädt. Besonders eindrucksvoll ist das Tropenmuseum Junior. Hier wird für jeweils drei Jahre eine ganz eigene Welt erschaffen, in der die jungen Besucher anhand von Alltagsgegenständen, Erzählungen und Performances den Alltag von gleichaltrigen Kindern in einem anderen Land kennenlernen. Ein deutschsprachiger Audioguide zu den Highlights der ständigen Sammlung ist an der Kasse erhältlich.

Tropenmuseum. Di–So 10–17 Uhr, Mo (nur in den Schulferien und an Feiertagen) 10–17 Uhr, 24. und 31. Dez. 10–15 Uhr, 1. Jan., 27. April und 25. Dez. geschl., Linnaeusstraat 2, 1092 CK Amsterdam, Tel. 088/004 28 00 www.tropenmuseum.nl

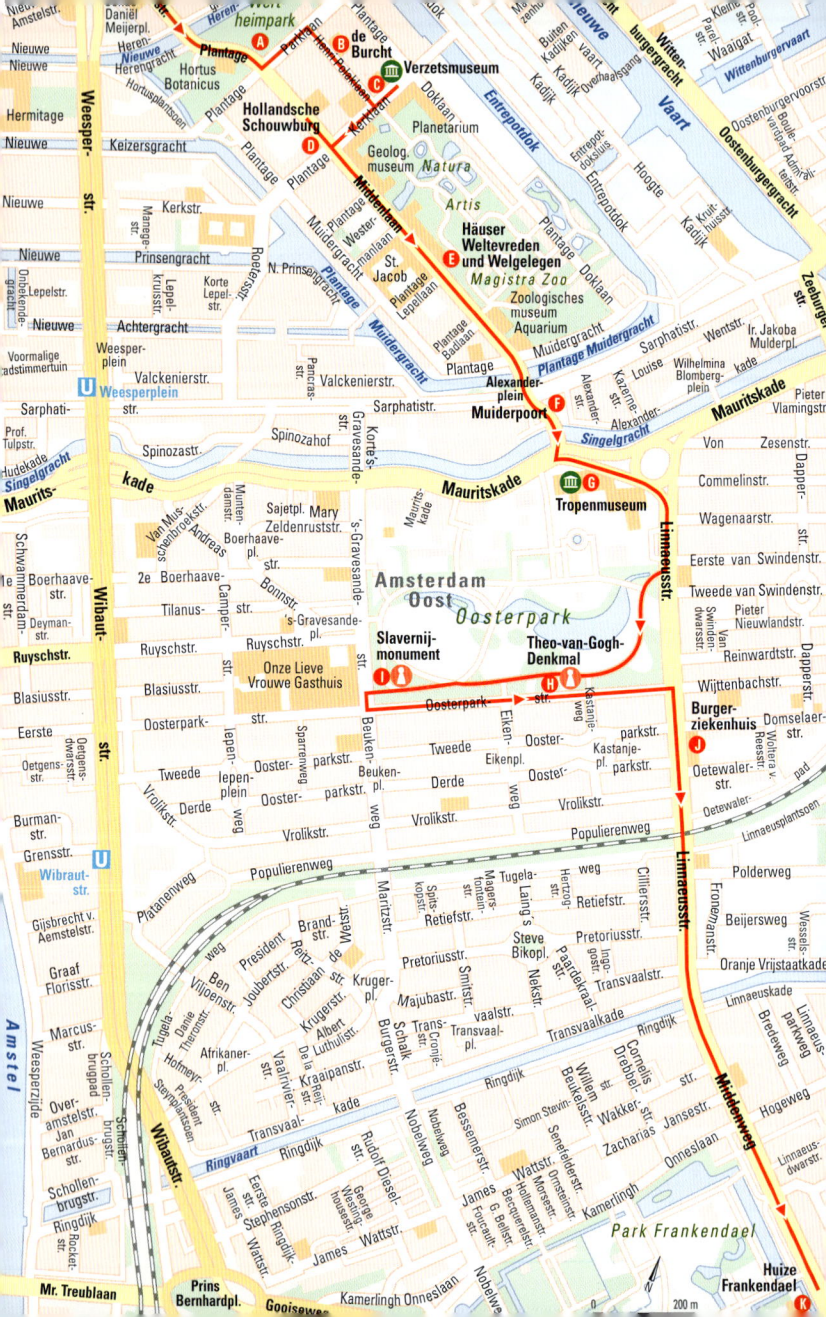

Mit dem Rad durch De Plantage

Aus Richtung Waterlooplein kommend der Muider-straat folgen. Jenseits der Brücke über die Nieuwe Herengracht rechts das große Gewächshaus des Hortus Botanicus (s. S. 208). Weiter geht's entlang der Plantage Middenlaan bis zur Plantage Parklaan.

Ⓐ Wertheimpark – Zwei Sphinxe bewachen linker Hand den Eingang zum Park. Im Park rechts halten, um zum Auschwitz-Mahnmal zu gelangen. Nach Verlassen des Parks via Plantage Parklaan zur Henri Polaklaan.

Ⓑ de Burcht – Nach wenigen Metern führt links eine Freitreppe hinauf zum imposanten Gebäude der Diamantarbeitergewerkschaft. Am Ende der Straße gegenüber dem Eingang zum Tierpark Artis (s. S. 210), links abbiegen.

Ⓒ Verzetsmuseum – Das leuchtend gelbe Gebäude mit dem Davidstern am Giebel ist das Widerstandsmuseum. Umkehren, rechts in die Plantage Middenlaan einbiegen.

Ⓓ Hollandsche Schouwburg – Auf der linken Seite liegt das ehemalige Theater, in dem die jüdischen Bürger Amsterdams bis zur Deportation interniert wurden. Wenden und der Plantage Middenlaan entlang dem Zoogelände folgen. Das Gebäude links mit den bunten Tierbildern an der Fassade ist die alte Artis-Bibliothek.

Ⓔ Häuser Weltevreden und Welgelegen – Gleich dahinter sind zwei kleine Häuser aus der Frühzeit der Plantage erhalten geblieben.

Ⓕ Muiderpoort – Jenseits der Gracht erhebt sich links das imposante alte Stadttor.

Ⓖ Tropenmuseum – Links am gewaltigen Museumsbau entlang kommt man zum Oosterpark. Rechts in den Park einbiegen, dann links halten und dem Hauptweg parallel zum Zaun folgen.

Ⓗ Theo-van-Gogh-Denkmal – Zur Erinnerung an den ermordeten islamkritischen Filmemacher.

Ⓘ Slavernijmonument – Hier wird jeden Sommer das Ende der Sklaverei in Surinam und auf den Antillen gefeiert.

Ⓙ Burgerziekenhuis – Das erste Amsterdamer Krankenhaus für den Mittelstand ist heute »The Manor Hotel«. Über Linnaeusstraat und Middenweg geht es stadtauswärts. Im Park Frankendael, der lange als städtische Baumschule diente, residiert in einem alten Treibhaus das Restaurant »De Kas«.

Ⓚ Huize Frankendael – Der ehemalige Landsitz ist das letzte Relikt aus der Zeit, als vermögende Amsterdamer hierher in die Sommerfrische fuhren.

Fahrräder für eine Stadtrundfahrt kann man auch gut ausleihen.

KETI KOTI – GESPRENGTE KETTEN

In der niederländischen Kolonie Surinam und auf den holländischen Antillen wurde die Sklaverei 1863 offiziell abgeschafft. Dieser Jahrestag wird in Amsterdam alljährlich am ersten Juli mit einem großen Fest, dem »Keti Koti Festival«, im Oosterpark gefeiert. In der Landessprache Surinams bedeutet *Keti koti* sinngemäß »Die Ketten sind zerbrochen«. Den Auftakt bildet jedes Jahr »De Bigi Spikri«, ein farbenfroher Straßenumzug mit Kapellen und Brassbands. Rund um das Sklavereimonument im Oosterpark findet dann auf vier Bühnen ein buntes, multikulturelles Programm statt.

Keti Koti Festival. Immer am 1. Juli am Slavernijmonument im Oosterpark. Das Denkmal liegt unweit des Eingangs Beukenweg/Ecke Oosterpark, gegenüber vom Haupteingang des modernen Krankenhauskomplexes Onze Lieve Vrouwe Gasthuis. Nähere Infos gibt es unter www.ketikotiamsterdam.nl

hobenen Wohngebiet. Neben Schriftstellern, Schauspielern und Wissenschaftlern ließen sich vor allem wohlhabende jüdische Familien hier nieder.

Die Gewerkschaftsburg

Die Entdeckung neuer Diamantvorkommen in Südafrika hatte der Amsterdamer Diamantindustrie seit den 1870er-Jahren einen beachtlichen Aufschwung beschert und so ließ sich die Gewerkschaft der Diamantarbeiter um die Jahrhundertwende im Plantageviertel ein prächtiges Hauptquartier errichten, Burcht (»Burg«) van Berlage genannt. Der Architekt Hendrik Petrus Berlage (1856–1934) konzipierte den Bau als Gesamtkunstwerk, das innen wie außen die Stärke der vereinten Arbeiterschaft und ihr Aufwärtsstreben versinnbildlichen sollte. Das runde Fenster im markanten Turm hat die Form eines Diamanten; besonders schön ist das Treppenhaus.

Hollandsche Schouwburg

Mit der deutschen Besatzung brach für die jüdischen Bewohner Amsterdams eine schreckliche Zeit an. Es fing an mit Schikanen: Vom November 1941 an standen ihnen nur noch wenige Theater offen, darunter die 1892 als Operettentheater gegründete Hollandsche Schouwburg. Nicht einmal ein Jahr später wurde dieses Theater zum Internierungslager umfunktioniert, in dem Amsterdamer Juden auf ihren Abtransport in die Konzentrationslager warten mussten. Binnen zwölf Monaten wurden 60 000 Menschen von hier aus deportiert. Auf der gegenüberliegenden Straßenseite befand sich eine Kinderkrippe, in der ab Oktober 1942 jüdische Kinder getrennt von ihren Eltern interniert wurden. Widerstandskämpfern gelang es, zwischen 600 und 1000 Kinder hier

hinauszuschmuggeln und ihnen so das Leben zu retten. Die Kinderkrippe wurde 1976 abgerissen. Seit 1962 ist die Hollandsche Schouwburg eine bewegende Gedenkstätte. Ein ewiges Licht leuchtet zur Erinnerung an die vielen Menschen, die von hier aus in den Tod geschickt wurden. In schwarzen Basaltstein sind die 6700 Familiennamen der aus den Niederlanden deportierten und ermordeten Juden eingraviert.

Wertheimpark

Eine weitere Gedenkstätte befindet sich im Wertheimpark. Der 1812 angelegte Park war zwar offiziell ein Geschenk Napoleons, die Kosten aber musste die Stadt selbst tragen. Den Eingang an der Ecke Plantage Midden- und Parklaan zieren zwei mit Sphinxen geschmückte Säulen. Der Park trägt seit 1898 den Namen des sozial sehr engagierten jüdischen Bankiers Abraham Carel Wertheim (1832–1897). Seit 1993 mahnt hier das aus zersprungenen Spiegeln gefertigte Auschwitz-Monument des Künstlers Jan Wolkers: *Nooit meer Auschwitz* – »Nie wieder Auschwitz!« Die weiße Häuserzeile vis-à-vis des Parks ist ein besonders schönes Beispiel für die elegante Wohnbebauung ab 1860.

Verzetsmuseum

An der Plantage Kerklaan fällt eine leuchtend gelbe Fassade ins Auge, deren Giebelfeld ein Davidstern ziert. Das stilvolle Gebäude, 1876 für einen jüdischen Chor errichtet, diente beinahe achtzig Jahre lang als Garage und beherbergt seit 1999 das Museum des niederländischen Widerstands (Verzetsmuseum). Nachgebaute Straßen und wandgroße Farbfotos beschwören die Zeit der deutschen Besatzung herauf. Die Ausstellung zeichnet nach, wie sich der Widerstand nach und nach ausweitete und hält die Erinnerung an die vielen mutigen Frauen

Oben: Das Auschwitz-Mahnmal im Wertheimpark
Mitte: Das Verzetsmuseum hält die Erinnerung an den Widerstand wach.
Unten: Exponate aus aller Welt im Tropenmuseum

und Männer wach, die sich den Nazis entgegenstellten. Die Besucher werden immer wieder mit auf den Boden projizierten Fragen konfrontiert – was hätte man selbst in dieser Situation getan?

Tropenmuseum

Folgt man der Plantage Middenlaan entlang dem Tierpark Artis, erreicht man jenseits der Plantage Muidergracht die Muiderpoort (1770), die als einziges Stadttor aus dem 18. Jahrhundert erhalten geblieben ist. Jenseits der Singelgracht liegt das 1926 erbaute Tropenmuseum (s. Autorentipp), hinter dem sich der im 19. Jahrhundert als grüne Lunge für die umliegenden Viertel angelegte Oosterpark erstreckt. Im Park erinnert eine 4,5 Meter hohe Eisenskulptur, die ein menschliches Gesicht im Profil zeigt, an den islamkritischen Filmemacher Theo van Gogh, der 2004 in der Nähe von einem extremistischen Jugendlichen erstochen wurde. Mit einem bunten, multikulturellen Fest wird jedes Jahr im Sommer das Ende der Sklaverei in zwei ehemaligen niederländischen Kolonien gefeiert (s. S. 202). Im Mittelpunkt des Festes steht das 2002 enthüllte Slavernijmonument in der südwestlichen Ecke des Oosterparks.

Huize Frankendael

Noch weiter draußen, im trockengelegten Watergraafspolder, ließen sich im 17. Jahrhundert wohlhabende Amsterdamer Bürger Landhäuser und Lustgärten anlegen. Als einziges davon ist das am Rande des gleichnamigen, wunderschönen Parks gelegene Huize Frankendael erhalten geblieben. Nach einer wechselvollen Geschichte kann es heute nach einer umfangreichen Restaurierung für Veranstaltungen und Trauungen gemietet werden.

FÜRSTLICH SPEISEN IM GEWÄCHSHAUS

Mit frischeren Zutaten kocht wohl kein Koch: Im Jahr 2001 funktionierte Sternekoch Gert Jan Hageman ein 1926 erbautes, acht Meter hohes Gewächshaus zu einem lichtdurchfluteten Restaurant um. »De Kas« heißt Treibhaus. In unmittelbarer Nachbarschaft zum Restaurant bauen Hageman und sein Team in Treibhäusern und im Freiland mediterrane Gemüsesorten, Kräuter und essbare Blumen an. Geerntet wird bei Sonnenaufgang. Was nicht selbst angebaut wird, liefern Biobetriebe aus der Umgebung.

Restaurant De Kas. Lunch Mo–Fr 12–14 Uhr, Dinner Mo–Sa 18.30–22 Uhr, So sowie Koningsdag und 24. Dez.–1. Jan. geschl., Kamerlingh Onneslaan 3, 1097 DE Amsterdam, Tel. 020/462 45 62, www.restaurantdekas.nl

Infos und Adressen

SEHENSWÜRDIGKEITEN

de Burcht. Das ehemalige Hauptquartier der Diamantarbeitergewerkschaft kann nur gelegentlich im Rahmen von Führungen besichtigt werden (Termine siehe Webseite, Sondertermine für Gruppen ab zehn Personen). Henri Polaklaan 9, 1018 CP Amsterdam, Tel. 020/624 11 66, info@deburcht.nl, www.deburcht.nl

Desmet Studio's. In dem ehemaligen Theater mit der auffallenden Fassade sind heute Fernsehstudios untergebracht. Plantage Middenlaan 4 a, 1018 DD Amsterdam, Tel. 020/521 71 00, www.desmet.tv

Häuser Weltevreden und Welgelegen. Diese Überbleibsel der ursprünglichen Bebauung in diesem Areal sind nicht zu besichtigen. Plantage Middenlaan 47 und 49, 1018 DC Amsterdam

Hollandsche Schouwburg. Die Gedenkstätte für die deportierten und ermordeten jüdischen Bürger Amsterdams. Tgl. 11–17 Uhr (Kasse 16.30 Uhr, letzter Einlass 16.45 Uhr), geschl. am Koningsdag, Versöhnungstag (Jom Kippur) und jüdischem Neujahrsfest Rosch Haschana, Plantage Middenlaan 24, 1018 DE Amsterdam, Tel. 020/531 03 40, www.hollandscheschouwburg.nl

Huize Frankendael. In dem alten Landsitz finden häufig Kunstausstellungen statt (Termine siehe Webseite), sonntags kann man das Haus zwischen 12 und 17 Uhr besichtigen. Middenweg 72, 1097 BS Amsterdam, Tel. 020/423 39 30, www.huizefrankendael.nl

Muiderpoort. Das monumentale Stadttor wurde 1770 erbaut. Sarphatistraat 500, 1018 AV Amsterdam

Slavernijmonument. Das Denkmal zur Erinnerung an das Ende der Sklaverei liegt im Oosterpark, nahe bei dem Eingang Oosterpark/Ecke Beukenweg, gegenüber dem Krankenhaus Onze Lieve Vrouw Gasthuis.

Verzetsmuseum Amsterdam. Die Geschichte des niederländischen Widerstands macht dieses beeindruckende Museum anschaulich erlebbar. Ein deutschsprachiger Audioguide ist im Eintrittspreis inbegriffen. Di–Fr 10–17 Uhr, Sa–Mo und Feiertag 11–17 Uhr, 1. Jan., 27. April und 25. Dez. geschl., Plantage Kerklaan 61, 1018 CX Amsterdam, Tel. 020/620 25 35, www.verzetsmuseum.org

ESSEN UND TRINKEN

Thull's. Hier kann man hausgemachte Leckereien wie Pickles und sauer eingelegtes Gemüse kaufen. An kleinen Tischen wird auch Lunch serviert. Di–Fr 11–19 Uhr, Sa 11–18 Uhr, Pretoriusstraat 69, 1092 GB Amsterdam, Tel. 020/363 54 74, www.thulls.nl

Café Smit & Voogt. Nettes Nachbarschafts-Eetcafé in einem tortenstückförmigen Eckhaus. So–Do 10–1 Uhr, Fr, Sa bis 3 Uhr, Dinner 17.30–21.30 Uhr, Plantage Parklaan 10, 1018 ST Amsterdam, Tel. 020/625 47 21, www.cafesmitenvoogt.nl

Pata Negra 2. Am Wochenende kann's hier voll und laut werden. Bunt gekachelte Wände und die große Tapasauswahl sorgen fürs Spanien-Feeling. Tgl. 9–24 Uhr (Küche 11–23 Uhr), Reinwardtstraat 1 hs, 1093 GT Amsterdam, Tel. 020/692 25 06, www.patanegra2.nl

Sommerliches Treiben im Straßencafé

Gedenken in der Hollandsche Schouwburg

Plancius. Ein gemütliches, zwangloses Lokal im Haus des Widerstandsmuseums, gleich gegenüber dem Zooeingang, in dem auch Einheimische gern essen. Tgl. 10–22 Uhr, Plantage Kerklaan 61, 1018 CX Amsterdam, Tel. 020/223 69 46, www.restaurantplancius.nl

Restaurant Elkaar. An den schilfgrünen Wänden leuchten bunte Bilder; die hervorragende Küche und eine schöne Terrasse sind weitere Pluspunkte. Lunch Di–Fr und Sa 12–14.30 Uhr, Dinner Di–So 18–22 Uhr, Alexanderplein 6, 1018 CG Amsterdam, Tel. 020/330 75 59, www.etenbijelkaar.nl

Grand Café de Tropen. Charmantes Café mit großer Terrasse zum Oosterpark, Zugang durch das Tropenmuseum oder vom Park aus.

Tgl. 10–22 Uhr (Küchenschluss), Linnaeusstraat 2, 1092 AD Amsterdam, Tel. 020/568 20 00, www.amsterdamdetropen.nl

Restaurant Merkelbach. Das Lokal im rechten Kutschhaus des Huize Frankendael steht der Slow-Food-Bewegung nahe – das hervorragende Essen sollte man bewusst genießen … Di–Sa 8.30–23 Uhr, So–Mo 8.30–18 Uhr, Middenweg 72, 1097 BS Amsterdam, Tel. 020/665 08 80, www.restaurantmerkelbach.nl

ÜBERNACHTEN

The Flying Pancake Bed & Breakfast. In einem beeindruckenden Haus aus dem 18. Jahrhundert stehen zwei exzellent ausgestattete Suiten bereit. Die Gastgeber sind sehr freundlich und hilfsbereit. Nieuwe Kerkstraat 153, 1018 VL Amsterdam, Tel. 06 38 30 52 19, www.theflyingpancake.com

The Manor Hotel Amsterdam. Das historische Gebäude war bei seiner Eröffnung 1891 das erste Krankenhaus speziell für die aufstrebende Mittelschicht. Seit 2011 ist hier ein modern ausgestattetes, luxuriöses Hotel mit eigenem italienischem Restaurant untergebracht. Linnaeusstraat 89, 1093 EK Amsterdam, Tel. 020/700 84 00, www.hampshire-hotels.com/de/hampshire-hotel-the-manor-amsterdam

AKTIVITÄTEN

Jeanette Loeb. Die jüdische Geschichte und Kultur Amsterdams lernt man sehr intensiv und persönlich auf einem der kenntnisreichen Rundgänge mit Jeanette Loeb kennen. Buitenzagerij 37, 1021 NP Amsterdam, Tel. 062/943 91 80, www.juedischegeschichteamsterdam.de

MacBike. Eine der größten Fahrradverleihfirmen Amsterdams hat eine Filiale am Waterlooplein. Gute Angebote. Tgl. 9–17.45 Uhr, Waterlooplein 119, 1011 PG Amsterdam, Tel. 020/428 70 05, www.macbike.nl

37 Hortus Botanicus Amsterdam
Im Zaubergarten

Der 1638 durch den Magistrat der Stadt begründete Botanische Garten in Amsterdam ist einer der ältesten der Welt. Ursprünglich in der Nähe des Rembrandtplein gelegen, wurde er 1682 an seinen jetzigen Standort verlegt. Der Hortus Botanicus diente dazu, die Ärzte und Apotheker mit Heilkräutern zu versorgen. Heute beherbergt die grüne Oase im Herzen der Stadt auf einer Fläche von nur 1,2 Hektar rund 7000 Pflanzen.

Immer wieder forderten tödliche Krankheiten zahlreiche Opfer in der prosperierenden Stadt. Da Heilpflanzen damals die wichtigsten Grundstoffe für die Herstellung von Medikamenten waren, sollte der neue Hortus Botanicus nicht nur den im Fall einer neuerlichen Epidemie dringend benötigten Nachschub sichern, sondern diente auch der praktischen Ausbildung von Medizinern und Pharmazeuten. Die damals angebauten Heilpflanzen sind heute noch im sogenannten Snippendaal-Garten zu sehen. Johannes Snippendaal (1616–1670) übernahm 1646 die Leitung des Hortus Botanicus und katalogisierte als Erster den Bestand von damals bereits 796 unterschiedlichen Pflanzenarten. Aus aller Welt brachten Forscher und Kaufleute ständig neue Pflanzen mit.

Schätze aus der Natur

Heute beherbergt der Garten zahlreiche geschichtsträchtige Raritäten. So hatte aufgrund der hohen Kaffeepreise die Vereenigde Oost-Indische Compagnie beschlossen, selbst Kaffee anzubauen.

Oben: Das Palmenhaus im Hortus Botanicus
Unten: Die Blätter der Riesen-Seerose können angeblich ein Kind tragen.

Via Jakarta gelangten Kaffeesamen aus dem arabischen Raum in den Hortus in Amsterdam, wo sie im Gewächshaus prächtig gediehen. Der französische König Ludwig XIV., der 1714 einige dieser Kaffeepflanzen als Geschenk erhielt, ließ sie in die damalige Kolonie Guyana verschiffen und da anbauen. So nahm mit einigen Pflänzchen aus Amsterdam der Kaffeeanbau in ganz Süd- und Mittelamerika seinen Anfang.

Weitere botanische Kronjuwelen sind eine riesige Seerose, deren Blüten sich nur nachts öffnen und die aus der Wüste Namib stammende Welwitschie, die Tau aus der Luft aufnimmt und bis zu 2000 Jahre alt werden kann. Der Hortus beherbergt und vermehrt auch diverse extrem seltene, vom Aussterben bedrohte Pflanzen wie die Wollemie, einen Nadelbaum, den es schon in der Dinosaurierzeit gab.

Architektonische Highlights

Neben faszinierenden Pflanzen kann der der Hortus Botanicus auch mit etlichen historischen Gebäuden aufwarten. Die ältesten sind der achteckige Pavillon aus dem späten 17. und das elegante Eingangstor vom Anfang des 18. Jahrhunderts. Die Orangerie, die heute ein schönes Café beherbergt, wurde 1875 errichtet. Das Palmenhaus (1912) und das Laborgebäude (1915) sind zwei schöne Beispiele der Amsterdamer Schule. Im Jahr 1993 entstand ein neues, hochmodernes Gewächshaus, das in drei unterschiedliche Klimazonen unterteilt ist – Tropen, Subtropen und Wüste sind hier unter einem Dach vereint. Auf stählernen Stegen kann man in verschiedenen Höhen durch die gläserne Kuppel spazieren und auf die beeindruckende Pflanzenwelt hinabblicken. Ein unvergessliches Erlebnis ist auch ein Besuch im Schmetterlingspavillon.

INFORMATION

Hortus Botanicus Amsterdam. Der botanische Garten ist eine grüne Oase am Rand der Innenstadt. Immer sonntags um 14 Uhr gibt es hier eine kostenlose Führung in niederländischer Sprache. Das schöne Café in der ehemaligen Orangerie gleich neben dem Eingang ist nur für Besucher und nur während der Öffnungszeiten des Parks zugänglich. Auf dem Weg zum Ausgang lohnt sich ein Abstecher in den Museumsladen: Hier gibt es neben Pflanzen, Samen und Gartenwerkzeugen auch Kunsthandwerk aus Umweltschutzprojekten. Eine echte Rarität ist der Hortus-Honig von den vier eigenen Bienenvölkern des Gartens. Jedes Jahr werden nur etwa 150 Gläser produziert und verkauft. Der Erlös des ehrenamtlich betriebenen Ladens fließt in den Erhalt des Parks. Tgl. 10–17 Uhr, 1. Jan. und 25. Dez. geschl., Plantage Middenlaan 2 a, 1018 DD Amsterdam, Tel. 020/625 90 21, www.dehortus.nl

Wandern zwischen den Baumkronen

Oben: Rund ums Jahr zieht der Tierpark viele Besucher an.
Unten: Immer perfekt gekleidet: die Pinguine im Zoo Artis

38 Natura Artis Magistra
Ein Zoo mit Tradition

Drei Geschäftsfreunde – ein Buchhändler, ein Uhrmacher und ein Kaufmann – legten im Jahre 1838 den Grundstein für den Amsterdamer Tierpark, den ältesten der Niederlande. Die begeisterten Naturfreunde gründeten nach dem Vorbild der Londoner Zoological Society in ihrer Heimatstadt eine zoologische Gesellschaft und wählten für ihr Projekt das Motto *Natura Artis Magistra* – »die Natur ist die Lehrmeisterin der Kunst«.

Die Gründer hatten sich zum Ziel gesetzt, mit ihrer Vereinigung die Kenntnisse der Bürger über die Naturgeschichte zu fördern. Die Anfänge waren zunächst eher bescheiden: ein Naturalienkabinett, bestückt mit ausgestopften Tieren, Muscheln, Fossilien und Skeletten, dazu einige Papageien, Äffchen und eine Wildkatze aus Surinam. Der Zugang war anfangs allein Mitgliedern vorbehalten.

Briefwechsel mit Darwin

Im Jahr 1839 konnte die zoologische Gesellschaft den Tierbestand einer reisenden Menagerie übernehmen und avancierte damit zu einem »richtigen« Zoo. Zu den Neuzugängen gehörten unter anderem ein indischer Elefant, mehrere Löwen, ein Panter, ein Tiger, ein Puma, eine Hyäne, ein Känguruh, ein Zebra, ein Gnu, Eisbären und eine fünf Meter lange Boa constrictor. Für weiteren Zuwachs sorgte alsbald der gute Draht zum Königshaus: Willem III. (1817–1890) ordnete an, regelmäßig neue, interessante Tiere aus den Kolonien nach Amsterdam zu transportieren. 1868 wandte sich der berühmte Naturforscher Charles Darwin brieflich mit der

Bitte um Auskünfte an den Tierpark, weil dieser damals als einziger weltweit sowohl blaue als auch grüne Pfauen besaß.

Der Tierpark spielte auch im Kulturleben der Stadt eine wichtige Rolle: Regelmäßig fanden Konzerte statt, Bildhauer und Maler ließen sich hier inspirieren. Zahlreiche Kunstwerke schmücken das Gelände. Durch Zukäufe und Schenkungen wuchs Artis über die Jahre auf eine Fläche von zehn Hektar an. 1863 kaufte der Zoo beispielsweise eine benachbarte Herberge, die in der Folgezeit unter anderem als Wolfshaus diente. Ab 1894 war die obere Etage an das Militär vermietet, das hier eine Brieftaubenstation unterhielt. Während der Weltwirtschaftskrise stand der Park kurz vor dem Bankrott; doch schließlich kaufte die Stadt das Gelände und vermietete es für einen symbolischen Preis an den Tierpark zurück.

Besatzungszeit und Kriegsjahre

Während der deutschen Besatzung bot der Tierpark Menschen, die untertauchen mussten, Unterschlupf. Im Dachgeschoss des Raubtierhauses, aber auch in den Domizilen der Bären und der Wölfe waren Verstecke eingerichtet. In der Nacht vom 13. auf den 14. Juli 1941 fielen britische Bomben auf das Zoogelände. Wie durch ein Wunder gab es nur ein Todesopfer – ein Kaninchen. Ab September 1941 durften auf Anordnung der Besatzungsmacht Menschen jüdischer Abstammung keine öffentlichen Einrichtungen wie Schwimmbäder, Bibliotheken, Museen und Parks mehr besuchen. Daraufhin zahlte die Gesellschaft Artis ihren jüdischen Mitgliedern demonstrativ ihren Mitgliedsbeitrag zurück.

Im Hungerwinter 1944/45 wurde auch für die Tiere das Futter knapp. Die Zoomitarbeiter fingen wilde Tauben und Enten, die unvorsichtigerweise

VOM GASTHAUS ZUM WOLFSHAUS

Das »Café Eik en Linde« kann auf eine lange Tradition zurückblicken: Die erste Herberge dieses Namens war in dem Gebäude beheimatet, das mittlerweile als *Wolvenhuis* mitten im Tierpark Artis steht. Eine Plakette an der Außenmauer erinnert noch daran. Am heutigen Standort ist das Café seit 1967 zu finden. Einmal im Monat gibt es Livemusik. Früher wurden von hier Radioprogramme gesendet und auch heute kehren hier mitunter Prominente ein. Die Gäste – nicht nur die aus der Nachbarschaft – schätzen vor allem die gemütliche Atmosphäre, den Billardtisch und die Auswahl an besonderen Bieren, darunter ein regelmäßig wechselndes »Bier des Monats«.

Café Eik en Linde. Mo–Do 11–1 Uhr, Fr 11–2 Uhr, Sa 14–2 Uhr, So geschl., Plantage Middenlaan 22, 1018 DE Amsterdam, Tel. 020/622 57 16, www.eikenlinde.nl

auf dem Zoogelände landeten, und bauten in den Tropenhäusern Gemüse an. Die Raubkatzen mussten mit Stockfisch, Reis und trockenem Brot vorliebnehmen und die Schimpansen wurden nur noch außerhalb der Öffnungszeiten gefüttert, nachdem hungrige Zoobesucher versucht hatten, ihnen ihr Futter abspenstig zu machen.

Immer neue Attraktionen

Nach Kriegsende wuchs der Zoo weiter. Zum 125-jährigen Bestehen öffnete 1963 ein Nachttierhaus seine Pforten, zum 150-jährigen kam ein beeindruckendes Planetarium hinzu. 1997 gab die Stadt Amsterdam grünes Licht für eine lange geplante Ausdehnung bis ans Ufer des Entrepotdoks. Das 1882 erbaute Aquarium wurde 1998 runderneuert und um ein Korallenriff und die realitätsgetreue Nachbildung einer Amsterdamer Gracht bereichert. Ein Jahr später eröffnete Prinzessin Margriet das neue Savannengehege, 2004 Prinzessin Máxima eine Pampalandschaft für Tiere aus Südamerika. Weitere Highlights sind der zauberhafte Schmetterlingspavillon (2006) und das unter Denkmalschutz stehende Affenhaus. Im Herbst 2014 eröffnete mit Micropia das weltweit erste Museum für Mikroben. Die faszinierende Schau wurde 2016 zum »Museum des Jahres« gekürt.

Im September billiger

Früher war der Besuch im Tierpark Artis allein Mitgliedern vorbehalten. Später durften dann auch »Normalsterbliche« hinein – anfangs aber nur im Monat September. Daraus entwickelte sich später die Sitte, dass im September verbilligte Eintrittspreise gelten. Im September 2016, dem letzten vor Drucklegung, betrug dieser Rabatt immerhin rund 25 Prozent. So wird der Zoobesuch auch für weniger Begüterte etwas erschwinglicher.

Oben: Wer beobachtet hier wen?
Mitte: Micropia
Unten: Gut getarnt ist dieser Terrariumsbewohner.

Infos und Adressen

SEHENSWÜRDIGKEITEN

Natura Artis Magistra. Im historischen Tierpark Artis kann man Stunden verbringen … Vom sehenswerten Aquarium bis zum Planetarium ist hier für jede Altergruppe etwas geboten. Der großzügig gestaltete (und mit dem Amsterdamer Architekturpreis 2015 ausgezeichnete) Artisplein ist ohne Eintrittskarte zugänglich.1. März–31. Okt. tgl. 9–18 Uhr, Juni, Juli und Aug. jeden Sa bis Sonnenuntergang, 1. Nov.–28. Febr. 9–17 Uhr, Plantage Kerklaan 38–40, 1018 CZ Amsterdam, Tel. 0900/278 47 96, www.artis.nl

Was krabbelt denn da?

ESSEN UND TRINKEN

Flamingoserre. Auf dem Zoogelände gibt es verschiedene Gastronomieangebote. Schön und familienfreundlich ist das flächig verglaste Selbstbedienungsrestaurant direkt am Flamingoweiher. Man bestellt an der Kasse und wird dann per Pager benachrichtigt, wenn das Essen fertig ist. Tgl. 11.30–17 Uhr, Schulferien bis 17.30 Uhr

De Plantage. Direkt am Artisplein, in einem historischen Gebäude aus dem 19. Jahrhundert, bietet das Café-Restaurant einen herrlichen Blick auf die große Volière und den Tierpark. Mo–Fr 9–1 Uhr, Sa–So 10–1 Uhr, Plantage Kerklaan 36, 1018 CZ Amsterdam, Tel. 020/760 68 00, www.caferestaurantdeplantage.nl

ÜBERNACHTEN

Hotel Rembrandt. Das nette Hotel in einem historischen Stadthaus verfügt über 17 individuelle Zimmer, darunter auch geräumige Familienzimmer und eines mit eigener Infrarotsauna. Einen Raum schmückt eine originalgetreue Kopie von Rembrandts berühmter *Nachtwache*. Plantage Middenlaan 17, 1018 DA Amsterdam, Tel. 020/627 27 14, www.hotelrembrandt.nl

Auch die Jüngsten finden den Zoo Artis spannend.

ALTER UND NEUER OSTEN

39 Rund um den alten Hafen
Auf den Spuren einer
Seefahrernation　　　　　　　　　**218**

40 Museum NEMO
Wissenschaften zum Anfassen　　　**226**

41 Kadijken und Entrepotdok
Wohnen im Werftenviertel　　　　**230**

**42 Oostelijke Eilanden:
Kattenburg, Wittenburg und
Oostenburg**
Vom Werftterrain zum Lebensraum　**232**

43 Oostelijk Havengebied
Spaziergang durch die Docklands
von Amsterdam　　　　　　　　　**236**

Het IJ

-eiland

K. N. S. M.-eiland

Kratontuin
Javakade
Sumatrakade
Serang gracht
Bogor- tuin
Surinamekade
Surinamekade
Venetië- str.
Venetië- hof
Verbin...

Azartpl.
pols potten store 🛒
de Kompaszaal
K. N. S. M.laan
Barcelona- pl.
Einde van de Wereld ✖
Kanis & Meiland ✖
Piraeus- pl.
Levant- pl.
Levantkade
Levantkade

43 zrab Cultural Centre

Panama
Heinkade

Oostelijke Handelskade
Veemkade
Verbindingsdam
Ertshaven
Ertskade
Sporenburg- eiland
P.E. Tegelbergplein

Lloyd Hotel 🏛
Happyhappyjoyjoy ✖
Veemkade
J. F.
van
Seinwachterstr.
Hengelstraat
Lampenistenstr.
Panamakade
Piet Hein Tunnel

Fred Petterbaan
C. J. K.
D. L.
van Aalststr.
Baron G. A. Tindalplein
Panamakade

Piet Hein Tunnel
Zeeburg
Rietlandterras
Hudigstr.
Panamakade
Spoorwegbassin
2quaybb 🛏
stimmermanstr.
Scheep-
str.
Stuurmankade
Scheepsjongen- str.
Stoker-
Borneokade
kade

van Eesterenlaan
Borneolaan
Borneolaan
Blauwpijlstr.
F. de Boer- laan
Borneo-eiland
Cruquiusweg

Borneolaan
Borneo- kade
Borneokade
Entrepothaven

Sloep delen 🛏
Internationaal
Entrepotkade Instituut voor Sociale 🏛 Persmuseum 🏛
Geschiedenis
Zeeburgerkade
H.J.M. Walenkamp- str.
Dick Greiner- str.
J. M. v. d. Meylaan
J. C. v. Epenstr.
Cruquiusweg
Th. K. van Lohuizenlaan
Cruquiusweg
Nieuwe- vaartkade

Cruquiusweg
Veemarkt
Vee-   markt
Veelaan
H. A. J. Baanderskade

ade
e Vaart
erpad
skanaal
dijk

Bed Breakfast Boat 🛏
Zeeburgerpad
Nieuwe Vaart
Zeeburgerpad
Lozingskanaal
Voorboezem

Zeeburgerdijk
Zeeburgerdijk
Zeeburgerdijk Flevoparkweg
Zuider IJdijk

Borneostr.
Timor- str.
Timorpl.
Lombok- str.
Sumatra- str.
Soenda- str.
Djambistr.
Lampongstr.
Moukkenstraat
Menado- str.
Niasstr.
Makassar- plein
Gorontalostr.
Ternate- weg
Kramatweg
Niasstr.
Insulindeweg
Zuiderzeeweg

Deli- str.
Bankastr.
Madurastr.
Javastr.
Balistr.
Borneostr.
Madura- str.
Javastr.
Balistr.
Borneostr.
Langkatstr.
Java- pl.
1e Ceram- pl.
Soembawastr.
Makassarstr.
Javastr.
2e Ceram- str.
Boetonstr.
Javaplantsoen
Flevoweg
Kramatweg

Indischebuurt
Eerste Atjehstr.
Tweede Atjehstr.
Riouw-
Eerste Atjehstr.
str.
Harne... koestr.
Ceram- pl.
Insulindeweg
Kramat- weg

Nieuwe Diep

39 Rund um den alten Hafen

39 Rund um den alten Hafen
Auf den Spuren einer Seefahrernation

Seinen unaufhaltsamen wirtschaftlichen Aufstieg im Goldenen Zeitalter verdankte Amsterdam seinem Hafen. Von hier brachen Schiffe in aller Herren Länder auf und brachten wertvolle Handelswaren zurück, die den Reichtum der Stadt begründeten. Lagerhäuser, Werften und Kantorgebäude prägten lange das Bild des Hafenviertels. Heute setzen rund um das Wasser des Oosterdok Gebäude wie die neue Stadtbibliothek und das Museum NEMO moderne Akzente.

Zu Beginn des 16. Jahrhunderts lag östlich des mittelalterlichen Stadtkerns, außerhalb der Stadtmauern, das erste Werft- und Hafengebiet Amsterdams. Seinen Namen, Lastage, verdankte es dem Umstand, dass dort ein Kran stand, mit dem schwere Lasten an und von Bord der Schiffe gehievt wurden. Nachdem 1512 Geldernsche Truppen die Lastage überfielen, wurde entlang der heutigen Oude Schans eine Befestigungsanlage errichtet.

Montelbaanstoren – der Verrückte Jaap

Der 1516 errichtete Montelbaanstoren an der Einmündung der Waalseilandgracht in die Oude Schans war ein Teil dieser neuen Stadtbefestigung. Als im ausgehenden 16. Jahrhundert östlich der Lastage die künstlichen Inseln Uilenburg, Valkenburg und Rapenburg aufgeschüttet wurden, übersiedelten die Handwerksbetriebe dorthin; die Lasta-

Seite 216/217: Schreierstoren und Sint Nicolaaskerk spiegeln sich im Wasser des Oosterdok.
Oben: Der Montelbaanstoren war einst ein Teil der Stadtbefestigung.

ge wandelte sich zum Wohngebiet. Eine neue Stadtbefestigung – diesmal gegen drohende Angriffe der Spanier – umschloss das gesamte erweiterte Hafenareal, sodass der Montelbaansturm seine Funktion als Wachturm verlor. 1606 bekam der Turm eine Spitze im Renaissancestil und auch eine Turmuhr. Weil diese neue Uhr aber zu den ungewöhnlichsten Zeiten läutete, um dann wieder für Tage zu verstummen, hatte der Turm schnell den Spitznamen *Malle Jaap* (»Verrückter Jaap«) weg. Heute ist dieses markante Relikt der mittelalterlichen Stadtbefestigung ein beliebtes Fotomotiv bei jeder Grachtenrundfahrt.

Vereenigde Oost-Indische Compagnie

Im Jahr 1592 entsandte eine Gruppe von Amsterdamer Kaufleuten einen Mann namens Cornelis de Houtman (1565–1599) in geheimer Mission nach Lissabon. Bei dieser Reise handelte es sich um einen frühen Fall von Wirtschaftsspionage: Houtman sollte so viel wie möglich über die portugiesischen Handelsrouten in Erfahrung bringen. Portugal hatte zu dieser Zeit das Monopol auf den Handel mit exotischen Gewürzen. Bald nach Houtmans Rückkehr schickten ihn seine Auftraggeber erneut los, um den Seeweg nach Indien um das Kap der Guten Hoffnung herum zu erkunden und eigene Handelsbeziehungen zu knüpfen. Mit vier Schiffen brach Houtman 1595 auf und kam 1598 nach einer langen und verlustreichen Reise tatsächlich mit einigen Fässchen Pfeffer wieder. Von den 249 Männern, die mit ihm aufgebrochen waren, kehrten nur 87 nach Amsterdam zurück.

Houtmans Reise war der Anfang vom Ende des portugiesischen Monopols. Schon 1602 bündelten mehrere bis dahin konkurrierende Handelsgesellschaften ihre Kräfte und Interessen, gründeten die

Einfach gut !

KUNST IM ZEICHEN DES APFELS

Ein knallroter Apfel ist das appetitanregende Markenzeichen des Kunstzentrums de Appel. Die Geschichte dieser nicht kommerziellen Institution für Gegenwartskunst begann 1975 in einem Lagerhaus namens de Appel an der Brouwersgracht. Nach mehreren Umzügen residiert de Appel seit 2012 in einem hochherrschaftlichen Haus am Hafenrand. De Appel ist eine der führenden Adressen vor allem für die Bereiche Performance, Installationen und Videokunst. Auf dem Programm stehen Ausstellungen, Lesungen und Performances. Im gut sortierten Museumsshop findet man Kunstbücher und Ausstellungskataloge. Außerdem gibt es ein Fortbildungsprogramm für angehende Kuratoren.

de Appel arts centre. Ausstellung: Di–So 11–18 Uhr, Mo sowie 27. April, 25. Dez. und 1. Jan. geschl., Prins Hendrikkade 142, 1011 AT Amsterdam, Tel. 020/625 56 51, www.deappel.nl

Vereenigde Oost-Indische Compagnie (VOC) und bauten systematisch ein umfangreiches Netz von Niederlassungen in Übersee auf. Amsterdam stieg rasch zur bedeutenden Handels- und Seemacht auf. Gegenüber der Einfahrt zum IJtunnel ist an der Prins Hendrikkade 176 noch ein Ensemble aus zwei doppelten VOC-Lagerhäusern aus dem frühen 17. Jahrhundert erhalten geblieben.

Scheepvaarthuis

Am Kopf des Waalseilands – genau an der Stelle, wo seinerzeit Houtmans erste Indienreise ihren Anfang nahm – ließen zwischen 1913 und 1916 sechs der wichtigsten Amsterdamer Schifffahrtsgesellschaften das Scheepvaarthuis als gemeinsames Bürogebäude errichten. Der Architekt Jan M. van der Mey (1878–1949) konzipierte den Komplex, der als erstes Gebäude im Stil der Amsterdamer Schule gilt, als Gesamtkunstwerk. Selbst die für die Fassaden verwendeten Backsteinsorten wurden eigens für diesen Bau entwickelt. Um für eine eventuelle Erweiterung gerüstet zu sein, brannte man eine große Menge Steine auf Vorrat. Der Anbau, der prompt in den Jahren 1926 bis 1928 folgte, fügte sich so nahtlos an den bestehenden Baukörper an.

Von der Prins Hendrikkade aus betrachtet wirkt der gewaltige Bau wie der Bug eines Ozeanriesen. Innen und außen beschwören unzählige Details die ruhmreiche Schifffahrtstradition Amsterdams herauf: Seepferde, Delfine, Anker, Schiffe, Muscheln und Kraken sind zu entdecken. Atemberaubend ist das zentrale Treppenhaus mit den riesigen Bleiglasfenstern. Nachdem 1981 die letzte Schifffahrtsgesellschaft den Komplex verließ, residierten hier die Städtischen Verkehrsbetriebe, bis 2007 das »Grand Hotel Amrâth« das prächtige Gebäude übernahm.

Oben: Das Scheepvaarthuis ist ein Glanzstück der Amsterdamer Schule.
Mitte: Auch am Ufer des Oosterdok sind zahlreiche Hausboote vertäut.
Unten: Das schwimmende Restaurant »Sea Palace«.

Sea Palace und Oosterdok

Nicht verpassen

Folgt man der breiten Piet Heinkade vom Schifffahrtshaus aus am Oosterdok entlang stadtauswärts, passiert man mehrere Steiger, an denen Hausboote Seite an Seite liegen. Einige davon werden als Feriendomizil vermietet – zentraler und origineller kann man in Amsterdam kaum unterkommen. Abends sitzen die Bewohner gern mit einem Sundowner an Deck und genießen den herrlichen Panoramablick von der Sint Nicolaaskerk bis zum Wissenschaftsmuseum NEMO (s. S. 226).

Jenseits des Wassers zieht ein buntes dreistöckiges Gebäude mit Pagodendächern, das nachts im Schein unzähliger Lämpchen glitzert, die Blicke auf sich. Der »Sea Palace« war bei seiner Eröffnung im Jahre 1984 das erste schwimmende China-Restaurant in Europa. Dahinter bildet die neuzeitliche Bebauung des Oosterdokeilands einen sachlich-modernen Kontrast. Highlights sind die neue Stadtbibliothek und der schlanke gläserne Kubus des Amsterdamer Konservatoriums gleich daneben. Bei Letzterem liegen die Konzertsäle und Probenräume innen, sodass innen wie außen die nötige Ruhe gegeben ist.

Am alten Hafenrand hat das renommierte Kunstzentrum de Appel in einem vornehmen historischen Gebäude ein neues Domizil gefunden. Im Souterrain liegt das Restaurant »Moes«. Auf der Karte steht unter anderem »Schipholgans«: Die Vögel, die am Flughafen Schiphol aus Gründen der Flugsicherheit bejagt werden, kommen hier auf den Teller. Überquert man einige Schritte weiter die hier mündende Oudeschans, steht man vor dem 1644 erbauten West-Indisch Pakhuis. Hier wurden einst die Schiffe der West-Indischen Compagnie ausgerüstet, heute hat hier die Verwaltung einer Kaffeehauskette ihre Büros.

BIBLIOTHEK MIT AUSSICHT

Am 7.7.2007 öffneten sich die Türen der neuen Zentralbibliothek (OBA) auf dem Oosterdokseiland zum ersten Mal für das Publikum. Seitdem kommen im Durchschnitt 5000 Besucher am Tag. Mit 28 000 Quadratmetern ist die OBA die größte Bibliothek der Niederlande, bietet anderthalb Millionen Büchern, Filmen und Zeitschriften Platz und verfügt über mehr als 1000 Sitzplätze und knapp 500 Internetcomputer. Im Inneren des imposanten Gebäudes erwartet den Besucher Design vom Feinsten: kreisförmige Regale, kugelige Sessel, raffiniert beleuchtete Rolltreppen. Der buchstäbliche Höhepunkt ist die 7. Etage: Hier gibt's ein Theater mit 250 Plätzen und ein Selbstbedienungsrestaurant. Von der Dachterrasse aus hat man einen Blick über die ganze Stadt.

Centrale Openbare Bibliotheek Amsterdam. Tgl. 10–22 Uhr, Oosterdokskade 143, 1011 DL Amsterdam, Tel. 020/523 09 00, www.oba.nl

Amsterdam Centre for Architecture

Wer sich für moderne Architektur begeistert, ist im ARCAM (Amsterdam Centre for Architecture) an der richtigen Adresse. Schon das 2003 fertiggestellte Gebäude, in dem das Institut selbst residiert, ist sehenswert. Der markante freistehende Pavillon liegt direkt am Wasser, zwischen der Einfahrt zum IJtunnel und dem Schifffahrtsmuseum. Das von René van Zuuk (*1962) entworfene skulpturale Gebäude besteht aus riesigen Glasflächen, umhüllt von einer rasant geschwungenen Aluminiumhaut. Architekturfans bekommen hier Tipps und Infos zu besonders interessanten modernen Gebäuden. Spaziert man dann weiter Richtung NEMO, kann man am Tunnelpier eine Anzahl historischer Schiffe bewundern, die die Mitglieder der Vereniging Museumhaven Amsterdam dort liebevoll pflegen und instand halten.

Oben: Im Alten Hafen kann man traditionelle Boote bewundern.
Unten: Eine moderne Fußgängerbrücke überspannt das alte Hafenbecken.

Infos und Adressen

SEHENSWÜRDIGKEIT

Montelbaanstoren. Der Turm kann nur von außen besichtigt werden. Oudeschans 2, 1011 KX Amsterdam

ESSEN UND TRINKEN

Hemelse Modder. Der namensgebende »himmlische Matsch« ist ein köstliches Schokoladendessert ... Reservieren ratsam! Tgl. ab 18 Uhr, Oude Waal 11, 1011 BZ Amsterdam, Tel. 020/624 32 03, www.hemelsemodder.nl

Moes. Stylishes Café im Kunstzentrum de Appel. Di–Fr 17–23 Uhr, Sa 11–23 Uhr, So 11–18 Uhr, Prins Hendrikkade 142, 1011 AT Amsterdam, Tel. 020/623 54 77, www.totmoes.nl

Restaurant Lastage. Ein Michelin-Stern, akzeptable Preise – unbedingt reservieren! Di–So ab 18.30 Uhr, Geldersekade 29, 1011 EJ Amsterdam, Tel. 020/737 08 11, www.restaurantlastage.nl

Im Architekturzentrum ARCAM

Sea Palace. Schwimmendes China-Restaurant. Tgl. 12–24 Uhr, Küche bis 22.30 Uhr, Oosterdokskade 8, 1011 AE Amsterdam, Tel. 020/626 47 77, www.seapalace.nl

ÜBERNACHTEN

BoatForRent Amsterdam. Vom Pärchen bis zur Großfamilie findet hier jeder das passende Hausboot am Ufer des Oosterdok. Buchung und Infos per E-Mail: info@boatforrentamsterdam.com

Grand Hotel Amrâth im Scheepvaarthuis. Fünf-Sterne-Luxushotel im Scheepvaarthuis. Sonntags 11 Uhr bietet das Museum Het Schip hier eine Führung an (nur nach Voranmeldung, mit Verzehrzwang). Info/Anmeldung über www.hetschip.nl (Activiteiten) Prins Hendrikkade 108, 1011 AK Amsterdam, Tel. 020/552 00 00, www.amrathamsterdam.com

AKTIVITÄTEN

Conservatorium van Amsterdam. Mit abwechslungsreichem Konzertprogramm begeistert es die Besucher. Oosterdokskade 151, 1070 LP Amsterdam, www.ahk.nl/conservatorium

ARCAM. Das Architekturzentrum bietet Führungen und Ausstellungen an. Di–So 13–17 Uhr, geschl. 27. Apr., 25./26. Dez., Prins Hendrikkade 600, 1011 VX Amsterdam, Tel. 020/620 48 78, www.arcam.nl

Amsterdam, wir kommen!

DIE OSTINDIEN-COMPAGNIE

Pfeffersäcke und Sklavenhändler: Die Vereenigde Oost-Indische Compagnie

Im internationalen Seehandel hatten die Niederlande im 16. Jahrhundert noch nicht viel zu melden. Portugal und Spanien machten den lukrativen Überseehandel mit Gewürzen unter sich aus. Das war den Amsterdamer Kaufleuten ein Dorn im Auge. Mit List und Gewalt drängten sie in den Markt und schufen mit der Vereenigden Oost-Indischen Compagnie den ersten weltumspannenden Handelskonzern der Geschichte.

Im Jahr 1602 schlossen sich mehrere kleinere Kaufmannskompanien zur Vereenigde Oost-Indische Compagnie (VOC) zusammen. Anstatt sich gegenseitig Konkurrenz zu machen, diktierten sie von nun an gemeinschaftlich die Preise. Mit einem umfassenden Handelsmonopol und Hoheitsrechten ausgestattet, baute die VOC ein gewaltiges Wirtschaftsimperium auf. Ihr »Management« bestand aus 17 Honoratioren, den sogenannten »Heren XVII«. Sie steuerten die Geschicke der Compagnie, die nicht einer oder mehreren Privatpersonen gehörte, sondern einer Gruppe von Anteilseignern. Ein Teil der jährlichen Gewinne wurde als Dividende ausgeschüttet, der Rest in die weitere Expansion investiert.

Ohne Rücksicht auf Verluste

Amsterdam gelang es bald, die Konkurrenz zu überflügeln. Waren aus aller Welt strömten in die Stadt, wo eine hochspezialisierte Industrie die Rohstoffe weiterverarbeitete. Die Endprodukte wurden in alle Welt verkauft. An der Amsterdamer Börse liefen die Fäden des Welthandels zusammen. Die VOC verfolgte einen aggressiven Expansionkurs: Sie schüchterte die einheimischen Händler ein, damit sie nur noch an die VOC verkauften, und drückte die Einkaufspreise in den Anbauländern. Sie gründete eigene Handelsposten und brachte Häfen unter ihre Kontrolle. Mit wachsender Brutalität setzte die VOC ihre Ziele durch. Ihre Truppen griffen Handelsschiffe und -niederlassungen anderer Nationen an und töteten Einheimische, die sich ihnen widersetzten. Der Gründung Batavias (des heutigen Jakarta), des ersten festen Handelsstützpunkts in Asien, ging ein Blutbad voraus.

Das Ende einer Ära

In den ersten Hundert Jahren ihres Bestehens schickte die VOC Tausende von Schiffen nach Asien. Sie besaß die Handelsmonopole für etliche Gewürze und war auch im Sklavenhandel sehr aktiv. Die Aktionäre konnten Jahr für Jahr mit üppigen Dividenden rechnen. Doch im 18. Jahrhundert begann der Stern der VOC zu sinken. Zum einen machte ihr die englische Konkurrenz zu schaffen, die vor allem im Kaffee- und Teehandel dominierte. Die Compagnie fuhr zum ersten Mal in ihrer Geschichte Verluste ein. Der schlimmste Feind saß jedoch in ihrem Inneren: Immer wieder haben die Direktoren in die Kasse gegriffen. Diese Mischung aus Misswirtschaft, Veruntreuung und Korruption brach dem Konzern schließlich das Genick. Im Jahr 1799, knapp 200 Jahre nach ihrer Gründung, wurde die VOC aufgelöst. Das Kürzel VOC steht nun für *Vergaan onder Corruptie*: untergegangen durch Korruption.

Oben: Wie funktioniert denn das?
Hier darf man's ausprobieren!
Unten: Der Aufstieg zur Dachter-
rasse wird mit einer herrlichen
Aussicht belohnt.

40 Museum NEMO
Wissenschaften zum Anfassen

Das Wissenschaftsmuseum richtet sich in erster Linie an Kinder. Doch die spannenden Ausstellungen, Experimente und technischen Spielereien machen nicht nur den Kleinen Spaß – hier kommen auch die Großen auf ihre Kosten. Denn für dieses Museum gilt, was in anderen völlig undenkbar wäre: Anfassen und ausprobieren ist hier nicht nur erlaubt, sondern ausdrücklich erwünscht.

Das Museumsgebäude des Wissenschaftszentrums NEMO thront über der Einfahrt zum IJtunnel und nutzt diesen zum Teil als Fundament. Durch den 1968 eröffneten vierspurigen Tunnel, der das Stadtzentrum mit dem Stadtteil Noord jenseits des IJ verbindet, rollen täglich Tausende von Autos.

Architektur des Museums

Das Gebäude des NEMO war bei seiner Fertig-stellung 1997 eines der ersten architektonischen Highlights in der projektierten Neubebauung des

GUT ZU WISSEN

WISSENSCHAFT ZUM ANFASSEN
Kinder können hier Naturwissenschaft und Technik buchstäblich be-greifen. Das macht Spaß und ver-mittelt spielerisch und anschaulich allerlei Wissens-wertes – kein Wunder also, dass das Museum ein beliebtes Ausflugsziel ist. Am besten kommt man möglichst früh: Morgens hält sich der Andrang noch halbwegs in Grenzen, ab mittags, am Wochenende und in den Ferien wird es hier sehr schnell ziemlich voll und dann auch recht laut.

Wie ein riesiges Schiff liegt das Museum
NEMO im alten Hafen.

IJ-Ufers. Der renommierte Architekt Renzo
Piano entwarf einen kompakten Baukörper, dessen Fassade sich zum IJ hin wie ein
Schiffsbug rundet. Sie ist mit oxydierten Kupfer-
platten verkleidet, deren leuchtendes Grün den
Bau zu einer weithin sichtbaren Landmarke macht.
Die schräg ansteigende Silhouette des Komplexes
soll den Verlauf des Tunnels widerspiegeln, der
ebenso schräg hinabführt.

Seit Königin Beatrix den spektakulären Bau eröffnete, finden hier Kinder aller Altersgruppen Ant-
worten auf Fragen wie: Passt ein Mensch in eine
Seifenblase? Wie kommen E-Mails von hier nach
da? Worauf muss man beim Bau eines Staudamms
achten? Und wie lang ist die DNA eines einzelnen
Chromosoms, wenn man sie abwickelt? Das Beste
daran ist: Vieles kann und muss man selbst ausprobieren. Die Erklärungen und Beschriftungen gibt
es in niederländischer und in englischer Sprache.

Wasseruhr und Bällefabrik

Ab 2016 werden alle Ausstellungsdecks fünf Jahre
lang Zug um Zug generalüberholt und umgestaltet.
Bei Drucklegung empfing die Besucher schon im

Nicht verpassen

PANORAMA ZUM NULLTARIF

Die ansteigende Dachflä-
che ist als Piazza, als inner-
städtischer Treffpunkt, konzipiert.
Von hier hat man einen sagenhaften
Blick über die ganze Stadt. In der
Regel ist die Dachterrasse während
der Museumsöffnungszeiten geöffnet
und auch unabhängig von einem
Museumsbesuch kostenlos zugänglich. Zur frei zugänglichen Ausstellung »Energetica« auf dem Dach
gehört auch eine sehr verlockende
Wasserkaskade. Wer wasserliebende
Kinder hat, sollte auf jeden Fall
Wechselkleidung und ein Handtuch
mitnehmen! Zwei Sandkästen machen das Kinderparadies perfekt,
für die Eltern gibt's im Café »Dak 5«
einen Kaffee mit Aussicht.

NEMO-Dachterrasse. Zugänglich
während der Museumsöffnungszeiten,
im Juli und August bis 21 Uhr.
Silvester, bei besonderen Veranstaltungen und extrem schlechtem
Wetter geschl., Eintritt frei

Eingangsbereich ein bizarrer Aufbau aus gläsernen Kolben und Röhren, der sich als flüssigkeitsbetriebene Uhr entpuppt. Im ersten Stock macht eine »Weltraumdusche« kosmische Strahlung sichtbar; die Abteilung »Codename: DNA« lädt zu einer Reise durch den eigenen Körper ein und die »Age Machine« gibt einen Vorgeschmack darauf, wie man wohl in 30 Jahren aussehen wird. Ein beliebter Klassiker ist die Kettenreaktions-Show.

Auf dem zweiten Deck gilt es, in der Bällefabrik knifflige Logistikaufgaben zu lösen; außerdem kann man hier selbst Wasser aufbereiten, in der Abteilung mit den technischen Konstruktionen mit schwankenden Wolkenkratzern experimentieren und im Bereich »Suche nach Leben« die chemische Zusammensetzung des eigenen Körpers berechnen. Im dritten Stock heißt es: Laborkittel an, Schutzbrille auf und ab ins »NEMO Wonder Lab«, wo aus Kartoffeln Kleber hergestellt oder das Vitamin C in einer Apfelsine sichtbar gemacht wird. Elektra, einer der größten humanoiden Roboter Europas, heißt die Gäste in der Abteilung »You, me, Electricity« willkommen.

Museum für Teenager

Auf Teenager ist die Ausstellung »Teen Facts« zugeschnitten, die die körperliche Entwicklung, das Gefühlschaos während der Pubertät und die erwachende Sexualität zum Thema hat. Dabei wird kein Blatt vor den Mund genommen. Dieser Bereich ist für jüngere Geschwister möglicherweise (noch) nicht so geeignet. Als krönenden Abschluss gibt es schließlich im vierten Deck eine Reise durch den menschlichen Geist. Hier kann man mit einer speziellen Software seinen Gesichtsausdruck analysieren lassen und sich einen Eindruck davon verschaffen, was sich im Gehirn so alles abspielt.

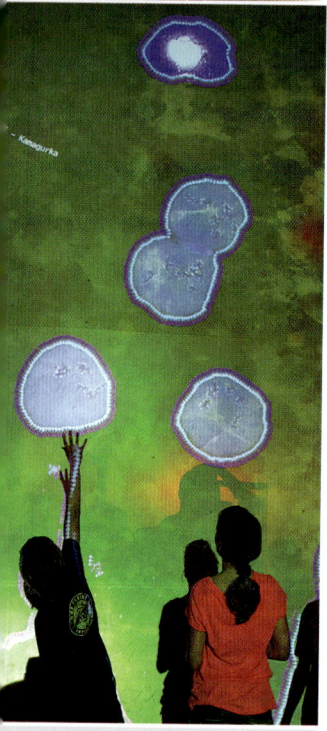

Oben: Spannende Einblicke für junge und ältere Forschernaturen
Unten: Kleine Entdecker ganz groß!

Infos und Adressen

ESSEN UND TRINKEN

Greetje. Traditionelle niederländische Gerichte aus frischen Biozutaten, in charmant-altmodischem Ambiente mit tollem Blick auf den Montelbaanstoren. Reservierung erforderlich! Tgl. ab 18 Uhr, Küche 18–22, Sa bis 23 Uhr, Peperstraat 23–25, 1011 TJ Amsterdam, Tel. 020/779 74 50, www.restaurantgreetje.nl

Hiding in plain sight. Hoch gelobte Cocktailbar. – von Magazinen nicht nur zur besten Amsterdams, sondern der ganzen Niederlande ernannt. Die Sunday Times zählte sie zu den besten 50 weltweit. Barhocker im Parterre, gemütliche Sofas im ersten Stock. Monatlich wechselnde Cocktailkarte. So–Do 18–1 Uhr, Fr–Sa 18–3 Uhr, Rapenburg 18, 1011 TX Amsterdam, Tel. 06/25 29 36 20, www.hpsamsterdam.com

INFORMATION

Science Center NEMO. Das Mitmach- und Ausprobiermuseum macht allen großen und kleinen Menschen Spaß. Das familienfreundliche und behindertengerechte Science Center hat Wickelräume und Behindertentoiletten auf jeder Etage. Für 50 Cent kann man ein Schließfach mieten und hat dann in der Ausstellung die Hände frei. Ein echtes Highlight ist der Museumsshop, der neben Experimentierkästen und anderem Entdeckerspielzeug auch ein Selbermach-Set für Riesenseifenblasen führt. Wer sich Wartezeiten ersparen möchte, kann die Eintrittskarten vorab online kaufen. Di–So 10–17.30 Uhr, während der niederländischen Schulferien auch Mo geöffnet, am 1. Jan., 25. Dez. und Koningsdag geschl., Oosterdok 2, 1011 VX Amsterdam, Tel. 020/531 32 33, www.nemosciencemuseum.nl

Sieht so die mobile Zukunft aus?

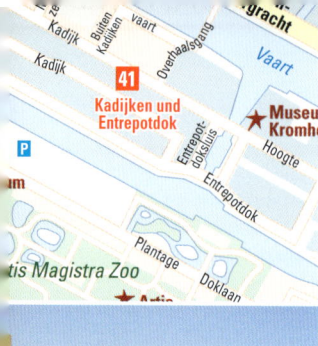

41 Kadijken und Entrepotdok
Wohnen im Werftenviertel

Eine ehemalige Schleuse teilt die Kadijken in eine größere westliche und eine kleinere östliche Insel. Die beiden gegenüber der Plantage liegenden Inseln wurden Mitte des 17. Jahrhunderts angelegt. Zuvor verlief dort ein Sommerdeich (*kadijk*), der erhöht und verbreitert wurde. Lange prägten Werften und Lagerhäuser das Bild. Heute stehen viele Gebäude unter Denkmalschutz und die Kadijken sind ein beliebtes Wohngebiet.

Ab Mitte des 17. Jahrhunderts siedelten sich auf dem Uferstreifen entlang der Nieuwe Vaart zahlreiche Werften an. Um die Jahrhundertwende waren es noch 30, 1970 nur noch zwei. Eine davon ist die Museumswerft 't Kromhout. Hier wurden ab 1757 Segel-, ab Mitte des 19. Jahrhunderts dann Dampfschiffe gebaut. Die beiden Werfthallen in Stahlbaukonstruktion waren ursprünglich Teil der Weltausstellung 1895 auf dem Museum-plein und wurden erst später hierher verlegt. In der einen ist bis heute eine Werft. Die andere beherbergt seit 1973 das Kromhoutmuseum.

Das Entrepotdok

Am Ufer des heutigen Entrepotdok entstanden zu Beginn des 18. Jahrhunderts die ersten Lagerhäuser. Um den durch internationale Konkurrenz angeschlagenen Amsterdamer Handel zu unterstützen, wurde hier 1827 ein Rijks-Entrepot eingerichtet, ein zollfreier Umschlagplatz für Güter im Transithandel. Den Komplex umschloss eine Mauer, der einzige Zugang war das Torgebäude am Kadijks-

Oben: Der ehemalige Freihafen ist heute ein beliebtes Wohnquartier.
Unten: Von der Caféterrasse aus sieht man jenseits des Wassers den Zoo Artis.

plein. Gleich links daneben steht ein kleines Häuschen mit einer gelb-roten Klinkerfassade: Hier, im »Koffiehuis van den Volksbond«, bekamen im 19. Jahrhundert die Hafenarbeiter verbilligten Kaffee und andere warme Getränke – so sollte der Alkoholismus eingedämmt werden.

Das Entrepot wurde ab 1830 um weitere Lagerhäuser erweitert. Bis zur Entrepotschleuse tragen sie die Namen von niederländischen und belgischen Handelsstädten, jenseits davon liegen die nach den Monaten benannten *Kalenderpanden*. Mit einer Länge von 800 Metern und fast 100 Packhäusern war das Lagerhausensemble das größte in ganz Europa. Doch um die Jahrhundertwende löste ein neues Entrepotdok am Cruquiusweg das alte ab. In den 1980er-Jahren wurden die Speicherhäuser teils in Sozial-, teils in luxuriöse Eigentumswohnungen umgewandelt. Am östlichen Ende der Zeile entstand auf und aus einem alten Gebäude der Elektrizitätswerke der moderne Wohn- und Bürokomplex Aquartis.

Bier unter Windmühlenflügeln

Noch weiter östlich zieht sich entlang der Sarphatistraat die stolze 278 Meter lange Fassade der ehemaligen Oranje-Nassau-Kaserne (1814), die heute Büros und Wohnungen beherbergt. Kaum war sie fertig, zogen die Franzosen schon wieder ab. Die neue Kaserne nahm der nahe gelegenen Mühle De Gooyer (1725) buchstäblich den Wind aus den Segeln – darum wurde diese kurzerhand an die Funenkade versetzt. In einem ehemaligen Badehaus gleich daneben liegt die »Brouwerij 't IJ«. Der Musiker Kasper Peterson gründete sie Mitte der 1980er-Jahre, weil ihm auf Tourneen das belgische Bier so gut schmeckte. Im Lokal und auf der großen Terrasse kann man die IJ-Biere verkosten und auch lecker essen.

SEHENSWÜRDIGKEITEN
Molen de Gooyer. Alte Windmühle neben der Brauerei. Funenkade 5, 1018 AL Amsterdam

Museum 't Kromhout. Schiffsantriebe von der Dampfmaschine bis zum Dieselmotor. Di 9.30–15.30 Uhr, im Sommer mitunter auch So, Hoogte Kadijk 147, 1018 BJ Amsterdam, Tel. 020/627 67 77, www.kromhoutmotorenmuseum.nl

ESSEN UND TRINKEN
Brouwerij 't IJ. Leckere Biere im alten Badehaus. Tgl. 14–20 Uhr, Funenkade 7, 1018 AL Amsterdam, Tel. 020/528 62 37, www.brouwerijhetij.nl

Koffiehuis van den Volksbond. Beliebtes Nachbarschaftslokal. Tgl. ab 18 Uhr, Kadijksplein 4, 1018 AB Amsterdam, Tel. 020/622 12 09, www.koffiehuisvandenvolksbond.nl

Paerz. Gehobene Küche im alten Speicherhaus. Mi–So ab 12 Uhr, Abendessen ab 18 Uhr, Entrepotdok 64, 1018 AD Amsterdam, Tel. 020/623 22 06, www.paerz.nl

Die Windmühle De Gooyer

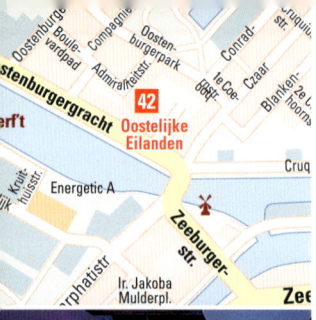

42 Oostelijke Eilanden: Kattenburg, Wittenburg und Oostenburg
Vom Werftterrain zum Lebensraum

Die Oostelijke Eilanden (»Östliche Inseln«) Kattenburg, Wittenburg und Oostenburg wurden im Rahmen einer großen Stadterweiterung Mitte des 17. Jahrhunderts angelegt. Das runderneuerte Schifffahrtsmuseum ist heute einer der Hauptanziehungspunkte in diesem früheren Werft- und Industriegebiet, dem die Marine und die Vereenigde Oost-Indische Kompagnie ihren Stempel aufdrückten.

Kattenburg, die westlichste der Inseln, war zunächst als Festungsinsel Teil des Verteidigungsrings. Vom 17. Jahrhundert an nutzte erst die Amsterdamer Admiralität, danach die nationale Marine den gesamten Westteil der Insel. Nachdem das Verteidigungsministerium beschloss, den Stützpunkt aufzugeben, soll das Gelände künftig als »Inkubator« für Betriebe rund um das Thema Virtual Reality dienen. Östlich der Kattenburgerstraat prägten lange Zeit enge Sträßchen mit kleinen Häusern das Bild. Sie wurden in den 1960er-Jahren komplett abgerissen und durch Neubauten ersetzt.

Das frühere Arsenal

Die Amsterdamer Admiralität beauftragte Daniël Stalpaert (1615–1676) mit dem Bau eines riesigen Arsenals (1656), um dort Segel, Schiffsausrüstung und Kanonen zu lagern. Die Tonnengewölbe unter dem Innenhof dienten als Regenwasserzisterne für die Trinkwasserversorgung der Kriegsflotte.

Oben: Moderne Technik in historischem Rahmen
Unten: Das Schifffahrtsmuseum bekam eine neue, filigrane Kuppel.

Die Marine nutzte das imposante Gebäude, bis 1973 das Schifffahrtsmuseum einzog. Nach einem vier Jahre dauernden und 58 Millionen Euro teuren Umbau wurde das Museum 2011 feierlich wieder eröffnet. Das neue Glanzlicht des liebevoll restaurierten Gebäudes ist die filigrane selbsttragende Glaskuppel, die den ehemaligen Innenhof überspannt. Die Exponate – Gemälde von Seeschlachten, Galionsfiguren und nautische Instrumente – zeichnen ein beeindruckendes Panaroma aus 500 Jahren Seefahrtsgeschichte, insbesondere des Goldenen Zeitalters. In der Ausstellung »Haven 24/7« kann man das Geschehen im Amsterdamer Hafen wie aus einem Frachtcontainer heraus erleben. Hochinteressant ist auch ein Besuch an Bord des Ostindienseglers, der draußen am Steg des Museums liegt. Dabei handelt es sich um den originalgetreuen Nachbau des VOC-Schiffs »Amsterdam«, das 1749 auf seiner ersten Reise sank.

Die Oosterkerk auf Wittenburg

Wittenburg, die mittlere der Inseln, war von Anfang an als Standort für Werften und Arbeiterwohnungen bestimmt. Die Inseln wurden hauptsächlich von Protestanten bewohnt, für die 1669 bis 1671 in zentraler Lage – auf der Insel Wittenburg, dirckt an der Nieuwe Vaart – eine steinerne Kirche errichtet wurde. Die Oosterkerk komplettiert die vier »Himmelsrichtungskirchen« in Amsterdam. Die Kirche, ebenfalls nach Plänen des Stadtbaumeisters Daniël Stalpaert errichtet, hat die Form eines gleicharmigen Kreuzes. Am Giebel der Kirche erinnert ein Relief an die Binnenschiffer, die während des Hungerwinters 1944/45 Lebensmittelspenden aus Friesland auf die Inseln schmuggelten.

1962 fand in der Oosterkerk der letzte Gottesdienst statt, heute dient die Kirche als Konzert-

und Veranstaltungsgebäude. Auf der Wittenburgervaart, gleich neben der Ezelsbrug (»Eselsbrücke«), die zur Insel Oostenburg hinüberführt, liegt ein Schiff aus Autoreifen, das der Künstler Robert Jasper Grootveld (1932–2009) 1972 im Auftrag der Stadt für einen Kinderspielplatz entwarf.

VOC-Insel Oostenburg

Als die östlichen Inseln angelegt wurden, kaufte die Vereenigde Oost-Indische Compagnie (VOC) den größten Teil von Oostenburg und baute hier Lagerhäuser, eine Seilerei und eine Werft, in der der russische Zar Peter der Große (1672–1725) im Jahr 1697 einige Monate lang hospitierte. An der Oostenburgergracht ist das Vorgebäude der VOC-Seilerbahn erhalten geblieben. Das 1720 errichtete VOC-Magazin, am Rande des Oostenburgerparks an der Oostenburgervaart gelegen, wurde ab 1827 von einer Dampfmaschinenfabrik genutzt und in den 1990er-Jahren zu Wohnungen umgebaut. sAuf einem weiteren ehemaligen Industrieterrain zwischen Isaac Titsinghkade und Oostenburgermiddenstraat entstand das markante INIT-Gebäude, in dem unter anderem die Redaktion der bekannten Tageszeitung *Het Parool* ihre Räume hat.

Oben: Das Museum bringt den Besuchern die Geschichte der Seefahrt nahe.
Unten: Der Nachbau eines Ostindien-Seglers liegt am Museumssteg.

Infos und Adressen

SEHENSWÜRDIGKEITEN

Het Scheepvaartmuseum. Nach einem umfassenden Umbau präsentiert sich das Schifffahrtsmuseum in neuem Glanz. Deutschsprachiger Audioguide erhältlich. Tgl. 9–17 Uhr, Koningsdag, 25. Dez. und 1. Jan. geschl., Kattenburgerplein 1, 1018 KK Amsterdam, Tel. 020/523 22 22, www.hetscheepvaartmuseum.nl

Oosterkerk. Die alte Kirche wird von einer Stiftung als Veranstaltungszentrum betrieben. Termine siehe Webseite. Kleine Wittenburgerstraat 1, 1018 LS Amsterdam, Tel. 020/627 22 80, www.oosterkerk-amsterdam.nl

ESSEN UND TRINKEN

Restaurant Stalpaert. Das hell und modern eingerichtete Museumscafé des Scheepvaartmuseum bietet durch große Fenster einen schönen Blick aufs Wasser. Tgl. 9–17 Uhr, Koningsdag, 25. Dez. und 1. Jan. geschl., Kattenburgerplein 1, 1018 KK Amsterdam

Roest. Im nur minimal hergerichteten einer alten Maschinenfabrik eröffnete im Sommer 2011 ein Café mit Film-, Theater- und Festivalprogramm

Schiffsmodelle mit voller Beseglung

und eigenem (angeschütteten) Sandstrand. So–Do 12–1 Uhr, Fr, Sa 12–3 Uhr, Jacob Bontiusplaats, 1018 LL Amsterdam, Tel. 020/308 02 83, www.amsterdamroest.nl

EINKAUFEN

Worscht. Hier geht's um die Wurst: Passend zu den köstlichen Wurstspezialitäten gehören auch Messer und Schneidbretter zum Sortiment. Mi–Fr 11.30–18.30 Uhr, Sa 10.30–18 Uhr, Czaar Peterstraat 153, 1018 PH Amsterdam, Tel. 06/54 71 43 90, www.worscht.nl

Der Stadtstrand am Café »Roest«

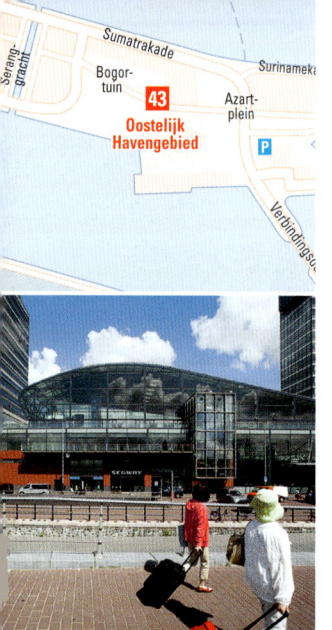

43 Oostelijk Havengebied
Spaziergang durch die Docklands von Amsterdam

Als im ausgehenden 19. Jahrhundert die Oostelijke Handelskade und die anderen östlichen Hafeninseln angelegt wurden, bekam Amsterdam erstmals einen Tiefwasserhafen. Rund 200 Jahre später wanderte der Hafenbetrieb in den Westen der Stadt ab. Die alten Lagerhäuser und die Kaianlagen verfielen. Doch seit in den 1990er-Jahren die Stadtplaner die Gegend wiederentdeckten, hat das ehemalige Hafengelände eine steile Karriere hingelegt.

Dem Neubau des Hauptbahnhofs musste in der zweiten Hälfte des 19. Jahrhunderts der bisherige Amsterdamer Hafen weichen. Ein Stück weiter östlich enstand ein neues Hafenareal aus künstlichen (Halb-)Inseln, wo dank der Wassertiefe nun auch Ozeanriesen anlegen konnten. Zu seiner Blütezeit zwischen den beiden Weltkriegen war dieser Hafen die Drehscheibe des Handels mit Amerika und Asien. Tausende von Auswanderern aus ganz Europa schifften sich von hier nach Übersee ein. Doch nach dem Zweiten Weltkrieg machten Flugzeuge den Passagierschiffen Konkurrenz, der Frachtverkehr verlagerte sich in den neuen Containerhafen. Ab den 1970er-Jahren verfiel der östliche Hafen langsam. Doch dann engagierte die Stadt eine Reihe renommierter Stadtplaner und Architekten, um das Niemandsland zu neuem Leben zu erwecken. Heute sind die östlichen Hafeninseln ein äußerst beliebtes Wohnquartier und ziehen mit ihrer einzigartigen Bebauung Architekturbegeisterte aus aller Welt an.

Oben: Das moderne Passagierterminal am IJ zieht alle Blicke auf sich.
Unten: Die schwungvolle Pythonbrug verbindet die Inseln Sporenburg und Borneo.

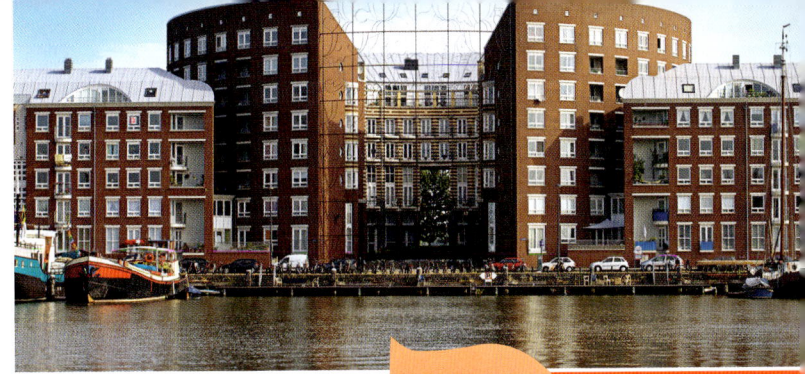

KNSM-Eiland: Wohnblock Barcelona

Oostelijke Handelskade

Einfach gut !

Die Revitalisierung des östlichen Hafenge-
biets bescherte der Stadt einige neue Land-
marken, etwa das 2005 eröffnete Muziekgebouw
aan 't IJ, ein avantgardistisches und ziemlich
transparentes Konzertgebäude, entworfen vom
dänischen Architekturbüro 3xNielsen. Das vielfältige, manchmal ebenso kühne Konzertprogramm
umfasst klassische, zeitgenössische und Weltmusik. Dank beweglicher Decke und Wände kann der
große Saal flexibel umgestaltet werden. Wie eine
schwarze Schachtel ragt aus dem lichten Muziekgebouw seitlich das Bimhuis heraus, eine 1974
gegründete, international renommierte Jazzbüh-
ne. An der Oostelijke Handelskade machten früher
große Passagierdampfer fest. Arme Auswanderer,
die auf eine Passage warteten, wurden in dem riesigen Gebäude (1921) des Koninklijke Hollandsche
Lloyd untergebracht. Inzwischen beherbergt der
Bau ein außergewöhnliches Hotel (s. Autorentipp).
An dem im Jahr 2000 eröffneten neuen Passagierterminal mit dem elegant geschwungenen Dach
legen heute moderne Kreuzfahrtschiffe an. Strate-
gisch günstig liegt hier der Designladen thinking
of holland mit modernen Souvenirs und anderen
netten Geschenkideen.

WO EINST DIE AUS-WANDERER WOHN-TEN

Die Schiffahrtsgesellschaft
Koninklijke Hollandsche Lloyd (KHL)
ging mit diesem Prestigeobjekt auf
Kundenfang. Das 1921 eröffnete Haus
bot Schlafgelegenheiten für bis zu
900 Menschen. Tausende von Auswanderern warteten hier auf ihre Passage in ein neues Leben. 1936 ging
die KHL Pleite. Der geschichtsträchtige Monumentalbau diente lange als
Gefängnis, bis er 2004 als Hotel wiedereröffnet wurde. Das neue »Lloyd
Hotel« bietet vom schlichten Nachtla-
ger ohne eigenes Bad bis zur luxuriö-
sen Fünf-Sterne-Unterkunft alles unter einem Dach. Die 117 Zimmer
wurden von niederländischen Desig-
nern gestaltetet. Bestandteil des Kon-
zepts ist das vielseitige Kulturprogramm, das unter der Überschrift
Culturele Ambassade Amsterdam
(»Kulturbotschaft Amsterdam«) hier
organisiert wird.

Lloyd Hotel. Oostelijke Handelskade
34, 1019 BN Amsterdam,
Tel. 020/561 36 07,
www.lloydhotel.com

»Kultur«-Packhaus Wilhelmina

Viele alte Lagerhäuser sind zu schicken Wohnungen umgebaut worden. Manche, wie das jetzige »Kultur«-Packhaus Wilhelmina (1892), werden von benachbarten Neubauten teils umrahmt, teils fast erdrückt. Die Rampe der 2001 eröffneten Jan-Schaefer-Brücke über den IJ-Hafen führt sogar mitten durch das 1934 errichtete Kühlhaus de Zwijger, in dem sich jetzt ein Café und Arbeitsräume für Kulturschaffende befinden. Unweit davon lockt der angesagte Nachtclub »Panama« in einem Kraftwerk (1885), das einst den Strom für die Hafenkräne lieferte. Einen optischen Schlussakkord setzt ganz im Osten der 20 Stockwerke hohe Wohnblock Ijtoren (1998).

Java- und KNSM-Eiland

Java und KNSM begannen ihre Karriere als Wellenbrecher und wurden später zu Inseln verbreitert. Bei der Neubebauung schwebte Planer Sjoerd Soeters für Java eine moderne Version des alten Grachtencharmes vor. Die langen, höheren Häuserriegel entlang der Wasserseiten werden durch vier Quergrachten unterteilt. Junge Architekten entwarfen individuell gestaltete Häuser entlang dieser Kanäle. Verspielte Fahrrad- und Fußgängerbrückchen komplettieren das neuzeitliche Idyll. Java ist die grünste der Hafeninseln; die neue Wohnbebauung gruppiert sich um mehrere große begrünte Plätze. An der Westspitze steht das Denkmal *Der Seemann im Ausguck*, das eine früher auf Javaeiland ansässige Reederei 1950 zur Erinnerung an ihre im Zweiten Weltkrieg gefallenen Angestellten stiftete. Am Azartplein beginnt die von riesigen Gebäudekomplexen geprägte Bebauung des KNSM-Eiland, das seinen Namen der einst hier ansässigen Koninklijke Nederlandsche Stoomboot

Spaziergang durch das Oostelijk Havengebied

Die östlichen Hafeninseln sind vor allem für Fans moderner Architektur ein wahres Schlaraffenland.

Ⓐ Muziekgebouw aan 't IJ – Rundum beeindruckend thront das Konzerthaus über dem Wasser.

Ⓑ Passagierterminal

Ⓒ Packhaus de Zwijger – Quer durch das Gebäude führt die Jan-Schaefer-Brücke zum Javaeiland – tolle Aussicht inklusive.

Ⓓ De Zeeman op de uitkijk – An der Spitze der Insel erinnert das Standbild eines Seemanns, der Ausschau hält, an Opfer des Zweiten Weltkriegs.

Ⓔ Neuzeitliche Grachten – Die vier neuen Grachten mit begrünten Innenhöfen. Über den Azartplein gelangt man nach KNSM-Eiland.

Ⓕ Loods 6 – Das alte Hafengebäude beherbergt neben diversen schicken Läden auch das Restaurant »de Kompaszaal«. Von der KNSM-Laan geht es über die Levantkade zum Piraeusplein.

Ⓖ Wohnblock Piraeus – Der gewaltige Block

scheint das historische Verwaltungsgebäude der KNSM behutsam zu umarmen.

Ⓗ Verbindingsdam – Über den Verbindingsdam läuft man auf den »Walfisch«, das markante Wahrzeichen der Insel Sporenburg, zu.

Ⓘ The Whale – Der hochgelobte Wohnkomplex scheint trotz seiner gewaltigen Größe fast zu schweben.

Ⓙ Pythonbrug – Feuerrot und in rasanten Schwüngen führt die preisgekrönte Fußgängerbrücke hinüber zur Insel Borneo.

Ⓚ Scheepstimmermanstraat – Auf dieser kreativen Architekten-Spielwiese gleicht kein Haus dem anderen. Besonders pittoresk sind die Hinterfronten entlang der Stokerkade.

Ⓛ Pacman

Ⓜ Lloyd Hotel

Ⓝ Panama

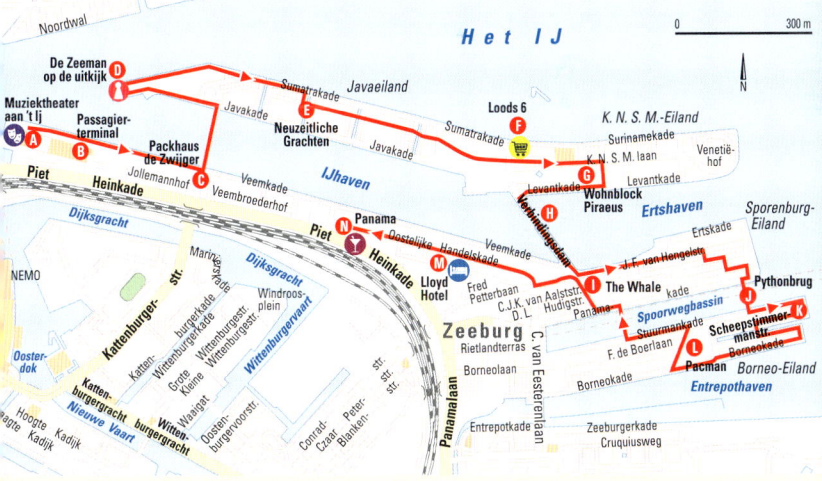

Oben: Wohnen als Experiment auf der Insel Borneo
Unten: Im Vordergrund Haus van Dongen, The Whale, dahinter der Ijtoren

Maatschappij, der Königlich-Niederländischen Dampfschifffahrtsgesellschaft, verdankt. In deren Loods (Hafenschuppen) Nr. 6 residieren heute schicke Läden wie der Design-Store Pols Potten. Der ehemalige Wartesaal erster Klasse aus den 1950er-Jahren, im ersten Stock gelegen, beherbergt jetzt ein schönes Café namens »de Kompaszaal«.

Ein echter Hingucker ist der von den Berliner Architekten Hans Kollhoff und Christian Rapp entworfene, 300 Wohnungen umfassende Piraeus-Block (1993) an der Levantkade, der mit effektvoll schrägen Dachkanten um ein historisches Bürogebäude herumgebaut wurde. Im Café »Kanis & Meiland« kehren auch Anwohner gern ein.

Borneo und Sporenburg

Über den Verbindingsdam gelangt man hinüber nach Sporenburg, wo ursprünglich die Rangiergleise des Hauptbahnhofs lagen. Hier und auf der Nachbarhalbinsel Borneo wollte die Stadt eine niedrige, aber hoch verdichtete Bebauung mit Wohnraum für Familien realisieren. Die Planer Adriaan Geuze und Rudy Uitenhaak kreierten einen neuen Typ Wohnung: Rücken an Rücken gebaut, mit einer Dachterrasse oder einem Innenhof zum Draußensitzen und einem hohen Erdgeschoss, das bei manchen Häusern als Carport genutzt wird. Mangels Gärten spielt sich das Leben im Sommer auf der Straße ab.

Zwischen den niedrigen Gebäuden platzierten die Planer pro Insel je ein großes, die sogenannten »Meteoriten«. Auf Sporenburg ist das The Whale (»der Walfisch«), ein von Frits van Dongen entworfener metallverkleideter Wohnblock (2000), der die schräge Linienführung des Piraeus-Blocks elegant zitiert. Eine knallrote Riesenschlange windet sich am östlichen Ende von Sporenburg nach Borneo hinüber: Die vom Büro West 8 designte und preisgekrönte Pythonbrug ist Fußgängern vorbehalten. Über eine ebenso rote, aber weniger kurvenreiche Brücke weiter westlich kommen Radfahrer von hüben nach drüben. Auch auf Borneo ist die Bebauung niedrig, der hiesige, nicht sonderlich spektakuläre »Meteorit« wird Pacman genannt. Das architektonische Highlight auf Borneo ist ganz eindeutig die Scheepstimmermanstraat, wo die insgesamt 60 für individuelle Bauvorhaben vorgesehenen Parzellen aufgrund der immensen Nachfrage verlost wurden. Das Haus Nr. 26 ist das schmalste der ganzen Straße, Nr. 62 ist wie ein H geformt und in Nr. 120 steht sogar ein Baum im Haus.

Cruquiuseiland

Auf der Halbinsel Cruquiuseiland zwischen Entrepothaven und Nieuwevaart standen ursprünglich Mühlen, die später dem Viehmarkt und einem Schlachthof weichen mussten. Um die Jahrhundertwende entstand an der Zeeburgerkade ein neues Entrepot, ein Zwischenlager für den Umschlag von Transitgütern. Die lange Reihe von Lagerhäusern, die nach den Wochentagen benannt sind, wurde Ende der 1980er-Jahre zu Wohnungen umgebaut. Gleich daneben residieren in einem alten Kakao-Packhaus das renommierte Institut für Sozialgeschichte und das Persmuseum, das die Geschichte der niederländischen Presse dokumentiert. Gleich dahinter dümpelt im Entrepothaven eine Flotte begrünter Flöße. Kreiert hat sie der in den 1960er-Jahren als »Magier einer neuen Zeit« gefeierte Happening-Künstler Robert Jasper Grootveld (1932–2009). Er war einer der Köpfe der gegen das Establishment rebellierenden Provobewegung und wollte in den 1970er-Jahren mithilfe schwimmender Gärten die Natur in die Stadt zurückholen. Die Stiftung Blijven drijven (»Treibend bleiben«) hält sein Erbe lebendig.

Einfach gut!

GEKONNTES RECYCLING: HANNEKES BOOM

Im 17. Jahrhundert war der Damrak (damals noch ein Kanal) mit einer doppelten Reihe Pfähle zum IJ hin abgegrenzt. Mit an Ketten befestigten Baumstämmen (*boomen*) konnten die wenigen Durchfahrten abgesperrt werden. Einer dieser Durchlässe hieß »Hannekes Boom«. Im Jahr 2010 schrieb die Stadt einen Ideenwettbewerb für ein Lokal auf einem Stückchen Niemandsland an der Einmündung der Dijksgracht aus. Das Rennen machte das Konzept von »Hannekes Boom ... sinds 1662«: Komplett aus und mit Treibholz und Recyclingmaterialien er- und eingerichtet hat sich das Lokal – nicht zuletzt dank der tollen Terrasse und des abwechslungsreichen Veranstaltungsprogramms – rasch zu einem solchen Hotspot gemausert, dass den wenigen Anwohnern der Trubel gelegentlich schon zu viel wird.

Hannekes Boom ... sinds 1662. So–Do 11–1 Uhr, Fr–Sa 11–3 Uhr, Dijksgracht 4, 1019 BS Amsterdam, Tel. 020/419 98 20, www.hannekesboom.nl

Infos und Adressen

SEHENSWÜRDIGKEITEN

Internationaal Instituut voor Sociale Geschiedenis (IISG). Renommiertes Institut für Sozialgeschichte. Leseraum: Mo 10–17 Uhr, Di–Fr 9–17 Uhr, Sa und So geschl., Führungen auf Anfrage (mind. 4 Personen, guidedtour@iisg.nl), Cruquiusweg 31, 1019 AT Amsterdam, Tel. 020/668 58 66, www.socialhistory.org

Passagierterminal Amsterdam. Hier legen die großen Kreuzfahrtschiffe an. Piet Heinkade 27, 1019 BR Amsterdam, Tel. 020/509 10 00, www.ptamsterdam.nl

Persmuseum. 400 Jahre niederländische Presse im Überblick. Di–Fr 10–17 Uhr, So 12–17 Uhr, Zeeburgerkade 10, 1019 HA Amsterdam, Tel. 020/692 88 10, www.persmuseum.nl

ESSEN UND TRINKEN

de Kompaszaal. Leckeres Essen im alten Wartesaal. Immer freitagabends Swing, jeden 3. Sonntag im Monat Tangosalon. Mi 10–17 Uhr, Do, Fr 10–1 Uhr, Sa, So 11–1 Uhr, Mo und Di geschl., KNSM-Laan 311, 1019 LE Amsterdam, Tel. 020/419 95 96, www.kompaszaal.nl

Einde van de Wereld. Unkonventionelles ehemaliges Hausbesetzerlokal, jetzt auf einem alten Binnenschiff daheim. Nur Mi und Fr ab 18 Uhr (rechtzeitig erscheinen, da die Vorräte begrenzt sind), Javakade 61, an Bord der »Quo Vadis«, Tel. 020/419 02 22, www.eindevandewereld.nl

Kanis & Meiland. Hier gehen auch Einheimische hin – gemütliches Café gleich am Piraeus-Block. Mo–Fr 8.30–1 Uhr, Sa–So 10–1 Uhr, Levantkade 127, 1019 MJ Amsterdam, Tel. 020/737 06 74, www.kanisenmeiland.nl

Happyhappyjoyjoy. In kunterbuntem Ambiente wird hier asiatisches Streetfood serviert – in Vorspeisengrößen, sodass man mehrere probieren kann. Tgl. ab 12 Uhr (Küche So–Do bis 22.30 Uhr, Fr, Sa bis 23 Uhr), Oostelijke Handelskade 4, 1019 BM Amsterdam, 020/344 64 24, www.happyhappyjoyjoy.asia

Pakhuis de Zwijger Café/Restaurant. Italienische Küche in einem ausgeprägt künstlerischen Umfeld. Mo–Fr 8.30–23 Uhr, Sa, So geschl. (außer bei Veranstaltungen), Piet Heinkade 179, 1019 HC Amsterdam, Tel. 020/788 44 33, www.dezwijger.nl

Pompstation Amsterdam. Das Lokal in einem alten Pumpwerk ist berühmt für seine saftigen Steaks. Bar: Di–Do 17–1 Uhr, Fr–Sa 17–2 Uhr, So 17–24 Uhr, Dinner: Di–Sa 18–22.30 Uhr, So 17–22 Uhr, Zeeburgerdijk 52, 1094 AE Amsterdam, Tel. 020/692 28 88, www.pompstation.nu

Zouthaven. Phänomenale Aussicht, wohlsortierte Speisekarte, zivile Preise – drei Pluspunkte für das Fischrestaurant im Muziekgebouw. Tgl. Lunch 11.30–15.30 Uhr, Dinner 17.30–22 Uhr, an Konzertabenden bis 24 Uhr, Piet Heinkade 1, 1019 BR Amsterdam, Tel. 020/788 20 90, www.zouthaven.nl

ÜBERNACHTEN

Bed Breakfast Boat. Am Cruquiuseiland liegt dieser moderne schwimmende Bungalow. Für 5 Euro am Tag kann man auch Fahrräder leihen. Zeeburgerpad 178, 1019 DZ Amsterdam, www.bedbreakfastboat.nl

Mövenpick City Centre. Das große Vier-Sterne-Hotel bietet 408 moderne Zimmer und Suiten, in den oberen Stockwerken mit tollem Panoramablick. Piet Heinkade 11, 1019 BR Amsterdam, Tel. 020/519 12 00, www.moevenpick.com

2quaybb. Ideal für Architekturfans: Architekt Bert Tjhie hat das moderne Eckhaus auf Borneoeiland selbst entworfen. Zur Auswahl stehen eine Suite und ein geräumiges Zimmer. Bottelierplein 2, 1019 WV Amsterdam, Tel. 020/419 77 44, www.2quaybb.com

AUSGEHEN

Mezrab Cultural Centre. Im ehemaligen Pakhuis Wilhelmina gibt es ein abwechslungsreiches Programm mit Weltmusik, Volkstanzabenden und experimentellem Jazz. Pakhuis Wilhelmina, Veemkade 576, 1019 BL Amsterdam, www.mezrab.nl

Panama. Konzerte internationaler Künstler und legendäre Clubabende in einem ehemaligen Kraftwerk. Oostelijke Handelskade 4, 1019 BM Amsterdam, Tel. 020/311 86 86, www.panama.nl

EINKAUFEN

pols potten store. Modernes Design im alten Lagerschuppen. Geöffnet hat der hippe Laden Di–Sa 10–18 Uhr, So 12–17 Uhr, KNSM-Laan 39, 1019 LA Amsterdam, Tel. 020/419 35 41, www.polspotten.nl

thinking of holland. Mal was anderes als Tulpen und Holzschuhe – schöne Souvenirs in modernem Design. Tgl. 10–19 Uhr, Piet Heinkade 23 (im Passagierterminal), 1019 BR Amsterdam, Tel. 020/419 12 29, www.thinkingofholland.com

AKTIVITÄTEN

Local Experts Adam. Statt immer nur per pedes kann man die Inseln auch per Pedale erkunden – der einheimische Guide kennt die schönsten Ecken. Man kann Stadtführungen mit unterschiedlichen Themenschwerpunkten buchen, z. B. »Die verborgene Stadt« oder Architektur. Postbus 90374, 1006 BJ Amsterdam, Tel. 020/408 51 00, www.local-experts.com

VERANSTALTUNGEN

Bimhuis. Das wichtigste niederländische Podium für Jazz. Kasse: an Konzertabenden von 18.30–23 Uhr, Piet Heinkade 3, 1019 BR Amsterdam, Tel. (Kasse) 020/788 21 88, Kartenvorverkauf auch über die Webseite www.bimhuis.nl

Muziekgebouw aan 't IJ. Hochklassige Musik in einem atemberaubenden Gebäude. Kasse: Tgl. 12–18 Uhr (im Juli/Aug. jeweils etwa ein Monat Sommerpause), Piet Heinkade 1, 1019 BR Amsterdam, Tel. 020/788 20 00, unter www.muziekgebouw.nl. findet man Termine für Führungen und die (kostenlosen) Lunchkonzerte.

Das spektakuläre Muziekgebouw aan 't IJ

AUSFLÜGE UND UMGEBUNG

44 Jenseits des IJ
Noord ist im Kommen   **246**

45 NDSM–Werft
Künstler, Skater, Medienleute   **252**

46 Ijburg
Amsterdams jüngster Stadtteil   **254**

47 Amsterdamse Bos
Ab ins Grüne   **258**

48 Stelling van Amsterdam
Historischer Festungsring   **264**

**49 Freilichtmuseum
Zaanse Schans**
Geschichte zum Anfassen   **266**

50 Polder de Beemster
Landschaft am Reißbrett   **268**

44 Jenseits des IJ
Noord ist im Kommen

Ihre Stadt endete für Amsterdamer lange jenseits des IJ. Dies ändert sich rasant: Kulturzentren in alten Industriebauten, neue Wohnviertel, ein hypermodernes Filmmuseum und vor allem viel Platz machen Amsterdam Noord für Party- und Konzertgänger interessant und für Zuzügler attraktiv. Im Außenbezirk Landelijk Noord brüten Vögel, kreisen Windmühlenflügel und sind alte Fischerdörfer fast makellos erhalten.

Seit 1981 ist Noord ein eigenständiger Stadtbezirk von Amsterdam, aber seine Geschichte ist länger: Amsterdam hatte schon früh Verfügungsrechte über die Halbinsel jenseits des IJ, die damals Volewejk nach dem gleichnamigen Fischerdorf hieß. Jedoch hatte diese Gegend lange kaum Anziehungskraft, schließlich befand sich dort bis 1795 das Galgenfeld. Der Bau des Nordseekanals 1876 brachte Industrie nach Noord. Nach der verheerenden Sturmflut von 1916 ließen sich etliche Dörfer eingemeinden.

Filmmuseum, Tolhuistuin und Overhoeks

Setzt man mit der Fähre zum Buiksloterweg über, ist das Filmmuseum Eye (2012) erster Blickfang. Nach Jahren im altehrwürdigen Domizil am Vondelpark fand die Sammlung im Bau des Architekturbüros Delugan Meissl ihre neue Heimat. Im Erdgeschoss lässt sich eintrittsfrei in über 100 Jahren Filmgeschichte stöbern. Das umgebende Gelände war bis 2009 Sitz der Shell AG. Der imposante ehemalige Büroturm prägte lange die Silhouette

Seite 246/248: Fischer in Zaanse Schans
Oben: Mehrere Fähren fahren Amsterdam Noord an.
Unten: Mobiler Leuchtturm in Amsterdam Noord

Das Filmmuseum Eye ist neuer Besuchermagnet.

des nördlichen IJ-Ufers. Aufgrund seiner Position zum Ufer Toren Overhoeks (»Turm übereck«) genannt, wurde er in A'DAM umgetauft, umfassend umgestaltet und zusammen mit den umliegenden Gebäuden als Ausgeh- und Partylocation »gerelauncht« (siehe auch Autorentipp). Auch die ehemalige Mitarbeiterkantine ist unter dem Namen »Tolhuistuin« zum Veranstaltungsort mutiert.

Noord auf zwei Rädern

Wer Noord per Fahrrad erkundet, fährt vom Fähranleger am Ijplein über die Meeuwenlaan am Campingplatz Vliegenbos vorbei gen Osten in den Nieuwendammerdijk. In dieser stillen Straße mit kleinen Deichhäuschen vergisst man den Großstadttrubel schnell. Beim Café »Het Sluisje« an der Schleuse zwischen IJ und dem Verbindungskanal Kleine Die herrschte einst reger Bootsverkehr, heute tummeln sich hier Ausflügler, die auf der Terrasse ihren Kaffee und den Blick auf den Jachthafen genießen.

Tuindorp und Purmerplein

Nördlich des Nieuwendammerdijk und verbunden durch die Nieuwendammerstraat, liegt Tuindorp

Nicht verpassen

KOSTENLOSE PENDELFÄHRE

Amsterdam Noord ist per Bus gut erreichbar (Linien 125, 391, 392, 394 ab Hauptbahnhof). Schöner und spannender als die Busfahrt durch den Ijtunnel ist die Überfahrt mit den kostenlosen Pendelfähren, die hinter dem Hauptbahnhof (De Ruijterkade) ablegen und die NDSM-Werft, den Ijplein und den Buiksloterweg (Filmmuseum) ansteuern. Was für Amsterdamer Routine ist, ist für Besucher eine Gelegenheit, nicht nur schnell die *Overkant* zu erreichen, sondern auch einen Panoramablick auf Amsterdam zu genießen. Mitfahren können Fußgänger, Radler und Mopedfahrer.

Für Nachteulen: Am längsten verkehrt abends die Fähre zum und vom Buiksloterweg. Am Wochenende gibt es eine Nachtfähre ab NDSM-Werft. Vom Westerdoksdijk gibt es Fähren zur NDSM-Werft und zum Distelweg.

Info unter: www.gvb.nl

247

(»Gartendorf«) Nieuwendam, 1924 bis 1934 als Arbeitersiedlung errichtet. Die Stadt reagierte damit auf den Wohnbedarf der Arbeiter der Werften und Chemieindustrie. Die Planung übernahmen idealistische Architekten der Amsterdamer Schule mit dem Ziel, bezahlbare, optisch ansprechende und komfortable Arbeiterwohnungen zu schaffen. Viel Grün und ein eigenes Bad für jede Wohnung waren damals revolutionär.

Typisch für die Amsterdamer Schule sind expressiv gestaltete Backsteinfassaden. Eher Elemente der englischen Gartenstadtidee sind der Dorfcharakter des Viertels rund um den Purmerplein und die hölzernen Tordurchfahrten. Das Bezinningsmonument auf dem Purmerplein erinnert an die Besatzung durch die Nationalsozialisten.

Oranjesluizen und Durgerdam

Über den Monnickendammerweg und Schellingwouderdijk erreicht man die Oranjesluizen. Für Technikfreaks bietet sich ein Spaziergang über die Anlage an. Der Durgerdammerdijk führt zum ehemaligen Hafen- und Fischerdorf Durgerdam, heute ein Magnet für Ausflügler mit Einkehrmöglichkeiten. Das weiße Holzhäuschen mit Glockenturm erinnert an eine Kirche, dient aber weltlichen Zwecken wie Versammlungen.

Ransdorp

Über den Durgerdammergauw erreicht man Ransdorp, schon von weitem erkennbar an der Backsteinkirche mit ihrem spätgotischen Turm ohne Spitze. Von 1502 bis 1542 bauten die Ransdorper an ihrem Kirchturm, bis ihnen das Geld für den Turmhelm ausging. Eigentlich sollte er vom Wohlstand des Dörfchens künden, in dem im 15. und 16. Jahrhundert Handel, Gewerbe und Schifffahrt blühten.

Oben: Industrielles steht neben Improvisiertem.
Unten: Der »Unvollendete« von Ransdorp

Fahrradtour durch Amsterdam Noord

INFORMATION

Länge: Etwa 30 Kilometer
Ausrüstung: Wind- oder Regenjacke,
Vogelfreunde sollten ein Fernglas mitnehmen.
Ausgangspunkt: Fähranleger am Ijplein
Endpunkt: Fähranleger am Buiksloterweg
Verpflegung: Gastronomie in Durgerdam
Orientierung: Radwege sind gut beschildert.
Bei Cafés oder Fahrradvermietungen auf so ge-
nannte »TIP« achten. Hier erhält man Karten, Flyer
und Routenbeschreibungen zu Noord (Letztere nur
auf Niederländisch).

STATIONEN

Ⓐ Fähranleger Ijplein – Die Tour beginnt am Fähranleger Ijplein und führt über den Nieuwendammerdijk.

Ⓑ Tuindorp Nieuwendam – Schönes Beispiel für
Arbeitersiedlungen der 1920er-Jahre.

Ⓒ Oranjesluizen – Die Oranjesluizen (1865)
in Schellingwoude regeln den Wasserzu- und
Abfluss zwischen IJ und Noordzeekanaal.

Ⓓ Durgerdam – Im ehemaligen Fischerdorf kann
man die Skyline von Ijburg betrachten.

Ⓔ Ransdorp – Der unvollendete Kirchturm in
Ransdorp zeugt vom Wohlstand des Dorfes.

Ⓕ Zunderdorp – Hat sich den Dorfcharakter
erhalten.

Ⓖ D'Admiraal – Die letzte Kreidemühle
der Niederlande.

Ⓗ Buiksloot – Alterssitz für ehemalige Kapitäne
am Buiksloterdijk.

Ⓘ Tuindorp Oostzaan – Ebenfalls eine ehemalige
Arbeitersiedlung in Backsteinarchitektur.

Ⓙ Meteorenweg 174 – Die Museumswohnung
zeigt, wie man in den 1920er-Jahren lebte, an
jedem 2. Sonntag im Monat geöffnet.

Ⓚ Van-der-Pekstraat – Nette Einkaufsstraße

Ⓛ Filmmuseum Eye – Ein neuer Blickfang
am Ufer.

Ⓜ A'DAM-Toren – Früher als Toren Overhoeks.

Zunderdorp und Buiksloot

Zunderdorp, erreichbar über die Straße Nieuwe Gouw, hat sich trotz der Nähe zum städtischen Teil den Dorfcharakter erhalten. Seinen Namen hat es wahrscheinlich von den *Zundels*, schmalen Wassergräben, auf denen Kähne Milch, Käse und Butter zu den Amsterdamer Märkten transportierten. Von Zunderdorp geht es über den Buikslotermeerdijk am Golfplatz vorbei, durch die Unterführung unter dem Slochterweg am Noordhollandsch Kanaal nach Süden. Dieser Kanal teilt Noord in Nord-Süd-Richtung. Die Windmühle D'Admiraal (1792) kurz vor dem Stadtteil Buiksloot vermahlte Eifeler Tuffstein zu Trass, einem Bestandteil von Zement. Heute kümmern sich Ehrenamtler um die Mühle (Achtung: Buikslotermeerdijk, Buiksloterdijk und Buiksloterweg nicht verwechseln). Buiksloot, vor allem der Buikslotermeerdijk, heißt im Volksmund »Kapitänshimmel«. Gut verdienende Kapitäne bauten sich hier ihre Alterssitze und förderten den Reichtum des Dorfes.

Tuindorp Oostzaan

Vom Buiksloterdijk geht es über den Barkpad, Landsmeerderdijk und Oostzanerdijk in die Arbeitersiedlung Tuindorp Oostzaan. Herzstück ist der Zonneplein mit dem Nachbarschaftszentrum Zonnehuis. Über den Zonneweg geht es auf den Meteorenweg, Haus Nummer 174 enthält eine Museumswohnung. Bei einer Sanierung stellte man fest, dass sie sich fast noch im Originalzustand – ohne warmes Wasser, Gas oder Badezimmer – befand. Über den Meteorenweg, Stenendokweg und Klaprozenweg führt die Tour in die Van-der-Pekbuurt. Auch dieses Viertel entstand als Arbeitersiedlung, entworfen von Jan Ernst van der Pek (1865–1919). Im Zweiten Weltkrieg bombardierten die Alliierten die nahe gelegenen Fokker-Flugzeugwerke, getroffen wurde das Wohnviertel.

Infos und Adressen

SEHENSWÜRDIGKEITEN

D'Admiraal. Die einzige Kreidemühle der Niederlande. Jeden zweiten Sa 10–15 Uhr, Noordhollandsch-kanaaldijk 21, 1034 ZL Amsterdam, Tel. 020/334 21 63, www.krijtmolen.nl

Filmmuseum Eye. Mekka für Filmenthusiasten, Filmvorführungen in mehreren Sälen, wechselnde Ausstellungen. Ijpromenade 1, 1031 KT Amsterdam, Tel. 020/589 14 00, www.eyefilm.nl

Museum Amsterdam Noord. Wechselausstellungen zu Geschichte und Gegenwart von Noord. Do–So 13–17 Uhr, Zamenhofstraat 28 a, 1022 AD Amsterdam, Tel. 06/30 97 56 02, www.museumamsterdamnoord.nl

ESSEN UND TRINKEN

Al Ponte. Italienischer Edelkiosk, an dem Cappuccino und Panini das Warten auf die Fähre verkürzen. Mo–Fr 8–15 Uhr, Sa–So 10–16 Uhr, im Sommer tgl. bis 18 Uhr, Meeuwenlaan 2, 1021 HR Amsterdam, Tel. 06/42 08 74 82, www.alponte.nl

Café t'Sluisje. Blick auf den Jachthafen. Nieuwendammerdijk 297, 1025 LM Amsterdam, Tel. 020/636 17 12, www.cafehetsluisje.nl

Il Pecorino. Pizzeria-Trattoria, Spezialität: Pizza Nutella. Di–So 12–23 Uhr (warme Küche bis 17.30 Uhr), Van-der-Pekstraat 2, 1031 EA Amsterdam, Tel. 020/737 15 11, www.ilpecorino.nl

Das Kulturzentrum Tolhuistuin

ÜBERNACHTEN

B&B Boven IJ. Charmantes B&B in einem alten Deichhaus; ein Studio und ein nach historischem Vorbild gebauter Zirkuswagen, Leihfahrräder inkl., Leeuwarderweg 50, 1025 RX Amsterdam, Tel. 020/421 89 56, www.bbbovenij.nl

Camping Badhoeve. Gelegen beim Naturschutzgebiet Kinselmeer. Uitdammerdijk 10, 1026 CP Amsterdam, Tel. 020/490 47 45, 1. April–1. Okt., www.campingdebadhoeve.nl

Camping Vliegenbos. Zentrale, aber grüne Lage im gleichnamigen Park. Meeuwenlaan 138, Tel. 020/636 88 55, www.vliegenbos.com

De Oude Taveerne. Idyllisches Hotel/Restaurant im ehemaligen Fischerdorf Durgerdam. Durgerdammerdijk 74, 1026 CB Amsterdam, Tel. 020/490 42 59, www.deoudetaveerne.nl

AKTIVITÄTEN

Velox. Hier kann man coole Vintage-Fahrräder mieten. Mo–Fr 9–18 Uhr, Sa–So 10–17 Uhr, von Nov. bis März nur nach Absprache, Buiksloterweg 5 a (nahe Fähranleger), 1031 CC Amsterdam, Tel. 06/28 90 06 82, www.veloxbikes.nl

AUSGEHEN

Tolhuistuin. Tolhuisweg 5, 1031 CL Amsterdam, Tel. 020/763 06 50, www.tolhuistuin.nl

Speisen mit Aussicht im Filmmuseum

45 NDSM-Werft
Künstler, Skater, Medienleute

Wo einst Ozeanriesen ins Wasser glitten, wo Arbeiter nieteten und hämmerten, entwerfen Künstler und Designer, filmen Kameraleute und sitzen Angestellte an ihren Schreibtischen. Das Gelände der ehemaligen NDSM-Werft ist aus dem Dornröschenschlaf erwacht. Gastronomie, Musik- und Kulturfestivals, neue Clubs und Bars locken nicht nur Besucher aus dem alten Amsterdam an die Overkant.

Ab 1922 baute die Nederlandsche Scheepsbouw Maatschappij ihre Schiffe in Amsterdam Noord. 1946 fusionierte sie mit der Nederlandsche Dok Maatschappij zur Nederlandsche Dok en Scheepsbouw Maatschappij (NDSM). Nach dem Zweiten Weltkrieg erlebte die größte Werft der Niederlande ihre Blüte, billigere Konkurrenz aus Fernost und die Ölkrise brachten in den 1970er-Jahren allerdings den Niedergang. 1978 meldete die NDSM Konkurs an, 1985 schloss auch die zweite große Werft ADM. Es kam zu Massenentlassungen.

Skater und Künstler

Schon in den 1980er-Jahren faszinierte das verlassene Industriegelände mit seinen Brachen, Hallen und gigantischen Kränen die Künstler. Theaterfestivals fanden dort statt, heute kümmert sich die Stichting NDSM um die Nutzung und Entwicklung des Geländes. Ein Herzstück der NDSM-Werft ist die Kunststad, untergebracht in der ehemaligen Montagehalle. Von außen eine nüchterne Industriehalle, von innen ein geord-

Im Kranhotel sollte man schwindelfrei sein, denn man residiert in luftiger Höhe.

netes Durcheinander: Jeder Künstler hat sich in seiner rechteckigen »Parzelle« eine quaderförmige Konstruktion nach eigenem Geschmack gebaut. Hier sitzt die Goldschmiedin neben dem Fotografen, die Grafikerin neben dem Architekten. Die legendäre Inline-Skatebahn, deren stetiges Rumpeln die erstaunliche Verwandlung einer Industriebrache in ein lebendiges Kulturprojekt jahrelang untermalte, fiel 2014 einer Asbestsanierung zum Opfer.

Industriedenkmal in Bewegung

Ein bekanntes Wahrzeichen ist der Kran 13 vor der Kunststad, der wegen seines maroden Zustands kurz vor der Demontage stand. Vor dem drohenden Abriss rettete ihn ein Investor, der den Kran kaufte, in einer friesischen Werft generalüberholen ließ und an Ort und Stelle wieder aufbaute. Heute befindet sich im Kran ein extravagantes Mini-Luxushotel mit drei Suiten und einem Whirlpool mit Panoramablick.

Ein weiteres Werftrelikt enthält der nördlichste Teil des Geländes: Die Kraanspoor war eine Betonplattform als Unterbau für Hebekräne. Heute befindet sich darauf eine dreistöckige Konstruktion der Architektin Trudy Hooykaas mit Büros. Eine meterlange Bank lädt zum Ausruhen ein. In den Nachbarhallen haben Großbetriebe wie die Supermarktkette HEMA, Red Bull und MTV Quartier bezogen. Aber obwohl die »Etablierten« Einzug hielten, ist die NDSM-Werft weit davon entfernt, zu erstarren: Immer noch finden sich auf den von Unkraut überwucherten Brachen unverhofft Skulpturen oder Sinnsprüche, die Wegweiser sind selbst gezimmert und (Lebens-)Künstler arbeiten in Campingwagen oder alten Straßenbahnwaggons. Cafés und Restaurants sind bewusst provisorisch gebaut.

ESSEN UND TRINKEN

IJ-kantine. Brasserie im Gebäude der ehemaligen Baanderij. Große Spielecke, sonntags Kinderprogramm. Tgl. 9–24 Uhr, MTOndindaweg 15–17, 1033 RE Amsterdam, Tel. 020/633 71 62, www.ijkantine.nl

Noorderlicht. Die Küche wirbt mit Biofleisch und nachhaltig gefangenem Fisch. Tgl. ab 11 Uhr, Küche bis 22 Uhr, NDSM Plein 102/TT Neveritaweg 33 (Navi), 1033 WB Amsterdam, Tel. 020/492 27 70, www.noorderlichtcafe.nl

Pllek. Strandrestaurant und Veranstaltungshaus aus alten Schiffscontainern, mit Secondhandstühlen und Tischen aus alten Paletten. Bevorzugt regionale Bioprodukte. So–Do 9.30–1 Uhr, Fr–Sa 9.30–3 Uhr, Küche tgl. bis 22 Uhr, TT Neveritaweg 59, 1033 WB Amsterdam, Tel. 020/290 00 20, www.pllek.nl

ÜBERNACHTEN

Faralda Hotel. Wer sich in dem außergewöhnlichen Kranhotel einquartieren möchte, muss etwas tiefer in die Tasche greifen ... NDSM Plein 78, 1033 WB Amsterdam, Tel. 020/760 61 61, www.faralda.com

INFORMATION

Anfahrt: Gratisfähre für Fußgänger, Radler und Mopeds vom Hauptbahnhof und vom Westerdoksdijk

46 Ijburg
Amsterdams jüngster Stadtteil

Wohnen in alten Grachtenhäusern ist idyllisch, aber eng und teuer. Was tun, wenn eine Stadt aus allen Nähten platzt? In Amsterdam wich man deshalb auf das Wasser aus. Auf acht künstlichen Inseln, von denen erst vier fertig sind, entstanden und entstehen Wohngebiete mit der nötigen Infrastruktur. Für Architekturfans und Stadtplaner, aber auch für Häuslebauer auf der Suche nach Inspiration lohnt sich ein Abstecher in den neuen Stadtteil Ijburg. An warmen Tagen lockt der Strand mit dem Strandpavillon Blijburg.

Die Insellösung entstand, weil Amsterdam durch den Flughafen Schiphol und die Naturschutzgebiete in Amsterdam Noord wenig Ausweichraum hatte. 1997 setzte die Stadtverwaltung das umstrittene Projekt knapp in einer Volksabstimmung gegen Naturschützer durch. Die ersten Inseln wuchsen auf aufgeschüttetem Sand aus den Fahrrinnen des Markermeers. 2002 kamen die ersten Bewohner, 2006 öffnete die erste Schule. 2004 wurde das Aufschütten neuer Inseln zeitweilig gestoppt, weil die ökologischen Folgen unzureichend untersucht seien; 2009 ging es weiter. Im Juli 2012 begann die Sandaufschüttung für das Centrumeiland. Fertig sind bisher das Steigereiland, das Haveneiland sowie das große und kleine Rieteiland. Als erste Insel der zweiten Phase wird ab 2018 das Centrumeiland fertiggestellt. Als nächstes kommt das Middeneiland an die Reihe; über die Realisierung von Buiten- und Strandeiland ist noch nicht entschieden.

Oben: Mehrfamilienhäuser auf dem Haveneiland in Ijburg
Unten: Eigenwillige Eigenheime auf dem Rieteiland

Die künstlichen Inseln von Ijburg

A **Steigereiland** – Das Steigereiland bietet an der Pedro-de-Medina-Laan den »Design Strip« mit mehreren Einrichtungs- und Designläden sowie Ein- und Mehrfamilienhäuser mit eigenwilliger Architektur. Im nördlichen Teil (zwischen Haringbuisdijk und Windjammerdijk) gibt es eine schwimmende Siedlung.

B **Haveneiland** – Das Haveneiland bietet Mehrfamilienhäuser, Geschäfte, und, entlang der Bert-Haanstra-Kade, das Kunstwerk *Space to take place* in Form einer 100 Meter langen Bank, geschaffen von der Künstlerin Claudia Linders. Am östlichen Ende lädt der Theo-van-Gogh-Park zum Spielen ein. Im Hafen entlang der Krijn-Taconiskade lädt Gastronomie zum Verweilen ein.

C **Rieteilanden** – Eigenwillige Eigenheimarchitektur bieten auch das große und kleine Rieteiland.

D **Centrumeiland** – Das Centrumeiland wird voraussichtlich ab 2018 bebaut. Dort sollen ein Einkaufszentrum, eine Bibliothek, Wohnungen und Einzelhandel entstehen. Außerdem soll es sich zum Knotenpunkt für öffentliche Verkehrsmittel entwickeln. Entlang der Muiderlaan hat sich zur Zeit der Strandpavillon Blijburg niedergelassen.

E **Strandeiland** – Hier sollen einmal ein Strandboulevard und die Endstation der Ijtram entstehen. Ob und wann diese Insel angelegt wird, ist noch unklar.

F **Middeneiland** – Wird voraussichtlich ab 2018 aufgeschüttet. Dieser Teil soll ca. 5000 Wohnungen bieten.

G **Buiteneiland** – Angedacht als ruhiges, grünes Wohnviertel. Realisierung derzeit noch fraglich.

Pedro de Medinalaan und Jan Olphert Vaillantlaan

Wenn die Straßenbahn den Piet-Heintunnel, die Baustellen auf dem Zeeburgereiland und die BH-Brug passiert hat, erreicht sie das Steigereiland. Die Hauptstraße Ijlaan verbindet alle Inseln. Ihre erste Seitenstraße nach Süden, die Pedro de Medinalaan, hat sich mit ihren schicken Interieurläden zum kreativen Höhepunkt von Ijburg entwickelt.

Knallgelbe Fassaden neben Holz und Backstein – in der Parallelstraße Jan Olphert Vaillantlaan steht, was in Deutschland an Gestaltungssatzungen scheitern würde. Die Bewohner des Steigereilands durften ihre Häuser häufig selbst entwerfen und schufen so ein buntes Gesamtbild. Am Ende der Straße lädt das »Café Vrijburcht« zum Verweilen mit Blick aufs Wasser ein. Das Gebäude beherbergt ein gleichnamiges Theater und ein Wohnprojekt. Hingucker im nördlichen Teil des Steigereilands ist das Kadegebouw, umgeben von der Waterbuurt, einer Siedlung, deren Wohnungen entweder auf schwimmenden Konstruktionen oder auf Pfählen errichtet sind.

Haveneiland

Bürogebäude und Wohnungen für breitere Bevölkerungsschichten bietet das Haveneiland. Die Blocks wirken zur Hauptstraße festungsartig, aber viele Durchblicke und Höfe sorgen dafür, dass das Viertel trotz der monumentalen Bebauung für Fußgänger übersichtlich bleibt. Im Hafen legt neben Segelbooten eine Fähre an, die täglich zwei ehemalige Festungsinseln (Pampus, Vuurtoreneiland) und Schloss Muiderslot ansteuert (s. S. 265). Dass Ijburg ein junger, familienorientierter Stadtteil ist, zeigt der Theo-van-Gogh-Park am östlichen Ende des Haveneilands mit seinem weitläufigen, intensiv genutzten Spielplatz.

Relaxen am Strand

Wasser gibt es reichlich in Ijburg und bei warmem Wetter schwimmen Ijburger in den Grachten, auch wenn dies offiziell verboten ist. Zum Baden und Entspannen mit Musik lädt der Strand am äußersten Ende des Haveneilands. Kult ist der Strandpavillon Blijburg (*blij* = »fröhlich, freudig«), Marke Eigenbau aus Treibholz und Secondhandmaterial errichtet. Dass er wegen der Baustellen ständig umzieht, gehört zum Konzept. Standorte sind frisch aufgeschüttete Grundstücke vor der Bebauung.

Rieteilanden

Jung, gut ausgebildet und gut verdienend – was für ganz Ijburg gilt, gilt für die Bewohnerschaft der Rieteilanden (»Schilfinseln«) ganz besonders. Die Rieteilanden grenzen an Ijburgs grüne Lunge, den Diemerpark. Auch hier finden sich viele Häuser mit eigenwilliger Architektur wie das Witte Huis (Mattenbiesstraat Ecke Diemerparklaan), dessen Räume in unterschiedlich changierenden Farben beleuchtet sind.

ESSEN UND TRINKEN

Krijn. Nettes Lokal mit großer Terrasse am Jachthafen von Ijburg. Di–So ab 11 Uhr, Küche bis 21 Uhr, Do–Sa bis 22 Uhr, Krijn Taconiskade 404–406, 1087 HW Amsterdam, Tel. 020/771 25 54, www.krijnijburg.nl

Espressofabriek. Eichenholzgetäfelte, familiäre Kaffeebar, Mo–Fr 8–18 Uhr, Sa–So 10–18 Uhr, Ijburglaan 1489, 1087 KM Amsterdam, Tel. 020/774 79 65, www.espressofabriek.nl

Café Vrijburcht. Café und Restaurant im gleichnamigen Theater. Mi–Fr 16–24 Uhr, Sa–So 11–24 Uhr, Küche bis 22 Uhr, Mo Ruhetag, Jan Olphert Vaillantlaan 159, 1086 XZ Amsterdam, www.cafevrijburcht.nl

ÜBERNACHTEN

Amadi Panorama Hotel. Vier-Sterne-Hotel im 6. bis 8. Stock eines markanten Eckgebäudes. Zimmer zur Seeseite sind ruhiger und haben eine tolle Aussicht. Ijburglaan 539, 1087 BE Amsterdam, Tel. 020/262 69 00, www.panorama.amadihotels.com

EINKAUFEN

design020. Läden mehrerer renommierter Möbelhersteller unter einem Dach. Di–Sa 10–18 Uhr, So 12–17 Uhr, Pedro de Medinalaan 89–91, 1086 XP Amsterdam, www.design020.nl

AKTIVITÄTEN

Baden. Wandernder Strand, aktuelle Location siehe Website. Tram 26, Bus 66, Pampuslaan 501, 1087 LA Amsterdam, Tel. 020/416 03 30, www.blijburg.nl

47 Amsterdamse Bos
Ab ins Grüne

Die geballte Ladung Kultur, Grachten, Nachtleben und Geschichte, die Amsterdam bietet, kann stadtmüde machen. Wenn dann noch die Kinder quengeln, lohnt sich ein Ausflug in Amsterdams Central Park, den Amsterdamse Bos. Dieses riesige Naherholungsgebiet zwischen Amstelveen und dem Flughafen Schiphol am südwestlichen Stadtrand bietet rund 1000 Hektar Wald, Wiese, Wasser, Sport, Spielplätze und ein Freilufttheater.

Artenreiche Wiesen und Wälder, Weiher, Schilf – was heute so natürlich aussieht, ist ein riesiges Kunstprodukt, geschaffen in Jahrzehnten. Bereits 1901 schlug der Lehrer und Naturschützer Jacobus Pieter Thijsse (1865–1945) in einem Zeitungsartikel die Anlage eines Parks auf dem Gelände eines abgegrabenen Torfmoors westlich von Amstelveen vor, den die Stadtverwaltung 1928 dann auch endlich beschloss. Erst in der Wirtschaftskrise der 1930er-Jahre, als Amsterdam rund 50 000 Arbeitslose versorgen musste, nahm der Park als Arbeitsbeschaffungsmaßnahme Gestalt an. Die ersten, 1936 gepflanzten Bäume endeten im Zweiten Weltkrieg größtenteils als Brennholz. Unter den Nationalsozialisten schufteten jüdische Zwangsarbeiter vor ihrer Deportation beim Parkbau. In den ersten Nachkriegsjahren ging der Bau als Arbeitsbeschaffungsmaßnahme weiter und man beauftragte Firmen. 1970 folgten die letzten Baumpflanzungen.

Oben: Gewässer durchziehen den Amsterdamse Bos.
Unten und S. 260: Jogger, Radfahrer, Ruderer und Reiter nutzen das ausgedehnte Parkgelände.

Ruderbahn und Kletterpark

Seine Gestalt erhielt der Amsterdamse Bos von Jakoba Helena Mulder (1900–1988) und Cornelis van

Eesteren (1897–1988). Pate stand die Idee des englischen Landschaftsparks mit kurvigen Wegen, Baumgruppen und Wiesen. Gleichzeitig sollte er dem Sport und der Erholung dienen. Darum versuchte man, ein ausgewogenes Verhältnis von Nutzung und Natur zu schaffen. Der nordöstliche Teil gehört dem Sport: Am Besucherzentrum liegen die Ruderbahn Bosbaan und der Kletterpark Fun Forest. Entlang des Amstelveense Weg gibt es Fußball- und Tennisplätze, eine Reitbahn und Hockeyclubs.

Grote und Kleine Vijver

Das Gelände zwischen der Bosbaan und der A9, die den Park durchschneidet, dient der Erholung. Mit dem Nachwuchs spaziert man vom Besucherzentrum parallel zur Bosbaan in südwestlicher Richtung am kleineren der beiden Kinderplanschbecken vorbei zum Grote Vijver mit Badestrand, Spielplätzen und Bootsvermietung. Zwischen den Teichen Grote Vijver und Kleine Vijver toben sich Kinder auf der Spielwiese (Grote Speelweide) aus. Richtung Süden geht das Kinderparadies mit dem zweiten Planschbecken und der Ziegenfarm Geitenboerderij Ridammerhoeve weiter. Hier kaufen Eltern Milch, Ziegenkäse, Fleisch und Eier in Bioqualität, während Kinder den Streichelzoo erkunden oder Zicklein füttern. Überquert man einen Arm des Kleine Vijver, kommt man an einer weiteren Spielwiese vorbei zur FKK-Wiese Zonneweide.

Schinkelbos

Der Weg zu den wirklich großen Tieren führt unter der A9 hindurch Richtung Süden: Im neuesten Teil Schinkelbos (1999) dämmen schottische Hochlandrinder als Rasenmäher den Waldwuchs ein. Ansonsten ist das Gelände sich selbst überlassen. Außer Wald prägen hier Feuchtwiesen,

Nicht verpassen

COBRA-MUSEUM

Nur einen Katzensprung von Amsterdams grüner Lunge entfernt gibt es in der Nachbarstadt Amstelveen seit 1995 ein kleines, aber feines Museum: Das Cobra-Museum voor Moderne Kunst enthält eine Sammlung von Schlüsselwerken der gleichnamigen Künstlergruppe. Die Gruppe CoBrA gründeten Karel Christiaan Appel (1921–2006), Asger Jorn (1914–1973), Christian Dotremont (1921–1979) und weitere Künstler aus Kopenhagen, Brüssel und Amsterdam 1948 in Paris. Ihr Ideal war eine demokratische, spontane und ursprüngliche Kunst, inspiriert von Volkskunst, Kinderzeichnungen und fremden Kulturen. Es entstanden Gemeinschaftsarbeiten und Wort-Bild-Kombinationen, sogenannte »peinture-mots«. 1951 löste sich die Gruppe auf.

Cobra-Museum. Di–So 11–17 Uhr, Sandbergplein 1, 1181 ZX Amstelveen, Tel. 020/547 50 50, www.cobra-museum.nl

Spazieren und Entspannen im Naherholungsgebiet

Ⓐ Besucherzentrum – Besucherzentrum mit Informationen auf Englisch und Niederländisch.

Ⓑ Kletterpark Fun Forest – Im Kletterpark Fun Forest können sich Kinder in luftiger Höhen austoben.

Ⓒ Freilufttheater Bostheater – Das Bostheater bietet Open-Air-Aufführungen und Konzerte.

Ⓓ Große Spielwiese – Die Große Spielwiese (Grote Speelweide) ist die größte zusammenhängende Grünfläche zum Austoben.

Ⓔ Ziegenfarm Geitenboerderijk Ridammerhoeve – Auf der Ziegenfarm (Geitenboerderij Ridammerhoeve) gibt es einen Streichelzoo.

Ⓕ Neuer Teil Schinkelbos – Schottische Hochlandrinder grasen im neuen Teil namens Schinkelbos.

Ⓖ Oeverlanden de Poel – Naturbelassen und sumpfig sind die Ufer des Feuchtgebietes Amstelveense Poel (Oeverlanden de Poel).

Ⓗ Der See **Nieuwe Meer** ist älter als der Amsterdamse Bos.

Ⓘ Oeverlanden Nieuwe Meer – Auch die südlichen Ufer des Nieuwe Meer sind ein naturbelassenes Feuchtgebiet.

Ⓙ Polder Meerzicht – Meerzicht ist eine alte Polderlandschaft.

Ⓚ Ruderbahn Bosbaan

Ⓛ Dachau-Monument

Gewässer und Schilf die Landschaft, in der die seltenen Uferschnepfen und Kreuzkröten leben. Artgenossen der Schotten sind auch im älteren südlichen Teil des Amsterdamse Bos, unweit des Campingplatzes zu finden. Ein weiteres naturbelassenes Gebiet ist der Sumpf beim See Amstelveense Poel, ebenfalls im südlichen Teil.

Meerzicht

Will man einen kürzeren Weg zur Natur, geht man vom Besucherzentrum über die Koenenkade zum Nieuwe Meer, dessen sumpfiges südliches Ufer ein Vogelparadies ist. Der Polder Meerzicht daneben ist älter als der Amsterdamse Bos. Auch diese Kulturlandschaft enthält vielfältige Flora und Fauna. Hier machte Amsterdams Bürgertum im 19. und frühen 20. Jahrhundert Landpartien; Jacobus Pieter Thijsse, der geistige Vater des Parks, war hier mit der Botanisiertrommel unterwegs.

Kunst im Park

Kunst ist in dieser Kulturlandschaft allgegenwärtig. 116 Brücken überqueren die Kanäle. Typisch sind die 67 Brücken des Architekten Piet Kramer (1881–1961) in ihren charakteristischen Farben Weiß, Schwarz und Rot.

Oben: Eine vielfältige Vogelwelt ist im Amsterdamse Bos zu Hause. **Unten:** Die Freiluftbühne bietet Theater und Musik für Alt und Jung.

Im Freilufttheater Bostheater nahe des Grote Vijver veranstaltet eine engagierte Gruppe seit 1985 Konzerte und Theateraufführungen. Neben der Ziegenfarm schuf der Designer Adrian Fisher einen Irrgarten aus Hainbuchen. Auf der großen Spielwiese erinnert die Figur eines Arbeiters mit Karre an die Erbauer des Parks. Auch eine Skulptur des deutschen Bildhauers Ulrich Rückriem steht dort, eine weitere am Fuße des Aussichtshügels. Darüber hinaus inspiriert der Park regelmäßig Künstler zu temporären Kunstwerken.

Infos und Adressen

SEHENSWÜRDIGKEITEN

Geitenboerderij Ridammerhoeve. Ziegenfarm.
10–17 Uhr, Di geschl., Nieuwe Meerlaan 4,
1182 DB Amstelveen, Tel. 020/645 50 34,
www.geitenboerderij.nl

ESSEN UND TRINKEN

Chez Favié. Tapas und Sandwichs.
De Duizendmeterweg 2, 1182 DC Amstelveen,
Tel. 020/643 69 94, www.chezfavie.nl

De Veranda. Tgl. ab 9 Uhr, Sa–So ab 11 Uhr,
Amstelveenseweg 764, 1081 JK Amsterdam,
Tel. 020/644 58 14, www.deveranda.nl

Grand Café De Bosbaan. Blick auf die Ruderstre-
cke. Tgl. 10–22 Uhr, Küche 11–21 Uhr, Bosbaan 4,
1182 AG Amstelveen, Tel. 020/404 48 69,
www.debosbaan.nl

Pannenkoekenboerderij Meerzicht. Pfannkuchenrestaurant am Nieuwe Meer mit Spielplatz
und Terrasse. Selbstbedienung, nur Barzahlung.
März bis Okt. Di–So 10–19 Uhr, Nov. bis 18. Febr.
Fr–So 10–18 Uhr, Koenenkade 56,
1081 KG Amsterdam, Tel. 020/679 27 44,
www.boerderijmeerzicht.nl

Paviljoen Aquarius. Terrasse zum Nieuwe Meer.
Italienische, französische und asiatische Küche.
Tgl. 11–23 Uhr, 12–17 Uhr Mittagessen, 17–
22 Uhr Abendkarte, Anton Schleperspad 10,
1066 BV Amsterdam,
www.paviljoenaquarius.nl

ÜBERNACHTEN

Camping Amsterdamse Bos. Auch Vermietung
von Holzhäuschen unterschiedlicher Größen,
darunter Eco Lodges. Kleine Noorddijk 1,
1187 NZ Amstelveen, Tel. 020/641 68 68,
www.campingamsterdamsebos.nl

AKTIVITÄTEN

Bostheater. Freilufttheater, Theater und Konzerte.
De Duizendmeterweg 7, 1182 DC Amstelveen,
Tel. 020/643 32 86, www.bostheater.nl

Fahrradverleih. Fietsverhuur Het Amsterdamse
Bos – neben Fahrrädern kann man hier auch Ellip-
tiGos ausleihen, – eine Art Crosstrainer in Fahrrad-
form. Preisgünstiges Kombipaket Fahrrad/Kanu in
Kooperation mit Kanoverhuur Het Amsterdamse
Bos. Tgl. 10–18 Uhr, 1. Nov. bis 1. April nur Mi–So
10–18 Uhr, Bosbaanweg 1, 1182 DA Amstelveen,
Tel. 020/644 54 73,
www.amsterdamsebosfietsverhuur.nl

Bootsverleih. Beim Kanoverhuur Het Amsterdamse Bos kann man Kanus, Tret-, Elektroboote und
ein elektrisch angetriebenes Floß für zehn Personen mieten. März bis Mitte Okt. tgl. 10.30–19 Uhr,
Grote Speelweide 5, 1182 AD Amstelveen,
Tel. 020/645 78 31, www.kanoverhuur-adam.nl

Kletterpark Fun Forest. Klettern, Schwingen und
Balancieren auf neun Routen. Unterschiedliche
Höhen und Schwierigkeitsgrade. Ein kleiner
Teil, der Speelbos, für Kinder von 4–7 J. gratis.
Tipp: Kletterkarten online vorbestellen.
Mi 12–18 Uhr, Sa–So 11–19 Uhr, Bosbaanweg 3,
1182 DA Amstelveen, www.funforest.nl

INFORMATION

Anfahrt: Bus 170, 172 ab Amsterdam Hauptbahnhof oder Bahnhof Haarlemmermeer, Bus 166 ab
Bahnhof Amsterdam-Zuid. Wer es nostalgisch
mag, kann ab Amsterdam, Bahnhof Haarlemmermeer (Amstelveenseweg 264, westlich des Vondelpark) die Museumstram nehmen. Auf dieser Linie fahren historische Straßenbahnwagen aus den
Jahren 1904 bis 1960. Ostern–Okt. So 11–17 Uhr
halbstündig, Haltestellen: Koenenkade, van Nijen-
rodeweg und Kalfjeslaan

Besucherzentrum: Di–So 10–17 Uhr,
Speelweide 5, 1182 DA Amstelveen,
Tel. 020/545 61 00,
www.amsterdamsebos.nl

Parken: Am Besucherzentrum, weitere Parkplätze
in der Nieuwe Kalfjeslaan, Bosbaanweg,
Duizendmeterweg, Nieuwe Meerlaan

48 Stelling van Amsterdam
Historischer Festungsring

Ein kleines Land mit großen Nachbarn muss wehrhaft sein. Die Hollandse Waterlinie und der Festungsring Stelling van Amsterdam rund um die Hauptstadt sollten die Niederlande schützen. Von der Stelling van Amsterdam, seit 1996 Weltkulturerbe, sind viele Forts erhalten. Dicke Mauern, düstere Kasematten, donnernde Kanonen und grüne Wälle machen sie reizvoll für Familienausflüge und Hobbyhistoriker.

Zur Verteidigung nutzten die Niederländer seit dem 17. Jahrhundert, was es im Überfluss gab: Wasser. Aus dieser Zeit stammt die Waterlinie, ein kompliziertes Schleusensystem, mit dem man ganze Landstriche fluten konnte. Nach dem Deutsch-Französischen Krieg 1870/71 wuchs die Angst vor Invasionen und der Festungsring Stelling van Amsterdam kam dazu. Von 1880 bis 1920 baute man neue Forts oder verstärkte bestehende. Seit 1963 dienen Forts und Wälle als Naherholungsgebiete, Heimstätte für Museen sowie für private Zwecke.

Naarden – eine Stadt als Festung

Fast original als Festung erhalten ist das Zentrum des Städtchens Naarden südöstlich von Amsterdam. Aus der Festungsinsel im doppelten Wassergraben springen sternförmig sechs Bastionen. Im inneren Graben liegen Inseln. 1572 hatten die Spanier dort ein Gemetzel veranstaltet, danach baute man das Städtchen zur Festung um, die man nach der Invasion der Franzosen 1672 ab 1675 modernisierte. Seit 1955 befindet sich das Vestingmuseum in den

Oben: Muiden ist Wasserburg, Festung und Museum.
Unten: Viele Wälle erinnern an den ehemaligen Festungsring.

Kasematten, wo Schlafpritschen, Pulvermagazin und Kanonen vom Leben der Soldaten zeugen. Ohne Museumsbesuch lässt sich die Anlage bei einem Spaziergang über die grünen Wälle erleben. Eine reizvolle Alternative ist die Rundfahrt in historischen Booten. Einen spektakulären Überblick bietet der Turm der spätgotischen Kirche Sint Vitus. Amsterdam war Zentrum der Stelling. Gut erreichbar sind die Festungsinsel Pampus, die »Leuchtturminsel« (Vuurtoreneiland) und das Wasserschloss Muiderslot.

Pampus, Muiderslot, Muizenfort

Auf Pampus gibt es seit 2011 das erste Besucherzentrum der Stelling van Amsterdam. Das Fort entstand zwischen 1885 und 1887, 1933 zog man die Truppen ab. Im Krieg plünderte man Holz und Metall, in den 1960ern zogen Studenten ein. Seit den 1980er-Jahren erhält eine Stiftung das verlassene Fort.

Lebhafter geht es im Muiderslot in Muiden zu, das seine Wurzeln im 13. Jahrhundert hat und zwei bedeutende Bewohner beherbergte: Der Renaissancedichter Pieter Corneliszoon Hooft (1581–1647) war dort Truchsess. Spektakulär ist das brutale Ende des Erbauers Graf Floris V. (1254–1296): Von den eigenen Vasallen wurde der Machtpolitiker dort festgehalten und ermordet.

Das wehrhafte Schloss bietet Ritterrüstungen, Falknereivorführungen und Ausstellungen zur Kunst der niederländischen Blütezeit. Der Park ist ein typischer Zier- und Nutzgarten des 17. Jahrhunderts. Seit ein pfiffiger Kopf auf die Idee kam, Muiderslot als »Amsterdam Castle« zu vermarkten, sind die Besucherzahlen in die Höhe geschnellt. Eine weitere Festungsanlage ist das Muizenfort (»Mäusefort«) im Zentrum von Muiden. Dieses Fort aus dem späten 19. Jahrhundert war eine Schnittstelle zwischen Stelling und Waterlinie.

SEHENSWÜRDIGKEITEN
Muiderslot. April bis Okt. Mo–Fr 10–17 Uhr, Sa–So 12–17 Uhr, Herengracht 1, 1398 AA Muiden, Tel. 029/425 62 62, www.muiderslot.nl

Vestingmuseum Naarden. Westwalstraat 6, 1411 PB Naarden, Tel. 035/694 54 59, www.vestingmuseum.nl

ESSEN UND TRINKEN
Eetcafé Bastion Naarden. Ausflugsrestaurant. Di–So ab 16 Uhr, Turfpoortstraat 51, 1411 EH Naarden, Tel. 035/694 93 99, www.bastion-naarden.nl

AKTIVITÄTEN
Bootsfahrten. Von Naarden. April bis Sept. tgl. 13, 14, 15 und 16 Uhr, Sa–So und Feiertag auch 17 Uhr, Tel. 035/694 11 94, www.vestingvaart.nl

INFORMATION
Anfahrt Naarden: Mit dem Zug ab Amsterdam CS Richtung Amersfoort Vathorst bis Naarden-Bussum, dort umsteigen in Buslinie 110 oder 151

Anfahrt Pampus und Muiden. Fähre ab Ijburg-Hafen, erreichbar mit der Tram 26 ab Hauptbahnhof, Haltestelle Pampuslaan. Pampus: Apr. bis Okt. Di–So 11 Uhr, Muiden: Apr. bis Okt. Di–So 11 Uhr, Preis für das Fährticket enthält den Eintritt, www.veerdienstamsterdam.nl

Touristeninformation Utrechtse Poort/Ruysdaelplein. Besucheradresse: Utrechtse Poort – Ruysdaelplein 6 m,, 1411 PB Naarden, Tel. 035/694 26 73, www.infonaarden.nl

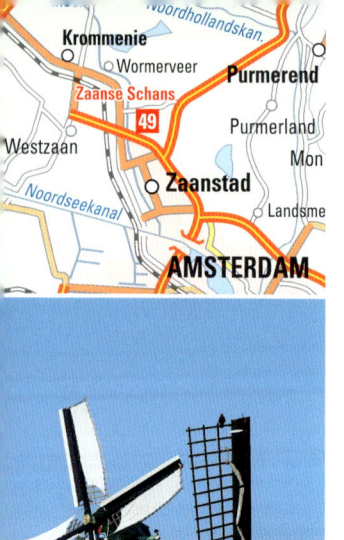

49 Freilichtmuseum Zaanse Schans
Geschichte zum Anfassen

Mahlten Windmühlen nur Getreide? Wie begann die größte niederländische Supermarktkette Albert Heijn? Wo schlief Zar Peter I., als er den niederländischen Schiffsbau studierte? Ein Tagesausflug zum Museumskomplex Zaanse Schans in Zaandam nordwestlich von Amsterdam zeigt die lange Handwerks- und Gewerbetradition der Region und bietet ein Stück Alltagsgeschichte zum Anfassen.

Windmühlen, Holzhäuschen und Wasser: Heute eine Postkartenidylle, war der *Zaanstreek* nordwestlich von Amsterdam beim Städtchen Zaandam vom 17. bis ins 20. Jahrhundert ein Industriegebiet mit einer in Westeuropa einzigartigen Vielfalt. Dabei bot der Landstrich lange nur Torfstecherei. Die Blüte der nahen Hauptstadt, viel Wind und eine verbesserte Mühlentechnik ließen ab Ende des 16. Jahrhunderts Mühlen aller Art entstehen. Mit den Sägemühlen kam der Schiffsbau. Schmieden, Käsereien, Webereien, Böttcher und Tabakverarbeiter folgten.

Die Dampfmaschine beendete den Mühlenboom, aber die Zaandammer hüten stolz ihr Erbe. 13 von einst rund 1000 Industriemühlen an der Zaan sind erhalten. Sechs davon mahlen am Kalverringdijk: zwei Holzmühlen (De gekroonde Poelenburg, Het jonge Schaap), zwei Ölmühlen (De Bonte Hen, De Zoeker), eine Gewürzmühle (Specerijenmolen De Huisman) und eine Farbmühle. Die Verfmolen de Kat mahlt noch heute Pigmente von Ocker bis Titanweiß. Von der Ölmühle De Bonte Hen überquert man die Zaan mit der Fähre.

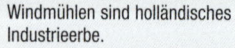

Windmühlen sind holländisches Industrieerbe.

Zaans Museum

Über die Julianabrücke erreicht man das Herzstück, das moderne Zaans Museum. Es zeigt den Alltag der Region mit Möbeln, Gemälden, Werkzeugen und Maschinen. Eine zusätzliche Attraktion seit 2009 ist der bunte Anbau Verkadepaviljoen. Die Brot- und Zwiebackfabrik Verkade ist noch heute niederländische Mustermarke in puncto Gebäck und Süßwaren. Der Bau enthält die Firmensammlung mit echten Produktionsstraßen aus Verkadeschen Schokoladen- und Süßwarenfabriken.

1887 eröffnete ein gewisser Albert Heijn in Oostzaan einen Gemischtwarenladen. Die Wiege der Supermärkte mit dem weiß-blauen Logo stand in einem schlichten Holzhaus. Bald hatte der junge Geschäftsmann zehn Filialen, seit 1910 ist Albert Heijn Markenname, 1952 eröffnete der erste Supermarkt in Schiedam.

Honig Breethuis

Das Leben der Unternehmerdynastien lernt man im Honig-Breethuis, 1770 bis 1892 das Zuhause der Fabrikantenfamilien Honig und Breet, kennen. Jacob Honig Janszoon Jr. (1816-1870) war Hobbyhistoriker und Sammler Zaanscher Altertümer. Seine Sammlung bildete den Grundstock für das 1940 eröffnete Museum.

Czaar Peterhuisje

Sorgfältig hütet Zaandam das Czaar Peterhuisje von 1632 im Zentrum. In dieser schlichten Holzhütte (heute mit Backsteinüberbau) lebte Peter I. von Russland während seiner Europareise 1697, als er modernen Schiffsbau lernte. Sein Inkognito hielt nur wenige Tage und er flüchtete in eine Amsterdamer Werft.

SEHENSWÜRDIGKEITEN

Czaar-Peterhuisje. Krimp 23, 1506 AA Zaandam (Kontaktdaten siehe Zaans Museum)

Honig Breethuis. Liebevoll erhaltenes Kaufmannshaus. Geöffnet Apr. bis Sept. Do–So 13–17 Uhr, Okt. bis März Do–So 13–16 Uhr, Lagedijk 80, 1544 BJ Zaandijk, Tel. 075/621 76 26, www.honigbreethuis.nl

Verfmolen de Kat. Kalverringdijk 29, 1509 BT Zaandam, Tel. 075/621 04 77, www.verfmolendekat.com

Zaans Museum & Verkadepaviljoen. Mit Museumscafé. Tgl. 10–17 Uhr, Schansend 7, 1509 AW Zaandam, Tel. 075/68 00 00, www.dezaanseschans.nl, www.zaansmuseum.nl, www.verkadeexperience.nl

ESSEN UND TRINKEN

De Kraai. Pfannkuchenrestaurant in ehemaliger Scheune. März bis Okt. tgl. 9–18 Uhr, Nov. bis Febr. tgl. 9–17 Uhr, Kraaienpad 1, 1509 AX Zaandam, Tel. 075/615 64 03, www.dekraai.nl

ÜBERNACHTEN

Heerlijck Slaapen op de Zaanse Schans. Bed & Breakfast, regionaltypisch eingerichtet auf dem Museumsgelände. Kalverringdijk 21, 1509 BT Zaandam, www.heerlijckslaapen.nl

INFORMATION

Anfahrt: Ab Amsterdam Hauptbahnhof (CS) mit Bus 391, Haltestelle Zaanse Schans oder mit dem Zug Richtung Alkmaar, Haltestelle Koog-Zaandijk, Fußgängerfähre gratis

50 Polder de Beemster
Landschaft am Reißbrett

Eine holländische Bilderbuchlandschaft: Im Polder de Beemster grasen Kühe und klappern Windmühlen, die Bauernhäuser haben das regionaltypische pyramidenförmige Dach (*stolpboerderijen*), Straßen und Kanäle führen den Blick zum Horizont. Entstanden ist diese Landschaft zwischen Purmerend, Alkmaar und Edam aus dem Wasser, entworfen am Reißbrett. Besucher decken sich in Hofläden mit Käse und Obst ein, radeln zu alten Forts der Stelling van Amsterdam und genießen die grüne Weite.

Oben: Mühlen bei Schermerhorn
Unten: Die grüne Idylle de Beemster entstand durch Trockenlegung.
S. 270/71: Große Buchstaben hinter dem Rijksmuseum: I amsterdam

Der Polder war ein Mammutprojekt, zu dem sich Amsterdamer Oligarchen um die Brüder Dirk und Hendrik van Oss zusammentaten: Nach mehreren Fluten war nördlich von Amsterdam de Beemster als riesiger Binnensee entstanden, der die Hauptstadt bedrohte. Der Ingenieur Jan Adriaanszoon Leeghwater (1575–1650) hatte zuvor kräftig mit seinem Haarlemmermeerboek für eine Trockenlegung geworben. Sie sollte neues Bau- und Ackerland schaffen, außerdem wollten reiche Kaufleute investieren. Nicht alle Einwohner waren begeistert, aber viel Verhandlungsgeschick brachte den Investoren 1607 die Genehmigung. Das Gelände bekam einen Ringdeich, dann pumpten 26, später 42 Mühlen das Wasser ab. Ein Sturm mit Deichbruch 1610 schreckte die Unternehmer nicht ab und 1612 war der Polder trocken.

Quadrat als Ideal

Jetzt ging es an die Gestaltung: Wege, Straßen, Dörfer und Bauernhöfe wurden angelegt nach den wiederentdeckten Idealen der Antike. Luftbilder zeigen noch heute die schachbrettartige Einteilung des Polders, denn das Quadrat stand für Ausgewogenheit. Der Entwerfer ist nicht sicher überliefert. Gerne wird auch das Idealmaß des Goldenen Schnitts zugrunde gelegt (zum Beispiel die Kreuzung im Dorf Middenbeemster). Die Patrizier, die Grundstücke kauften, ließen sich prächtige Landhäuser bauen, von denen nur noch wenige erhalten sind. Auch fünf Forts der Stelling van Amsterdam liegen in de Beemster, Fort Spijkerboor und Fort Benoorden Purmerend sind zugänglich.

Middenbeemster

Radelnd entdeckt man de Beemster am besten über den 42 Kilometer langen Ringdijk. Kern ist das Städtchen Middenbeemster, das einzige Dorf, das nach Plan gebaut wurde, alle anderen sind Zufallsgründungen. Im ehemaligen Pfarrhaus befindet sich heute das Mueum Betje Wolff, das an die Pfarrersgattin und Dichterin (1738–1804) erinnert. Nach dem Tod ihres Mannes 1777 lebte sie mit ihrer Freundin und Dichterkollegin Aagje Deken (1741–1804) zusammen. Ist man nicht literaturinteressiert, geben die Wohnräume einen Einblick in 300 Jahre Wohnkultur der Region.

Rijp und Graft

Am Westrand des Polders liegt de Rijp, in dessen Museum In 't Houten Huis (»Im Holzhaus«) Stücke zur Kulturgeschichte der Region vor dem Polderbau zu finden sind. Dazu gehören der Nachlass eines Reeders für Walfang- und Heringsfischerboote und Dokumente über den Wasserbauingenieur Leeghwater. Auch über die Konfession der Doopsgezinden, einer liberalen Richtung der Mennoniten, erfährt man einiges. Das Rathaus im Nachbarstädtchen Graft kündet mit seinen reich verzierten Renaissancegiebeln vom früheren Wohlstand des Städtchens.

SEHENSWÜRDIGKEITEN

Museum Betje Wolff. 1. Mai–1. Okt. Di–Fr 11–17 Uhr, Sa–So 14–17 Uhr, 1. Okt.–1. Mai So 14–17 Uhr, Middenweg 178, 1462 HL Middenbeemster, Tel. 0299/68 19 68, www.historischgenootschapbeemster.nl

Museum In 't Houten Huis. Tuingracht 13, 1483 AP De Rijp, Tel. 0299/67 12 86, www.houtenhuis.nl

ESSEN UND TRINKEN

Brasserie Alles met Liefde. Außer mit Liebe kocht man hier mit besten regionalen und Biozutaten. Middenweg 146, 1462 HK Middenbeemster, www.brasserieallesmetliefde.nl

't Beemster Pannenkoenen en Spijshuis. Pfannkuchenrestaurant in 200 Jahre altem Gebäude. Middenweg 177, 1462 HJ Middenbeemster, Tel. 0299/68 13 71, www.beemsterspijshuis.nl

INFORMATION

Infocenter Beemster. Ausführliche Infos zum Beemster, der wie der Grachtengürtel zum UNESCO-Welterbe zählt. April–Okt. Di–Fr 10–16 Uhr, Okt.–April Fr, Sa–So 13–16 Uhr, Middenweg 185, Middenbeemster, Tel. 0299/62 18 26, www.bezoekerscentrumbeemster.nl

Haus mit typischem Pyramidendach

REISEINFOS

Amsterdam von A bis Z 272

Anreise mit dem Auto, Anreise mit dem Flugzeug, Anreise mit der Bahn, Drogen, Einkaufen, Einreise, Fahrräder leihen, Fundbüro, Geld, Gesundheit, Grachtenrundfahrt, I amsterdam Card, Internet, Kleidung, Klima und Reisezeit, Kutschfahrten, Lokalkolorit, Menschen mit Behinderung, Notrufnummern, Öffentlicher Nahverkehr, Sprache, Touristeninformation

Kalender 276

Amsterdam für Kinder und Familien 280

Kleiner Sprachführer 284

Anreise mit dem Auto

Amsterdam ist über das ausgebaute Autobahnnetz zwar gut erreichbar, doch vor allem in der Innenstadt sind Parkplätze knapp und sehr teuer. Am besten mietet man, zusammen mit der Unterkunft auch einen Stellplatz. Günstig sind die Park-and-ride-Plätze, die rund um die Stadt nahe der Ringautobahn A10 liegen. Für 24 Stunden Parkzeit bezahlt man nur acht Euro, die maximale Parkzeit beträgt allerdings 96 Stunden. Im Preis inbegriffen sind je eine Hin- und eine Rückfahrt für bis zu fünf Personen mit dem öffentlichen Nahverkehr (außer Nachtbusse). Bei der Einfahrt ins Parkhaus zieht man ein Ticket (dabei nicht mit Kreditkarte zahlen!), lässt dann im Parkhausbüro den Sondertarif aktivieren und bekommt die Fahrkarten. Bei der Rückkehr gibt man die Karten dort ab und bezahlt. Park-and-ride-Plätze gibt es unter anderem am Bahnhof Sloterdijk, in Bos en Lommer, am World Fashion Center, am Olympiastadion, unter dem Fußballstadion Arena und auf dem Zeeburgereiland. Mehr Infos unter www.parkerenindestad.nl/amsterdam

Anreise mit dem Flugzeug

Der Flughafen Schiphol liegt knapp 20 Kilometer vom Stadtzentrum entfernt, die Verkehrsanbindung per Bahn in die Stadt ist gut (alle 15 Minuten). Die Kosten für eine Taxifahrt in die Stadtmitte betragen je nach Ziel und Fahrtroute etwa 40 Euro.

Anreise mit der Bahn

Sehr bequem erreicht man Amsterdam mit der Bahn; vom Hauptbahnhof aus kommt man per Straßenbahn oder auch zu Fuß gut weiter.

Drogen

Auch in Holland sind Drogen illegal; allerdings wird der Besitz kleiner Mengen Haschisch und Cannabis (bis fünf Gramm/Tag) für den Eigenverbrauch toleriert. Diese Mengen dürfen sogenannte Coffeeshops auch an Touristen verkaufen. Auf der Straße zu rauchen ist nicht erlaubt.

Einkaufen

Die meisten Geschäfte haben täglich geöffnet, viele auch sonntags. Am Donnerstagabend gelten oft längere Öff-

In Amsterdam gibt es Parkplätze und sogar ein Parkhaus für Fahrräder.

Eine wahre Augenweide ist dieses Käsegeschäft.

nungszeiten. Banken und Postämter sind in der Regel Montag bis Freitag von 9 bis 17 Uhr geöffnet. An der Kasse werden alle Beträge auf fünf Cent auf- oder abgerundet. In Holland ist es üblich, auch kleinere Beträge per EC-Karte und PIN zu bezahlen. Auch bei Kreditkartenzahlung muss man die PIN wissen. Viele Restaurants bevorzugen die bargeldlose Zahlung; manche bestehen sogar darauf.

Einreise

Deutsche Staatsangehörige brauchen für die Einreise einen Reisepass oder Personalausweis. Kinder benötigen einen eigenen Ausweis. Für Haustiere ist ein EU-Heimtierausweis nötig, aus dem hervorgeht, dass das Tier gegen Tollwut geimpft ist (mehr dazu unter http://bln.niederlandeweb.de).

Fahrräder leihen

In Amsterdam gibt es zahlreiche Fahrradverleihe. Bekannte Anbieter sind www.macbike.nl, www.yellowbike.nl, www.orangebike.nl. Kinderräder, Tandems und Roller gibt es beispielsweise bei www.rentabike.nl und www.blackbike.nl. Letztere verleihen ebenso wie etwa www.bikecity.nl dezente Räder ohne Werbung. Verschiedene Spezialräder für Menschen mit Behinderung verleiht www.starbikesrental.com.

Fundbüro

In Amsterdam landen jährlich etwa 20 000 Fundstücke im städtischen Fundbüro, das hier Bureau Gevonden Voorwerpen heißt (Korte Leidsedwarsstraat 52, Mo–Fr 9–16 Uhr; telefonische Nachfragen Mo–Fr 12–16 Uhr, Tel. 020/2510109) Im Fundbüro der Verkehrsbetriebe lohnt sich eine telefonische Nachfrage erst am Nachmittag des darauffolgenden Werktages (Mo–Fr 14–18.30 Uhr, Tel. 0900/8011); abholen kann man Fundsachen in der Remise Lekstraat, Kromme Mijdrechtstraat 25, 1079 KN Amsterdam (Mo–Fr 9–17, Do bis 19 Uhr).

Geld

In den meisten Geschäften und Restaurants werden 200- und 500-Euro-Scheine nicht angenommen; auch mit 100-Euro-Noten kommt man nicht überall zurecht.

Gesundheit

Bei leichteren gesundheitlichen Problemen ist ein Hausarzt (*huisarts*) die erste Anlaufstelle. Bei schweren gesundheitlichen Problemen sind die Notaufnahmen der Krankenhäuser zuständig. Die Europäische Krankenversicherungskarte (EHIC) wird in den Niederlanden akzeptiert.

Grachtenrundfahrt

Vom Wasser aus gesehen ist die Stadt noch mal so schön. Viele Rundfahrtboote legen unweit des Hauptbahnhofs ab. Zum Sightseeing gut geeignet ist die Hop-on-hop-off-Tour mit dem Canal-Bus (www.canal.nl). Bekannte Rundfahrtanbieter sind zum Beispiel auch www.rederijkooij.nl, www.rederijplas.nl, www.lovers.nl und www.blueboat.nl.

I amsterdam Card

Wer sich in Amsterdam mehr als ein Museum anschauen möchte, sollte die I amsterdam Card nutzen. Die smarte

Eine Grachtenrundfahrt lohnt sich.

Was wann wo los ist, steht im
Veranstaltungsmagazin *Uitkrant*.

Karte berechtigt im Geltungszeitraum
zum freien oder ermäßigten Eintritt zu
vielen Top-Attraktionen und zur unbe-
grenzten Nutzung des öffentlichen Nah-
verkehrs (GVB). Nähere Infos unter
www.iamsterdamcitycard.com

Internet

Viele nützliche Informationen über die
Stadt bietet das offizielle Amsterdam-
Portal www.iamsterdam.com. Gute Tipps
und Empfehlungen gibt es auch unter
www.simplyamsterdam.nl. An schwule
und lesbische Besucher richtet sich die
Seite www.gayamsterdam.nl.

Kleidung

Das Wetter ist eher kühl, mitunter reg-
nerisch. Einen leichten Pulli oder eine
Strickjacke, dazu Schirm oder Regenjacke sollte man auch im Sommer immer
dabei haben. Wer die kleinste Metropole
der Welt erwandern möchte, braucht
bequemes, festes Schuhwerk.

Klima und Reisezeit

Ein Besuch in Amsterdam lohnt sich das
ganze Jahr über. Die Hauptreisezeit ist
von April bis September. Achtung, zum
Koningsdag Ende April platzt die Stadt
aus allen Nähten; wer dann in Amsterdam Urlaub machen möchte, muss sich
frühzeitig um eine Unterkunft kümmern.
Die Niederlande haben ein gemäßigtes,
feuchtes Seeklima, sodass das ganze Jahr
über mit Niederschlägen zu rechnen ist.
Selbst im Juli bringt Amsterdam es auf
bis zu zehn Regentage. Die Winter sind
eher mild und nasskalt als frostig. Auch
im Sommer wird es nicht sehr heiß; das
Thermometer bleibt meist deutlich
unterhalb der 30-Grad-Marke.

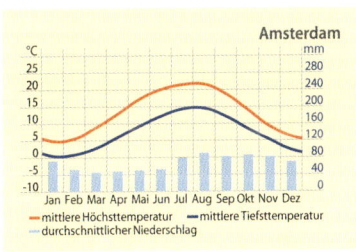

Kutschfahrten

Mal ganz romantisch per Pferdekutsche
durch die Straßen rollen? Die Rund-
fahrten starten und enden am Dam,
dem Platz vor dem Königlichen Palast.
Infos unter www.karos.nl

Lokalkolorit

Tipps von Einheimischen findet man auf
den Seiten www.likealocalguide.com/

In Amsterdam ist immer etwas los – hier ein paar Highlights:

JANUAR

Schlittschuhlaufen hinterm Rijksmuseum: Auf dem Museumplein gibt's im Winter eine Eisbahn.
Der **Tulpentag** auf dem Dam läutet den Beginn der Tulpensaison ein.

FEBRUAR

Zwischen Zeedijk und Nieuwmarkt wird das **chinesische Neujahrsfest** gefeiert.

MÄRZ

Im Bollenstreek, dem Blumenanbaugebiet rund um Amsterdam, beginnt die **Frühjahrsblüte**.

Am Koningsdag wird ausgelassen gefeiert.

APRIL

Am **Koningsdag**, dem 27. April, trägt ganz Amsterdam Orange und feiert ausgelassen.

In der **Museumswoche** gibt's zahlreiche Veranstaltungen (Info: www.nationalemuseumweek.nl).

MAI

Am 5. Mai feiern die Niederlande am **Befreiungstag** das Ende der deutschen Besatzung im Zweiten Weltkrieg mit Konzerten und Veranstaltungen.

JUNI

Am dritten Juniwochenende öffnen sich bei den **Open Tuinen Dagen** Gartenpforten entlang des Grachtengürtels (www.opentuinendagen.nl).

Beim **Holland Festival** gibt es auf diversen Bühnen Theater, Oper und Kultur (www.hollandfestival.nl).

Saisonauftakt im **Open-Air-Theater** im Vondelpark (kostenlose Kulturevents am Wochenende, www.openluchttheater.nl). Ende Juni erklingt Weltmusik beim **Amsterdam Roots Festival** (www.amsterdamroots.nl).

JULI

Am 1. Juli wird mit dem **Keti Koti Festival** im Oosterpark das Ende der Sklaverei in den ehemaligen Kolonien gefeiert (www.ketikotiamsterdam.nl).

Das Festival **Over het IJ** präsentiert Kunst und Kultur an ungewöhnlichen Spielstätten (www.overhetij.nl).

AUGUST

Am ersten Augustwochenende bildet die **Gay Canal Parade**, ein Bootskorso auf dem Grachtengürtel, den farbenprächtigen Höhepunkt des Homosexuellen-Festivals »Gay Pride« (www.amsterdamgaypride.nl).

Beim **Grachtenfestival** erklingt an ungewöhnlichen Orten klassische Musik (www.grachtenfestival.nl).

Das legendäre Open-Air-Kinoevent **Pluk de Nacht** findet am IJ-Ufer statt (www.plukdenacht.com).

Der **Uitmarkt** markiert mit vielen Vorstellungen den Beginn der Konzert- und Theatersaison (www.uitmarkt.nl).

Ein Stadtteil feiert (sich): Beim **Jordaanfestival** kann man in den herrlich-schnulzigen *Levensliedern* schwelgen (www.jordaanfestival.nl).

SEPTEMBER

Bei den **Monumentendagen** öffnen sich die Türen vieler Baudenkmäler, die sonst verschlossen sind (www.openmonumentendag.nl).

Im **Tierpark Artis** gelten traditionell ermäßigte Eintrittspreise (www. artis.nl).

OKTOBER

Der **Amsterdam Marathon** ist der zweitgrößte der Niederlande.

NOVEMBER

In den Niederlanden bringt **Sinterklaas** (Nikolaus) die Geschenke – er kommt per Boot in Amsterdam an und wird in einer festlichen Parade durch die Stadt geleitet.

Sehenswertes zeigt das **Internationale Dokumentarfilm-Festival** (www.idfa.nl).

DEZEMBER

Beim **Amsterdam Light Festival** verzaubern abends Lichtinstallationen von diversen Künstlern die Grachten (www.amsterdamlightfestival.com).

Der **Silvesterabend** wird groß gefeiert mit Feuerwerk in der ganzen Stadt.

Ein farbenfroher Umzug gehört zum alljährlichen Festival »Gay Pride«.

Den Amsterdamern wird nachgesagt, dass sie sich's gern gut gehen lassen.

amsterdam und www.spottedbylocals.com/amsterdam. Wer einmal in einem Privathaushalt zu Gast sein möchte, kann auf der Seite www.dinewiththedutch.amsterdam ein *home dinner* buchen und wird dann von seinen Gastgebern bekocht.

Menschen mit Behinderung

Kopfsteinpflaster, unebene Gehwege und extrem steile Treppen in vielen alten Grachtenhäusern sind die gravierendsten Hindernisse, mit denen Gehbehinderte und Rollstuhlfahrer in Amsterdam häufig rechnen müssen. Die U-Bahn ist gut zugänglich, die Straßenbahnen sind es nur bedingt. Die meisten Museen sind gut auf Menschen mit Behinderungen eingestellt. Auf der Internetseite

www.toegankelijkamsterdam.nl findet man Informationen über die Erreichbarkeit und Zugänglichkeit von Museen, aber auch Geschäften, Apotheken und Restaurants.

Notrufnummern

Die zentrale Notrufnummer für Polizei, Feuerwehr und Krankenwagen lautet 112. Außerhalb der Sprechstunden ist der hausärztliche Notdienst (Huisartsenposten Amsterdam) unter der Rufnummer 088 003 06 00 erreichbar (werktags 17–8 Uhr, Wochenende: von Fr 17 Uhr bis Mo 8 Uhr, Feiertage: 8 Uhr bis 8 Uhr am Folgetag). Bei Zahnschmerzen außerhalb der Praxisstunden hilft das Tandarts Bemiddelingsbureau unter 0900 821 22 30

weiter. Eine gestohlene EC- oder Kreditkarte sollte man umgehend über die
zentrale Sperrnummer 0049 116 116
sperren lassen.

Öffentlicher Nahverkehr

Amsterdam verfügt über einen gut orga-
nisierten ÖPNV mit Bussen, U-Bahnen
(Metro), Straßenbahnen (Tram), Fähren
und Nachtbussen. Für alle Verkehrsmittel
gelten die OV-Chipkarten, die bei jedem
Ein- und Aussteigen an dem dafür vorgesehenen Gerät eingelesen werden
müssen. Für Touristen ohne I amsterdam
Card lohnen sich Tages- oder Mehrta-
geskarten, die bei den Verkehrsbetrieben
GVB und den Tourist Offices erhältlich
sind. Weitere Infos unter www.gvb.nl

Der Genuss weicher Drogen wird in Amsterdam
geduldet.

Sprache

Viele Amsterdamer verstehen Deutsch;
höflicherweise sollte man aber einige
gängige Redewendungen beherrschen
oder aber sein Glück zunächst auf Englisch versuchen.

Touristeninformation

Der I amsterdam Store im runderneuer-
ten Hauptbahnhof ist ein Info-Zentrum
für Besucher. Man kann sich hier persönlich beraten lassen und auch Amster-
dam-Produkte, Souvenirs und mehr kaufen. Gegenüber vom Hauptbahnhof, im
historischen Noord-Zuid Hollands Koffiehuis, ist das zentrale Touristeninformati-
onsbüro. Hier bekommt man Auskünfte,
Pläne und Broschüren, kann Hotels und
Ausflüge buchen, die I amsterdam Card
und Tickets für Museen und Veranstaltungen erwerben (tgl. 9–18 Uhr, Tel.
020/702 60 00, www.iamsterdam.com).
Am Flughafen Schiphol hilft die Holland
Tourist Information in der Ankunftshalle
2 weiter (tgl. 7–22 Uhr).

Amsterdam hat auch eine U-Bahn, die hier Metro
heißt.

Im Wissenschaftmuseum NEMO: Spaß für die ganze Familie

Die Niederlande sind ein familien- und kinderfreundliches Urlaubsland, und Amsterdam nimmt hier eine herausragende Stellung ein. Die Stadt hat für alle Altersgruppen viel zu bieten. Mit dem richtigen Mix aus Sightseeing und Kinderprogramm steht einer entspannten Städtetour mit dem Nachwuchs nichts entgegen.

Wasser marsch!

○○○ Eine **Grachtenrundfahrt** macht noch mehr Spaß, wenn man die Erklärungen versteht. Bei der Tour »Canal Cruise« der Reederei Canal sind Audioguides in 19 Sprachen an Bord verfügbar. Canal verleiht außerdem viersitzige **Tretboote** (Canal bikes), um die Grachten auf eigene Faust zu erkunden (www.canal.nl).

○○ Tolle **Wasserspielplätze** gibt es zum Beispiel im Vondel- sowie im Oosterpark, auf dem Westergasterrein und auf dem Dach des Museums NEMO, nette Kinderplanschbecken etwa am Bellamyplein und im Beatrixpark.

Museumsspaß für Klein und Groß

○○○ Im Kinder-Wissenschaftsmuseum **NEMO** gibt's viel zu entdecken und auszuprobieren (www.nemosciencemuseum.nl). Das **Amsterdam Museum** ist im ehemaligen städtischen Waisenhaus untergebracht. In der Kinderpräsentation

»Das kleine Waisenhaus« erfährt man, wie Waisenkinder im Goldenen Zeitalter in Amsterdam lebten (Texte nur niederländisch und englisch). Die Allerkleinsten können die überall versteckten Tiere suchen (www.amsterdammuseum.nl/de/das-kleine-waisenhaus). Das **Rembrandthaus** können Kinder zwischen sechs und zehn anhand der speziellen Besucherbroschüre »Rembrandt without words« erkunden – dafür sind keine Sprachkenntnisse nötig. Deutschsprachige Audioguides sind an der Kasse erhältlich (www.rembrandthuis.nl). Im **Rijksmuseum** gilt für Kinder und Jugendliche bis 18 Jahre: Eintritt frei! Für Familien gibt es (auch auf Deutsch) eine spannende Multimedia-Rätseltour für bis

Farbscala für die Altersstufen:

○ Kinder bis 6 Jahre

○ Kinder bis 10 Jahre

○ Kinder bis 14 Jahre

zu vier Personen. Entsprechende Geräte können für 2,50 Euro/Stück ausgeliehen werden. Die Tour gibt's auch als kostenlose App für iPhone/iPad und Android (www.rijksmuseum.nl). Im **Stedelijk Museum** zahlen Besucher unter 18 Jahren ebenfalls keinen Eintritt. Im »family lab« können sie selbst kreativ werden (www.stedelijk.nl).

Das **Van Gogh Museum** hat diverse kostenlose Familienangebote (leider nur auf Niederländisch und Englisch), etwa eine Schatzsuche für Kinder von sechs bis zwölf Jahren mit Eltern. Ein deutschsprachiger Multimediaguide ist ebenfalls erhältlich (Erw. 5, Teenager 3 Euro) (www.vangoghmuseum.nl). Das Kindermuseum im **Joods Historisch Museum** besteht aus drei Etagen, die wie das

Haus einer jüdischen Familie namens Hollander eingerichtet sind.

Beim Gang durch die Räume lernt man ihre Lebensweise kennen (www.jhlkindermuseum.nl). Im **Tropenmuseum** führt ein deutschsprachiger Audioguide zu den Höhepunkten der festen Sammlung. Die wechselnden Mitmach-Ausstellungen im Tropenmuseum Junior sind nur im Rahmen einer Führung zugänglich (reservieren unter www.tropenmuseum.nl).

Tierisch gut!

○○○ Ein Besuch im **Tierpark Artis** macht allen Altersgruppen Spaß (www.artis.nl).

○○ Am Tierpark Artis liegt **Micropia**, das weltweite erste Museum für Mikroben. Ein »Kiss-o-meter« verrät, wie viele Mikroorganismen bei einem Kuss ausgetauscht werden (www.micropia.nl).

○○ In Amsterdam gibt es eine ganze Reihe von **Streichelzoos** mit »Wie süüüüß!«-Garantie, z. B. auf dem Bickerseiland (www.dedierencapel.nl), im Amstelpark (www.speeltuin-amstelpark.nl), im Rembrandtpark (rollstuhlgerecht, www.kinderboerderij-uylenburg.nl) und im Amsterdamse Bos (www.geitenboerderij.nl).

Mal so richtig austoben!

○○ In Amsterdam gibt's viele große und kleine Spielplätze; lohnend sind

Auch für Kinder ein Erlebnis: einmal so aussehen wie ein Gemälde

auch Ausflüge in den **Amstelpark** und den **Amsterdamse Bos**. Ein toller Abenteuerspielplatz für Kinder bis 13 Jahren ist **Het Woeste Westen** unweit der Westergasfabriek, mit Wasserläufen, Inseln und Material zum Hüttenbauen (www.woestewesten.nl).

○○○ Der Kletterpark **Fun Forest** hat Routen für unterschiedliche Altersgruppen (www.funforest.nl).

○○ Der Indoorspielplatz **TunFun** in einer ehemaligen Unterführung bietet allerhand, vom Bällchenbad für die Kleinsten über Hüpfburgen bis zur Freefall-Rutschbahn für die Älteren (www.tunfun.nl).

Eine Alternative ist die Indoorspielhalle **Ballorig** nahe der ArenA Amsterdam (www.ballorig.nl).

Elefantennachwuchs im Tierpark Artis

○○ In der Trampolinhalle **Bounz** kann der Nachwuchs Luftsprünge machen (reservieren ratsam, www.amsterdam.bounz.nl). **Glowgolf** ist Indoorminigolf unter erschwerten Bedingungen: mit Schwarzlicht und 3D-Effekten (www.glowgolf.nl).

Auf Entdeckungsreise in Het Woeste Westen

ALLGEMEIN

Guten Morgen! Goedemorgen!

Guten Tag! Goedendag! oder kurz: Dag!

  Guten Abend! Goedenavond!

Auf Wiedersehen! Tot ziens!

Wie geht's? Hoe gaat het?

Danke, gut! Goed, dank u wel.

Entschuldigung! Pardon!

bitte (Könnten Sie bitte...?) alstublieft
  (Kunt u alstublieft...?)

Bitte! (Gern geschehen!) Graag gedaan!

Danke!/ Vielen Dank! Bedankt!/Dank u
  wel!

Ja Ja

Nein Nee

Wie bitte? Hoe bedoelt u?

Könnten Sie bitte langsamer sprechen?
  Kunt u langzamer praten, alstublieft?

**Ich kann Sie nicht verstehen. Ich spre-
che kein Niederländisch.** Ik kan u
  niet verstaan. Ik spreek geen Neder-
  lands.

Sprechen Sie Deutsch/Englisch?
  Spreekt u Duits/Engels?

Können Sie das bitte aufschreiben?
  Kunt u dat misschien opschrijven?

Was...? Wat...?

Wo...? Waar...?

Wann...? Wanneer...?

Wie...? Hoe...?

Warum...? Waarom...?

UNTERWEGS

Wie komme ich nach/zu...? Hoe kom
  ik naar/bij...?

Wo ist...?/Wo gibt es hier...? Waar
  is...?/Waar is hier...?

Kennen Sie ein gutes Restaurant?
  Weet u een goed restaurant?

links/rechts links/rechts

geradeaus rechtdoor

Eingang Ingang/Entree

Ausgang Uitgang

Bahnhof Station

Postamt Postkantoor

Tankstelle Tankstation, pompstation

Rathaus stadhuis

Kirche kerk

Platz plein

Straße straat

geöffnet open

geschlossen gesloten

Stadtplan plattegrond

ESSEN UND TRINKEN

Haben Sie einen Tisch für vier Personen?
  Is er een tafel voor vier personen?

**Reservieren Sie uns bitte einen Tisch
  für vier Personen für heute abend.**
  Wilt u voor vanavond een tafel voor
  vier personen reserveren?

Ich habe reserviert. Ik heb gereserveerd.

Ich bin Vegetarier. Ik ben vegetariër.

Ich bin allergisch gegen... Ist da ... drin?
  Ik ben allergisch voor... Bevat dit...?

Ich hätte gerne ... Ik had graag...

**Ich möchte zahlen, bitte!/Die Rech-
nung, bitte!** Ik wil graag
  betalen!/De rekening, alstublieft!

Frühstück ontbijt

Mittagessen lunch

Abendessen dinner

Speisekarte/Weinkarte de
  kaart/wijnkaart

Salz/Pfeffer/Senf/Essig
  zout/peper/mosterd/azijn

Nachtisch toetje

eine Tasse Kaffee een kopje koffie

Apfelkuchen mit Schlagsahne appel-
  gebak met slagroom

Kuchen/Torte/Eis koek/taart/ijs

Milch melk

Bier biertje/pilsje

Mineralwasser mineraalwater

Suppe soep

Fleisch (Rind, Kalb, Schwein, Lamm, Huhn, Pute, Kaninchen, Schinken) vlees (rund, kalf, varken, lam, kip, kalkoen, konijntje, ham)

Beefsteak/Frikadelle biefstuk/bal gehakt

Kartoffeln aardappels

Pommes frites patates frites, friet

Reis rijst

Nudeln pasta

Gemischter Salat gemengde sla

Fisch (Hering, Scholle, Hecht, Lachs, Seezunge, Aal, Makrele, Forelle) vis (haring, schol, snoek, zalm, zeetong, paling, makreel, forel)

Muscheln mosselen

Gemüse groenten

Spargel asperges

Erbsen erwten

Möhren/Karotten wortels

Chicoree witlof

Lauch Prei

Grünkohl boerenkool

Zwiebeln uien

ÜBERNACHTEN

Sind noch Zimmer frei? Zijn er nog kamers vrij/beschikbaar?

Wie viel kostet das Zimmer pro Nacht? Hoeveel kost de kamer per nacht?

Ich möchte ... Nächte bleiben. Ik wil voor ... nachten blijven.

Wo kann ich mein Auto abstellen? Waar kan ik mijn auto parkeren?

Einzel-/Doppelzimmer eenpersoons-/tweepersoonskamer

Zimmer mit Bad/Dusche kamer met bad/douche

EINKAUFEN

Haben Sie...? Heeft u...?

Ich schaue mich nur um, danke. Ik kijk alleen maar even, dank u.

Ich würde das gern anprobieren. Ik wil het graag even passen.

Ich möchte es kaufen. Ik wil het graag kopen.

Wieviel kostet das? Hoe duur is dat?/Hoeveel kost dat?

Kleidergröße maat

ZAHLEN

0–10 nul, een, twee, drie, vier, vijf, zes, zeven, acht, negen, tien

11–20 elf, twaalf, dertien, veertien, vijftien, zestien, zeventien, achttien, negentien, twintig

30 dertig

40 veertig

50 vijftig

60 zestig

70 zeventig

80 tachtig

90 negentig

100 honderd

1000 duizend

WOCHENTAGE

Montag maandag

Dienstag dinsdag

Mittwoch woensdag

Donnerstag donderdag

Freitag vrijdag

Samstag zaterdag

Sonntag zondag

Feiertag vakantiedag

A'DAM 11, 247, 249 f.
Alter Hafen (Lastage) 218 ff.
Amstel 16, 28 f., 44, 90 ff., 186, 189, 198,
Amstelhof 96 f.
Amsterdam Centre for Architecture (AR-CAM) 222 f.
Amsterdam Noord 11, 164, 246 ff., 252, 254
Amsterdamse Bos 258 ff., 282 f.
Anne Frank Huis 76 ff.

Begijnhof 9, 48 f., 53
Beurs van Berlage 29
Bickerseiland 131, 133, 282
Blauwbrug 90 f., 95, 188
Bloemgracht 103, 106, 109
Borneo 236, 239 ff.
Brouwersgracht 11, 63, 65, 67, 117, 123, 219
Bruine Cafés 73, 118 f.

Chinatown 40 f.
Concertgebouw 66, 129, 144 ff.
Cruquiuseiland 241 f.

Damrak 28 ff., 44, 241
De Pijp 20, 138 ff., 170 ff.
De Plantage 198 ff., 213

Entrepotdok 212, 230 f.

Geitenboerderij Ridammerhoeve 259, 261, 263
Goldener Bogen 82 ff.
Grachtengürtel 12, 16, 22 f., 59 f., 102 f., 112, 114, 198, 269, 276 f.
Grachtenrundfahrt (-boote) 29, 42 f., 107, 128, 219, 271, 274, 281

Haarlemmerstraat 120 ff.
Hafeninseln 99 ff.
Hafenviertel 32 f., 218
Hammam Amsterdam 125
Hauptbahnhof 11, 28, 44, 120, 129 f., 149, 236, 240, 247, 253, 256, 263, 265, 267, 272, 274, 279
Hofjes 64, 102, 114 ff.
Hollandsche Manege 166 ff.
Hollandsche Schouwburg 197 f., 201, 202 ff.
Hortus Botanicus 201, 208 f.
Huis de Pinto 181 ff.
Huis met de Hoofden 64 ff.
Huize Frankendael 201, 205 ff.

Ijburg 18, 249, 254 ff., 265

Java- und KNSM-Eiland 237 ff.
Jordaan 17, 23, 99 ff., 277
Jüdisches Viertel 177 ff.
Kadijken 230 f.
Kalverstraat 44 ff., 49 ff.

Kinos
    Ketelhuis 126 f.
    Pathé Tuschinski 93, 95
Kirchen
    Amstelkerk 93, 95
    Engelse Kerk 49
    Nieuwe Kerk 23, 29, 30 f., 43
    Noorderkerk 112 f., 116
    Ons' Lieve Heer op Solder 38 f.
    Oosterkerk 233 ff.
    Oude Kerk 13, 22, 30, 34 ff.
    Posthoornkerk 122 f.
    Sint Nicolaaskerk 32 f., 39, 218, 221
    Vondelkerk 165, 168
    Westerkerk 70 ff., 76, 79, 107, 112, 117 f.
    Zuiderkerk 182 f.
Kloveniersburgwal 34, 54 ff.
Königspalast (Koninklijk Paleis Amsterdam) 15, 18, 23, 28 ff.
Kulturzentrum Melkweg 139 ff.

Lastage 218 ff.
Leidsegracht 62 ff., 80, 82
Leidseplein 129, 138 ff., 155

Madame Tussauds Scenerama 31
Magere Brug 91 f.
Malle Jaap 219
Märkte
    Biomarkt 113

Blumenmarkt 74, 90 f., 95
Herenmarkt 120 f.
Lapjesmarkt 113
Noordermarkt 112 f.
Waterlooplein-markt 191
Montelbaanstoren 51, 185, 218 f., 223, 229
Museen
    Allard-Pierson-Museum 57
    Amsterdam Museum 46, 50 ff., 281
    Amsterdam Tulip Museum 71
    Anne Frank Huis 76 ff.
    Arti et Amicitiae 46 f.
    Bijbels Museum 65, 67
    Brilmuseum 81
    Cobra-Museum 259
    de Appel arts centre 219
    Diamant Museum 147
    Filmmuseum Eye 18, 129, 246 f., 249, 251
    Foam Museum für Fotokunst 85, 87 f.
    Freilichtmuseum Zaanse Schans 266 f.
    Handtaschenmuseum 87
    Hermitage Amsterdam 96 f.
    Het Grachtenhuis 63 ff.
    Het Schip 121, 175, 223
    Houseboat Museum 66

In't Houten Huis 269
Jordaanmuseum 108
Jüdisches Museum 196 f.
Kattenkabinet 83, 85, 88
Modern Contemporary
(Moco) Museum 145, 147
Museum Amsterdam Noord
251
Museum Betje Wolff 269
Museum 't Kromhout 230 f.
Museum Van Loon 63, 85 ff.
Museum Willet-Holthuysen
83, 85
Persmuseum 241 f.
Pianola Museum 105
Prostitutie Informatie Cen-
trum (PIC) 35, 37
Rembrandt-Haus (Rem-
brandthuis) 184 f., 281
Rijksmuseum 10, 43, 52,
144 f., 148 ff., 268, 276,
281 f.
Schifffahrtsmuseum (Het
Scheepvaartmuseum) 129,
235
Stedelijk Museum 52, 144,
158 ff., 282
Theo-Thijssen-Museum 104 f.,
108
Tropenmuseum 199, 201,
204 f., 207, 282
Van Gogh Museum 144,
154 ff., 282
Verzetsmuseum 201, 204 ff.
Vestingmuseum Naarden 265
W139 37
(Wissenschafts-) Museum
NEMO 10 f., 18, 129, 218,
221 f., 226 ff., 280 f.
Muziekgebouw aan 't IJ 18,
129, 237, 239, 242 f.

Naarden 264 f.
Natura Artis Magistra 199,
210 ff.
Negen Straatjes 80 f.
NDSM-Werft 247, 252 f.
Oostelijk Havengebied 236 ff.
Oostelijke Eilanden 232 ff.

Kattenburg 232
Oostenburg 232, 234
Wittenburg 232 f.
Oosterdok 10, 129, 218 ff.
Oost-Indisch Huis 55 f.
Open Tuinen Dagen 63, 276
Oudemannenhuis 56
Oudezijds Achterburgwal 34,
55 f.
Oudezijds Voorburgwal 36, 38,
54 ff.

Pakhuizen 64 f.
Parks
Amstelpark 282 f.
Amsterdamse Bos 258 ff.,
282 f.
Sarphatipark 170 ff.
Vondelpark 10, 129, 140,
157, 162 ff., 246, 263, 276
Wertheimpark 201, 204
Westerpark 124 ff.
Pendelfähre 11, 129, 247
Plätze
Dam 15, 18, 28 ff., 44, 55,
74, 96, 275 f.
Mr. Visserplein 192 ff.
Museumplein 129, 144 ff.,
149, 153, 156 ff., 230, 276
Nieuwmarkt 40, 180 ff.,
187, 276
Stationsplein 28 ff.
Waterlooplein 180, 186 ff.,
201, 207
Polder de Beemster 268 f.
Portugese Synagoge 192 ff.
Prinsenhof 55 f.
Prinseneiland 130 ff.

Radtouren
Durch Amsterdam Noord
249
Durch De Plantage 201
Realeneiland 132 f.
Rokin 44 ff., 52
Rotlichtviertel 13, 32, 34 ff., 174
Rozengracht 106 f.

Scheepvaarthuis 220, 223

Spaziergänge und Rundgänge
Am nördlichen Grachten-
gürtel 65
Am südlichen Grachten-
gürtel 85
Die künstlichen Inseln
von IJburg 255
Durch das Oostelijk Haven-
gebiet 239
Hofjes-Rundgang 115
Spazieren an der Amstel
90 f.
Spaziergang durch De Pijp
173
Spazieren im Naherholungs-
gebiet (Amsterdamse Bos)
261
Über die Westlichen Hafen-
inseln 131
Sporenburg 236, 240 f.
Spui 44 ff.
Stadsarchief 84 f., 88, 129
Stadsschouwburg 138 ff., 143
Stationsplein 28 ff.
Stelling van Amsterdam 264 f.,
268 f.
Stopera 186, 189 ff.

Trippenhuis 54 f.
Theater
Koninklijk Theater Carré 93,
95
Muziektheater 129, 187,
190 f.

Universitätsviertel 54 ff.

Vondelparkpavillon 164 ff.

Walletjes 34 ff.
Wallfahrtskapelle 45, 52
Westergasfabriek 10, 124 ff.,
283
Wilhelmina Gasthuis
167

Zaan 266
Zaandam 266 f.
Zeedijk 32 ff., 40 f., 276

Verantwortlich: Claudia Hohdorf
Redaktion: Charlotte von Schelling
Layout: Roman Bold Black
Korrektorat: Viola Siegemund
Umschlaggestaltung: Frank Duffek
Repro: Repro Ludwig
Kartografie: Kartografie Huber
Herstellung: Bettina Schippel
Printed in Slovenia by Florjancic

Sind Sie mit diesem Titel zufrieden?
Dann würden wir uns über Ihre
Weiterempfehlung freuen.

Erzählen Sie es im Freundeskreis,
berichten Sie Ihrem Buchhändler,
oder bewerten Sie bei Onlinekauf.

Und wenn Sie Kritik, Korrekturen
Aktualisierungen haben, freuen wir
uns über Ihre Nachricht an
Bruckmann Verlag,
Postfach 40 02 09,
D-80702 München
oder per E-Mail an
lektorat@verlagshaus.de.

Unser komplettes Programm finden
Sie unter

www.bruckmann.de

Alle Angaben dieses Werkes wurden von
den Autoren sorgfältig recherchiert und
auf den neuesten Stand gebracht sowie
vom Verlag geprüft. Für die Richtigkeit
der Angaben kann jedoch keine Haftung
übernommen werden.

Bildnachweis:
Alle Bilder des Innenteils und des
Umschlags stammen von Hans Zaglitsch,
EB Deventer, außer:
Cassander Eeftinck Schattenkerk, S. 219;
Jannes Linders, Rotterdam, S. 150 o.;
Ronald Hoeben, S. 205; Anne Frank Mu-
seum, S. 76 o., 76 u., 78 o., 78 u.; Arthur
de Smidt, S. 235 o.; Mira May/Rijksmu-
seum Amsterdam, S. 149; Pedro Pege-
naute/Rijksmuseum Amsterdam, S. 148;
Rijksmuseum Amsterdam, S. 150 u.,
152 o., 152 u., 153 u., 154 u.; Shutter-
stock/r.martens S. 20; Wikimedia/Jorge
Royan, S. 82 u.

Umschlag:
Vorderseite:
Oben: Tulpen
Porträt: Teilnehmerin am Königinnentag
(Shutterstock/Cloud Mine Amsterdam)
Unten: Groenburgwal in Amsterdam
(Bildagentur Huber/Kremer Susanne)
Rückseite:
Links: Volkssänger Johnny Jordaan wird
noch stets vereehrt
Rechts: Fahrrad an einer Gracht
(Shutterstock/Vitaly Titov & Maria
Sidelnikova)

Die Deutsche Nationalbibliothek ver-
zeichnet diese Publikation in der Deutschen Nationalbibliografie; detaillierte
bibliografische Daten sind im Internet
über http://dnb.d-nb.de abrufbar.

2. überarbeitete Auflage
© 2017, 2013 Bruckmann Verlag GmbH,
München
ISBN 978-3-7343-2407-9